동맹의 풍경

메두사의 시선 03

동맹의 풍경

주한미군이 불러온 파문과 균열에 대한 조감도

엘리자베스 쇼버 지음

정희진 기획·감수·해제

강경아 옮김

나무연필

변화하는 세계 질서와 군사주의의 미래

이 책의 한국어판 서문을 쓰게 되어 감개무량하다. 2007년 가을, 스물여섯 살 때 나는 처음 서울을 방문했고 이후 21개월간 한국에 체류했다. 이곳의 복잡다단한 역사를 배우는 기나긴 여정은 그렇게 시작되었다. 한국 사회는 흥미로웠으며, 나는 조금씩 한국어를 배우면서 친구도 사귀고 한 한국인과 가족이 되기까지 했다. 2000년대 후반부터는 1년에 한 번은 한국에 가려 했다. 하지만 팬데믹도 있거니와 내 상황이 바뀐 탓에 지금은 아쉽게도 한국에 들르지 못하고 있다.

많은 이들이 지적했듯이 세계화는 여러 방면으로 지구를 압축했다. 거리는 더욱 가까워졌고, 멀리 떨어진 듯 보였던 세계들이 더욱 끈끈하게 연결되고 서로 의지하게 되었다. 하지만 2020년

초부터 우리는 새로운 시대의 시작이라 할 만한 상황을 마주하게 되었다. 코로나19에 대한 우려에다가 그간 전 세계를 불균질적으로 강타한 경제 불황에 대한 걱정이 더해졌고, 국제 물류의 혼란으로 이미 비쌌던 에너지 및 식량 비용은 더욱 치솟았다. 최근에는 유럽에서 일어난 전쟁의 끔찍한 영향까지 목도하고 있다.

러시아의 우크라이나 침공으로 불과 몇 달 만에 500만여 명이 피난해야 했고, 유럽 전역에 재再군사화 바람이 불어닥쳤다. 냉전이 종식된 이래, 유럽에서 처음으로 국방 예산이 증액되었다. 지금 내가 사는 북유럽에서는 핀란드와 스웨덴이 나토NATO 가입을 신청했으며, 노르웨이 의회는 미국과 방위협력보충협정을 체결하여 노르웨이의 군사기지에 접근할 수 있는 새로운 권리를 미군에게 주었다. 토론을 거의 거치지 않은 채 내린 결정이었다. 러시아의 제국주의가 고개를 드는 가운데, 확장을 향한 미국의 꿈도 한층 가까워진 듯하다. 유럽의 정치인들이 미 제국 기지의 역사에서, 그리고 수십 년간 주한미군과 관계를 일방적으로 조율해야 했던 한국 같은 곳들의 경험에서 교훈을 얻기를 바란다.

처음 한국을 방문할 당시, 나는 한국학 연구자가 아니었다. 지금도 한국에 지대한 관심이 있을 뿐 전문가는 아니기에 한국학 연구자로 나를 규정하는 것이 조심스럽다. 나는 사회인류학자로서 미군과 미국이 전 세계에 만들어낸 젠더화된 관계에 주목하게 되면서 이 연구를 시작했다. 2010년대에는 필리핀에서도 유사한 연구를 진행한 바 있다. 내가 이 사안에 처음 관심을 가진 것은 2002년부터 1년간 미국 위스콘신에 교환학생으로 머물 때였다. 미국이 부당하게 한 나라의 주권을 침해한, 또 하나의 기나긴 전쟁인 이라크전쟁을 한창 준비하던 시기였다. 미국에서 나는 일상이 점차 군사화되는 상황을 목격하고서 충격을 받았다. 2003년 초에 이라크 침공이 본격화되자 내가 있던 중서부의 자그마한 대학에서 벌어진 시위와 토론은 급속히 사그라들었고, '우리 군대에 힘을 실어주자 Support Our Troops'라는 슬로건으로 이 전쟁을 둘러싼 모든 대화가 종결되었다.

중동에서 대규모의 제국주의적 충돌을 일으킨 2000년대의 미국은 오늘날의 미국과 확연히 다르다. 한국 또한 내가 처음 방문했을 때와는 사뭇 달라졌다. 하지만 나는 이 책이 한국의 발 빠른 역동적 움직임, 달리 말하면 명백한 군사력 초강대국인 미국이 한국에서 차츰 영향력을 잃어가는 과정을 추적했다고 본다. 오늘날 미국에서는 경제 불평등과 문화 분열이 꾸준히 확대되는 듯하다. 서구에서 코로나19로 이렇게 많은 국민을 잃은 나라는 없다. 이는 많은 이들이 주장하듯, 수많은 미국인의 경제적 상황이 악화된 직접적 결과다. 미군은 한국을 비롯해 전 세계 곳곳에 분산 배치되어 있는데, 이들을 지원하기 위한 과도한 군비 지출은 국민에 대한 의료 서비스 자금 부족과 맞물려 있다.

미국의 주요 경쟁국인 중국은 그간 전 세계와의 관계 맺기를 제한하는 제로 코로나 정책을 밀어붙였고, 엄격한 방역을 실시해 미국과 같은 공중보건 정책의 실패를 막아냈다. 물론 이러한 고립

정책에는 크나큰 대가가 뒤따랐다. 대면 만남이 줄면 기존의 기대나 믿음을 뒤흔들 수 있는 이들과의 만남도 줄게 되는 것이다. 많은 이들이 세계화를 통해 형성된 상호 의존의 감각과 자신만의 편협한 환경에 갇힌 분리의 감각 모두에 사로잡혀 있다. 그리고 서로의 거리는 줄어들지 않은 채 우리는 점점 더 멀어지고 있다. 유럽에서는 팬데믹으로 여행이 제한되었다가, 우크라이나 침공 이후에는 동쪽으로 떠나는 비행이 제한되고 있다. 유럽 여행객에게 러시아 영공이 사실상 폐쇄된 현재 상황은 동아시아로 빠르고 편하게 여행하던 시절을 과거의 일로 만들어버린다.

안타깝게도 역사를 통해 배울 게 있다면 제국의 여명이 항상 매우 평화로운 시기는 아니라는 점이다. 세계가 다극화되는 가운데 러시아의 우크라이나 침공에서 볼 수 있는 민족주의, 쇼비니즘, 유해한 민족 중심주의가 만연해질 것이다. 이러한 현상을 막기 위해서는 시간이 걸리더라도 군사주의를 구성했다가 다시금 해체할 수 있는 사회적 과정으로 이해하는 데 주력해야 할 것이다.

한국에서 내 작업을 선보이게 해준 나무연필에 무한한 감사를 전한다. '메두사의 시선'이라는 훌륭한 시리즈의 하나로 출판되어서 무척 기쁘다. 이 책이 한국의 독자들에게 흥미롭게 읽히기를 바란다.

글로벌 자본주의 시대의 주한미군과 한국 사회[1]

정희진 (여성학·평화학 연구자)

조선 수비병은 호랑이처럼 용감하게 싸웠는데, 이는 강화도의
모든 요새를 수비하던 조선 장병들이 자기 진지를 실함失陷하
면 누구를 막론하고 참수斬首된다는 말을 조선 국왕(고종)에게
들었기 때문이오. _1871년 6월 21일, '강화도 상륙 작전'에 참가한 미군 장교
가 부인에게 보낸 편지 중에서[2]

---

1 이 책은 한국에서의 현장 조사를 바탕으로 기술되었지만, 문헌의 경우 영문 자료를 참조해
집필되었다. 한국어로 쓰인 연구들과 함께 이 책을 읽는 것이 주한미군을 다각도로 이해하
는 데 도움이 되며 로컬의 연구 성과도 조명할 수 있다는 판단하에 이 글에서는 독자들이 참
조할 만한 한국어 자료들을 주석에 여럿 정리해두었다.
2 이 장교는 당시에 미국의 아시아 함대 담당 해병 대위였다. Carolyn A. Tyson, *Marine
Amphibious Landing in Korea, 1871*, Washington: Naval Historical Foundation, 1966, pp.
1~24; 김원모, 『근대한미교섭사』, 홍성사, 1979, 421쪽에서 재인용.

무력을 앞세운 포함외교砲艦外交, Gunboat Diplomacy. 미국이 한반도에 첫발을 내딛은 것은 비공식적으로 1853년, 부산에 입항하면서부터이다. 이후 1871년 5월 16일부터 7월 3일까지 벌어진 미국의 조선 원정은 조선 병사들의 결사 항전으로 실패로 끝났다. 미국의 입장에서 보면, 남북전쟁 이래 아시아 땅에서 벌인 최대 규모의 전투였다. 김원모는 우리가 신미양요辛未洋擾로 알고 있는 이 전쟁을 국가 대 국가의 전쟁으로서 '한미전쟁'이라 부를 것을 제안한다.[3] 1970년대에 쓰인 책에서 조선을 근대국가라고 생각하고 싶은 역사학자의 희원이 느껴진다.

신미양요는 드라마 〈미스터 션샤인〉(2018)의 출발점이자 배경인데, 주인공 유진 초이(이병헌 분)는 신미양요에 동원되었다가 버려진 민초였다. 고증 차원에서 보면, 신분 사회에서 부모의 억울한 죽음을 겪고 "지고 오면 참수"라는 왕의 명령 아래 필사적으로 살아남았지만 결국 '전쟁고아'로 미국으로 건너간 유진 초이는 조선 사회에 적대감을 가져야 마땅했다. 미군 장교로 귀국한 그는 "조선에 가서 아무것도 하지 않을 것, 뭐라도 하면 그건 조선을 망하게 하는 쪽일 테니까"라고 다짐한다. 이 인물은 구한말의 모순을 상징하는 존재이다.

조선은 군사적 열세에도 불구하고 1866년에는 평양 대동강에서 제너럴셔먼호를, 1871년에는 강화도에서 미군을 물리쳤다. 앞

---

3 김원모, 앞의 책, 267쪽.

에 인용한 미군 장교의 편지처럼 당시 고종은 쇄국에 결사적이었으나 결국 11년 뒤인 1882년에 한미수호통상조약을 맺었고, 미군정美軍政 시기에 주둔한 미군은 지금까지 한국 땅에 자리하고 있다. 한일병합, 일제 강점, 미군정, 한국전쟁, 4·3항쟁, 광주민주화운동 등에서 미국은 문제적 존재였고, WTO, FTA, 핵 문제에서 드라마 〈섹스 앤 더 시티〉까지 미국은 한국 현대사의 키워드였다. 동시에 한국인들 역시 미국을 자신의 일부로 생각하는 후기hybrid 식민 시대를 살고 있다.

나는 현대사에서 미군정 시기 3년(1945년 9월 9일~1948년 8월 15일)이 한반도의 운명을 좌우한 결정적인 시기였다고 본다. 우리는 미국을 몰랐다. 미군이 인천항에 도착한 1945년 9월 8일, 일본 경찰은 미군을 환영하러 나온 조선인 두 명을 총살했고, 200여 명의 부상자가 생겼다. 환영 인파는 흩어졌고 미군은 일본의 보호 속에 등장했다. 몇 시간 후 환영 차 인천항에 나온 조병옥, 장택상, 정일형 등 연합군환영준비회 대표들에게 미군은 총을 겨누고 접근을 막았다. 당대 남한 사회를 대표하는 인사들이었다. 이처럼 미군정 시기에 미군과 조선의 만남은 살상과 무시였다. 한국은 '아버지' 미국이 '못된 형' 일본을 혼내주길 바랐지만, 그것은 망상이었다. 한국은 아버지에게도 형에게도 저항할 힘이 없었다. 대신 '형'을 여성화함으로써 식민 콤플렉스를 극복하고자 했다. 일본을 축소 지향의 작은 섬나라(실제로는 면적, 인구 모두 한반도 전체보다 훨씬 크다)로 보는 일련의 왜색倭色 평가와 무

모한 경쟁 심리는 여전하다.[4]

미군은 제2차 세계대전에서 일본을 패배시킨 뒤 제너럴셔먼호 사건과 신미양요의 패퇴를 뒤로한 채 한반도에 '복귀했다'. 미군정 당시 쌀과 사탕을 강제 교환한 데서 알 수 있는 착취와 토지 수탈, 인종화된 폭력과 성범죄의 만연은 남한 민중에게 충격이었으나 이를 추스를 새도 없이 한국전쟁이 발발했다.[5] 1992년 고故 윤금이 사건을 계기로 1994년에 조직된 '주한미군범죄근절운동본부'가 본격적으로 활동하기 전까지, 미군 범죄는 통계조차 없었고 대략 년 2000건 정도로 추정되었다.[6]

전통적인 국제정치학에서 동맹은 전략적이고 일시적인 것이

4 신지영, 『꽃과 풍경: 문화연구로 본 한국 현대 여성미술사』, 미술사랑, 2008. 이 책은 한국 남성 문화가 어떻게 왜색 개념을 통해 일본을 비하했는지를 잘 분석하고 있다.

5 한국의 (남성) 지식인들은 미군정 시기부터 1980년대 말까지 미국과 주한미군의 만행을 재현했고 이를 지식의 사명으로 생각했다. 반미 문학(anti-American narratives)은 분단체제에 저항하는 "민족 문학"으로 간주되었다. 한국 근대사에서 지식인은 대학에서 배출되기보다는 문학가들이 그 역할을 '대신했다'. 정희진, 「반미소설을 통해 본 식민지 남성성의 형성」, 이화여자대학교 여성학과 박사학위 논문, 2018 참조.

6 미군 범죄와 이에 대처한 시민사회의 대표적 기록은 다음을 참조하라. 주한미군범죄근절운동본부 지음, 고유경 정리, 『평화의 불씨 26년의 기록: 윤금이공대위 1년, 주한미군범죄근절운동본부 25년』, 민중의소리, 2018. '흥미로운' 점은 이 NGO에서 근무한 상근 활동가 중 일부가 이후 비공식적 국가보안법 위반 리스트에 올라 오랫동안 출국과 취업 등의 사회 활동을 제한받았다는 사실이다.
한편 이 책에서 집중적으로 다루고 있는 시기 전까지, 기지촌 반대운동에서는 늘 민족주의와 여성 인권을 대립시키는 사회운동의 '전략'이 있었고 이는 너무나 강력했다. 여성의 목소리는 '민족과 젠더'라는 허구적 논의 구도에 의해 사소한 문제로 간주되었다. 이에 대한 문제 제기로는 다음을 참조하라. 정유진, 「오키나와에는 왜 "양키 고 홈" 구호가 없을까?」,《당대비평》 14호, 2001, 124~142쪽; 정유진, 「'양색시'의 인권?」,《기독교사상》 490호, 1990년 10월, 145~152쪽; 그웬 커크 외, 「여성과 동아시아의 미군」, 정희진 옮김,《당대비평》 14호, 2001, 114~123쪽.

다. 예를 들어 미국이 이라크를 침략하기 위해 영국과 공조하고 전쟁이 끝나면 그 공조를 해체하는 식이다. 반면에 1954년 공식 발효된 한미동맹은 "미국으로부터의 자주냐"와 "미국을 이용한 자주냐"라는, 정상 국가 건설 방식에 대한 논쟁을 넘어선 일종의 위탁 관리 국방 체제라 할 수 있다. 여기에 분단이 겹쳐, 북한이 대화 파트너로 남한이 아닌 미국만을 고집함으로써 한미동맹은 세계 역사상 유례없는 독특하다 못해 기이한 형태를 띠게 된다. 한미동맹은 대등한 '동맹同盟'이 아니다.

한국 사회에서 처음으로 군축을 제안한 집단은 평화운동, 통일운동 세력이 아니라 자본가들이었다. 1991년 전국경제인연합회(전경련)는 한국 민족주의 세력이 자체적으로 군사력을 키우고자 한다면 이는 수출 주도 경제에 악영향을 미친다며 안보를 미국에 일임하자고 주장했다. 또한 미국은 한국이 군사력을 키우거나 (심지어) 남북한 군사 공조가 일어나는 것을 가장 바라지 않는다며, 남한 내의 핵무기 주장 세력(NL 좌파)이 존재한다면 미국이 한국 자동차를 수입하지 않을 것이라고 우려했다.

외국 여성의 기지촌 성 산업 유입

이매뉴얼 월러스틴이 주창한 세계체제(자본주의의 중심-주변부 관계)가 전 지구적 자본주의 체제로 전환되었다. 당대는 '플랫폼 자본주의', '한계 없는 자본주의', '식인 자본주의'라고 불리는 체제이다. 이는 주한미군의 일상도 급격히 변화시켰다. 미군은 전 세계 140개국 이상에 주둔하고 있는데, 엘리자베스 쇼버의 『동맹의 풍경』은 미군의 주요 거점main spots인 나토, 일본, 한국 가운데 (물론 나토는 동맹의 성격 자체가 다르다) 가장 종속적이고 가장 밀집된 곳인 한국에서의 급진적 변화를 포착한다.

이 책은 조선과 미국 병사들 간의 치열했던 백병전白兵戰, hand-to-hand combat 시대를 지나 첨단 기술전 시대인 당대의 한국 사회와 주한미군의 동학을 추적한 역작이다. 개인의 일상이 왜 국제적인 이슈인지, 국제정치와 로컬의 일상이 어떻게 조우encountering하는지, 미국을 대타자The Other로 삼아 자기 정체성을 구성한 한국의 남성성은 어떻게 변화하고 있는지, 한국 사회의 극도로 불균등한 지역 격차와 남성의 성 문화는 어떤 관계인지('동두천에서 홍대로'), 기지촌이 성애화된 민족주의의 공간에서 어떻게 글로벌 성산업 시장의 메카가 되었는지를 보여준다.

한국 사회는 미군기지가 국가 안보의 보루라고 주장하면서 여성 인권 문제는 부차적으로 여겼다. 하지만 정작 기지촌에 대한 '민족주의적' 연구조차 찾아보기 어렵다. 또한 기지촌에 대한 국내 젠더 연구는 이주여성이 유입되기 이전 시기를 주로 다루고 있다.[7] 1990년대 들어 한국은 급속히 글로벌 자본주의에 편입된

---

7 이와 관련해서는 다음 논문을 참조하라. 정희진, 「죽어야 사는 여성들의 인권: 한국기지촌여성운동사, 1986~1998」, 『한국여성인권운동사』, 한국여성의전화연합 기획, 정희진 편, 한울, 1999; 정희진, 「글로벌라이제이션과 한국의 기지촌 성매매」, 제9차 세계여성학대회 발표문, 미간행, 2005; 박정미, 「한국 성매매 정책에 관한 연구: '묵인-관리 체제'의 변동과 성판매 여성의 역사적 구성, 1945~2005년」, 서울대학교 사회학과 박사학위 논문, 2011.

다. 이후 기지촌 성 산업 노동자는 이주여성으로 바뀌었다. 쇼버의 책은 기지(촌)의 성격이 완전히 바뀐 이 시기를 다룬다는 점에서 매우 중요하다.[8]

다음 유인물은 당시 한국 여성들이 미군 손님 유치를 둘러싸고 얼마나 절박한 상황에 처해 있었는지를 잘 보여준다. 한국의 성 산업 종사자들은 이주여성(처음에는 구소련 및 동남아시아 여성, 이후로는 특히 필리핀 여성)에게 일자리를 빼앗겼다. 한국의 기지촌 여성들은 성 산업 종사자로서 자신보다 더 나은 조건의 경쟁자를 만난 것이다.[9]

학생 여러분! 이 글을 쓴 우리는 바로 학생들 뒤편에 상주하며 외국인을 상대하는 여성들입니다. 우리가 학생들에게 펜을 든 이유는 한국인으로서 분노를 느끼는 일이 있어 학생 여러분이 도움을 주십사 하는 바람 때문입니다. (……) 업주들은 얄팍한

---

8 「동두천, 기지촌이라고 부르지 마세요: 부대 앞 '양공주'도 퇴장, 시(市) 경제 5% 수준 불과」, 《조선일보》, 1998년 7월 28일; 최재봉, 「문학으로 만나는 역사 27: 치욕 상흔 '양공주' 그늘진 삶 조명 - 조해일씨, '아메리카'」, 《한겨레》, 1998년 8월 31일. 당시 이런 류의 신문 보도가 넘쳐났는데, 이는 기지촌 경제의 변화(몰락)와 함께 현재까지도 여전한 '동두천'에 대한 낙인을 상기시킨다. 한편 서울에서 정북향으로 20킬로미터 거리에 있는 동두천시는 2022년까지도 "안보 도시에서 자연 생태, 문화 관광 도시로 거듭나는 동두천"이라는 광고를 서울지하철 일부 구간에 게시하였다.

9 기지촌 성 산업에 종사한 '나이 든' 한국 여성들에 대해서는 강유가람 감독의 영화 〈이태원〉(2016)에 잘 드러나 있다. 이 책에서 다루고 있는 김연자의 책 『아메리카 타운 왕언니 죽기 오분 전까지 악을 쓰다』(2005)도 비슷한 맥락의 역사적 증언—성 산업과 기지촌이라는 로컬의 정치경제학 없이는 작동할 수 없는 한미동맹—이라고 할 수 있다.

동맹의 풍경

상술로 필리핀 여성들을 고용하여 한 푼이라도 벌어들여야 할 외화를 외국 여성에게 선불로 주며 우리 내국 여성에게는 선불 이자를 받는 파렴치한들입니다. [달러를 벌어] 애국하겠다는 우리에게, 필리핀 여성들을 고용하여 외화를 방출하는 업주들의 행태는 애국입니까? 매국입니까? 우리는 이 나라 경제를 살리고 싶습니다. 우리는 필리핀 여성들 때문에 애국할 기회를 빼앗기고 있어요. 만납시다. 부탁합니다.[10]

제국주의 시대에 남성 노동자의 '육체노동'이 주로 송출되었다면, 현재는 섹슈얼리티와 감정노동, 장기 등이 주요 상품이다. 자본주의 발전에 따른 국가 간 불균등 발전의 결과로 '3D' 업종 종사자가 더 가난한 국가 출신으로, 남성보다 임금이 낮은 여성으로 교체된 것이다. 동남아시아 각국의 여성들은 한국, 일본 등 상대적으로 부유한 국가로 끊임없이 이동하고 있다. 이들은 가사노동자, 성 산업 종사자, 결혼을 통한 이주 등 다양한 형태로 자국을 먹여 살린다. 특히 성의 상품화와 함께 외국인 여성 성 산업 종사자들이 대규모로 국내에 유입되었다.[11] 가난과 실업이 만연

---

10 「미군 기지촌 여성들의 딱한 호소」,《한겨레》, 1998년 2월 21일. 이와 비슷한 보고로는 다음 글이 있다. 오연호, 「충격 잠입 인터뷰: 주한미군 기지촌에 수입된 필리핀 여성들」,《말》, 1998년 5월호, 162~173쪽.

11 이에 대한 최초의 연구이자 문화기술지는 다음 논문이다. 백재희, 「외국 여성의 한국 성 산업 유입에 관한 연구: 기지촌의 필리핀 여성을 중심으로」, 이화여자대학교 여성학과 석사학위 논문, 1999.

해제

한 송출국 사회, 자국인의 외화 벌이를 장려하는 송출국 정부 정책, 성 산업에 필요한 여성을 충원하려는 한국 사회, 이 모든 것을 방관하는 한국 정부 정책이 맞물리면서 벌어진 일이었다.

브라질이 국제 장기 매매의 중간 기착지라면, 한국은 국제 성매매의 '허브'이다. 2001년 미국 정부는 한국을 인신매매 3등급 국가로 지정했고, 노무현 정부는 국제적인 평판('망신')을 피하고자 2004년 성매매특별법을 제정한다(성매매특별법은 40여 년간의 한국 여성운동이 이끌어낸 성과이지만, 결국 미국의 지적에 의해 '즉각' 제정되었다).

1990년대 중반 이후 주한미군이 주둔하는 기지촌에서도 성 산업이 새로운 형태로 재편되고 강화되었다. 이때 기지촌에 이주여성이 유입됨으로써 한국 정부와 미군 당국이 어떤 이득을 얻게 되었는지도 잘 살펴보아야 한다. 한국 정부는 한국인 성매매 피해 여성의 인권 문제에 대한 비판적 여론을 무마하면서, 지속적으로 저임금 여성의 공급이 필요한 기지촌 업주들의 요구를 수용하기 위해 이주여성의 기지촌 성 산업 유입을 묵인, 지원하고 있다. 미군 당국 역시 병사들의 사기 진작이라는 명목으로 이주여성 유입을 통한 기지촌 성 산업의 유지·발전을 원하고 있다. 또한 많은 한국인 남성들은 '색다른' 성적 서비스를 기대하며 기지촌 지역을 찾아오고 있어, 기지촌의 성 산업은 더욱 확장되고 있다.

동맹의 풍경

기지촌을 둘러싼 글로벌 행위자들

성 산업에 개입된 행위자들의 성별과 국적은 매우 다양해졌다. 미군은 낙후된 기지보다 서울 중심가를 선호하며, 한국 여성, 한국 남성, 외국(주로 동남아시아 지역) 여성, 외국 관광객 등은 한국의 성 산업 현장에서 자신의 자원을 경합한다. 이 과정에서 주한미군의 헤게모니는 예전과 같지 않게 되었다. 쇼버의 책은 이렇게 변화된 환경에서 주한미군에 대한 한국 사회의 시선과 이들의 대응, 행위성을 다룬다. IT 혁명과 'K 컬처', 세계 10위권의 경제력을 보유한 한국 사회는 아류 제국주의 의식에 도취되어 있다.

특히 김대중 정부 이후의 변화는 컸다. 민족주의자조차 좌파, 빨갱이로 몰렸던 시절을 지나 '좌파 리버럴 민족주의' 세력은 몇 차례 정권 획득에 성공했다. 물론 그들 간의 '사소한' 갈등은 있지만, 현재 한국의 아류 제국주의 문화는 '좌우익 합작'의 새로운 국민주의를 만들어내고 있다. 한국의 추격 발전주의에는 진보, 보수가 따로 없다. 이제는 최소한, 미국에 대한 노골적인 숭배나 사대주의 혹은 미국이 우리를 지켜주고 있으니 미군 범죄는 눈감고 넘어갈 수 있다는 사고방식은 한국 사회의 주류 여론이 아니다.

더구나 당대 미국은 사정거리 1만 4000킬로미터의 대륙 간 탄도 미사일ICBM, intercontinental ballistic missile, 리모컨으로 움직이는 유도탄을 보유한 초강대국이다. 이러한 환경에서 단순한 대북 억제력으로서 미군 병사의 필요성은 끊임없는 논쟁의 주제였다. 이미 1980년대부터 미 의회는 주한미군이 "한국의 인질"이라며 동아시아에 개입을 최소화하자고 주장하는 자국 보호주의 세력(민주당)과 한반도를 동아시아의 전략 기지, 특히 대對중국 기지(제주 강정동이 대표적이다)로 활용하자는 확장 세력이 격론을 벌이고 있다.

한편 가해자가 미 여군이긴 했지만 전 세계적인 논란거리가 되었던 아부 그라이브 사건처럼, 미군 범죄는 줄곧 국제적 인권 이슈로 제기되고 있다. 또한 가족 단위의 파견과 이들을 위한 교육, 주거 전반에 대한 미국의 비용 요구는 한국 시민사회의 비판을 받고 있다. 미 국방부는 전 세계에서 '경찰 활동police action'을 하고 있다고 자부하는 미군과 관련 군속이 주둔 지역에서 일으키는 범죄나 현지인과의 갈등을 우려하여 자국 병사의 일탈을 용납하지 않겠다는 무관용 정책zero tolerance을 추구하고 있다.

쇼버의 책은 이러한 지점을 포착하면서 글로벌 자본주의가 전통적인 한미관계, 주한미군의 지위에 어떠한 영향을 미쳤는지를 분석한다. 이 과정에서 성별과 민족이라는 키워드로만 작동했던 기존의 기지촌 연구는 지역 경제, 로컬리티, 계급/인종/국적의 다양성과 연관되고, 국민국가 간의 기지촌 정치경제학이 국제정치와 로컬 정치로 확대·심화된다. 이 책은 이른바 포스트 국민국가 체제 시대의 군사기지와 성 산업에 대한 정치한 분석으로, 기존의 시각으로는 파악할 수 없는 새로운 질서에 대한 새로운 분석이다. 그리하여 상상된 공동체로서의 네이션을 넘어, 실제적으로 작동하는 글로벌 자본주의 시대의 혼종성의 공간으로 한국을 입체화하는 데 성공했다.

홍대와 이태원[12]은 그 대표적인 공간이다. 매우 불행한 일이지만, 서울은 한국 사회를 지나치게 대표하는 거대 도시이다. 전 인구의 반 이상이 서울과 그 주변에 거주하고 있다. 그중에서도 홍대와 이태원은 각각 다른 의미에서 서울의 역사와 이미지를 대표해왔다. 홍대는 1980년대부터 대안 문화를, 이태원은 한국전쟁 이후부터 이국적 공간으로 인식되어왔다. 그러나 2000년대 초반부터 이 두 곳은 글로벌 자본주의와 급격히 결합하면서, 기존의 '역할'을 넘어 새로운("국적 불명")의 유흥가, 문화 공간으로 자리잡기 시작했다. 한국에 거주하는 젊은이와 외국 관광객에게 볼거리와 성적 자유를 모두 제공하는 핫 플레이스가 된 것이다.

홍대와 이태원에서 주한미군의 위치와 상황을 분석한 저자는 이 두 공간이 얼마나 흥미로운(인식론적으로 전복적인) 장소인지를 보여준다. 홍대 주변에서의 반미주의와 반군사주의는 그간 한국 사회의 민족, 평화, 통일 운동의 성과를 뛰어넘는 듯하다. 한국인

---

12 글로벌 공간으로서 이태원의 변화에 대해서는 다음 글을 참조하라. 김은실, 「지구화 시대 근대의 탈영토화된 공간으로서 이태원에 대한 민족지적 연구」, 『변화하는 여성문화 움직이는 지구촌: 지구화와 여성총서 4』, 김은실 외, 푸른사상, 2004; Kim Eun Shil, "Itaewon as an Alien Space within the Nation-State and a Place in the Globalization Era", Seoul: Korean National Commission for UNESCO, *Korea journal*. vol. 44 no. 3, Autumn 2004, pp. 34~64.
한편 이태원이나 홍대 같은 상업화의 흐름이 남한 내 모든 주한미군 기지에 해당하지 않음은 말할 것도 없다. 이에 대해서는 다음 글을 참조하라. 오두환, 「평택 주한미군기지 이전 현장을 가다: '제2의 이태원' '지역경제 활성화' 아무것도 장담 못해」, 《일요서울》 82호, 2015년 4월, 70~71쪽; 성혜진, 「명동과 이태원의 관광 활성화를 위한 다원적 장소정체성 연구」, 고려대학교 지리학과 박사학위 논문, 2018.

들은 일반 백인 남성 외국인과 머리 짧은 미국인을 구별하고, 후자에 대한 적대감을 숨기지 않는다. 이곳을 미군의 '점령지'라고 부를 수 있겠는가?

이태원은 오랫동안 서울 한복판에 숨겨진 기지촌이었다. 그러나 현재는 한국 사회 성소수자들의 커뮤니티이자 인종, 성별, 국적 등 모든 이질성이 수용되는 다양성을 상징하는 공간이 되었다. 물론 이 다양성의 교집합은 글로벌 자본주의가 만들어낸 계급이다. 농촌 이주여성 노동자 또는 메트로섹슈얼하지 않은 이들에게 이태원은 여전히 낯선 곳이다.

홍대와 이태원에 대한 쇼버의 연구는 균질적이지 않은 국민국가의 영토 개념을 재확인함과 동시에, 공간의 생산[13]을 보여주는 좋은 모델이다. 더구나 한국 사회의 가장 큰 병폐인 부동산 문제가 대상object으로서의 공간 또는 용기container로서의 공간이라는 기존 개념에서 비롯된바, 독자들에게 이 책의 공간 개념이 '이태원과 홍대를 넘어' 확대 해석되기를 희망한다.

---

13 앙리 르페브르, 『공간의 생산』, 양영란 옮김, 에코리브르, 2011.

차례

일러두기

1. 이 책은 엘리자베스 쇼버의 *Base Encounters: The US Armed Forces in South Korea*를 한국어로 옮긴 것이다. 필자는 2007년부터 약 2년간 한국에서 현장 조사를 진행했으며, 이를 바탕으로 책을 집필했다. 따라서 사례의 대부분은 이 시기의 것이며, 역사적 사실은 대부분 책이 출간된 2016년을 기준으로 정리되어 있다.

2. 그간 많은 페미니스트들이 피해자의 이름을 넣어 사건을 호명하는 데 문제를 제기해 왔다. 그러나 이 책에서는 한국에서 각각의 사건들이 어떻게 회자되었고 그것이 사람들에게 어떻게 받아들여졌는지를 분석하기 위해 당시에 널리 알려진 사건명을 그대로 사용하고 있다.

3. 외서는 한국어로 번역·출간되지 않은 경우에만 원어 제목을 병기했다.

4. 필자의 주석은 따로 표시하지 않았고, 옮긴이의 주석은 주석에 '[옮긴이]'라고 밝혔다.

5. 단행본은 겹낫표(『 』), 논문을 비롯한 개별 글은 홑낫표(「 」), 신문·잡지·앨범·도록은 겹화살괄호(《 》), 영화·노래·TV 프로그램은 홑화살괄호(〈 〉)로 표시했다.

서론

미군과의 만남, 그리고 폭력적 상상

"거긴 그렇고 그런 동네……"

2007년 1월 중순, 대한민국에 파견된 당시 23세의 미군 이병 제로니모 라미레스는 서울의 유흥지인 홍대에서 한국 여성을 수차례 강간해 체포되었다. 주말에 그는 다른 동료 군인과 함께 동두천 기지에서 1시간 반쯤 떨어진 서울 중심가로 나섰다. 이들은 용산 미군기지 내 드래곤 힐 호텔에 투숙하려 했으나 만실이었기에 홍대의 모텔로 향했다. 밤새 음주 가무를 즐긴 뒤 라미레스의 동료는 혼자 모텔로 돌아갔지만, 라미레스는 근처 편의점에서 맥주를 사 마시며 계속해서 동네 거리를 쏘다녔다. 이른 새벽 인적이 드문 곳에서 그는 청소 일을 마치고 귀가하던 67세 한국 여성과 마주쳤다. 이후 골목과 건물 안에서 그녀를 구타하고 강간했다. 비명을 듣고 온 한국 경찰에 체포되기 전까지 폭행은 계속되었다. 라미레스는 공개 사과문에서 성폭행을 한 기억이 없다고 했다. 그러면서 피해자에게 "미국인을 나쁘게 생각하지 말아달라. 누구나 실수를 하는 법이고, 이번 일은 내 실수일 뿐이다"라고 했다. "나는 곧 본국으로 돌아가 결혼하려 했는데, 이제 그러지 못하게 됐으니 여기 남아서 실수의 대가를 치르겠다"라는 말도 덧붙였다(Slavin and Hwang 2007).

이 잔혹한 사건은 내가 서울에 도착한 해 가을에도 여전히 현지인과 외지인 모두의 입에 오르내리고 있었다.[1] 이 사건은 미군을 잠재적 가해자로 여기는 많은 민족주의 옹호자들의 생각을 증명하는 듯했다. 또한 주한미군과 미 당국 모두 골머리를 앓던 당

---

1 이 책은 내가 2007년 9월부터 2009년 6월까지 한국의 서울과 그 근교에서 실시한 문화기술지적 현장 조사를 바탕으로 집필되었다. 서울에 머문 첫해에 나는 한국어 수업을 다섯 개 연달아 등록했다. 미군기지 근처 술집과 클럽에서 일하는 한국 여성들은 나와 영어로 대화하는 것을 선호했지만(필리핀 접대부를 비롯해 이러한 유흥지를 '치외법권적' 공간으로 여기며 이곳에 온 이들 또한 그러했다), 한국어 실력이 점차 늘자 NGO 관계자 및 활동가와 교류하는 데 확실히 큰 도움이 되었다.

이 책의 정보 대부분은 참여 관찰과 일상적 대화를 통해 얻었는데, 미군기지 근처와 서울 유흥가의 시끄러운 술집 및 클럽에서 술이나 커피를 마시며 진행되었다. 홍대와 이태원에서는 큰 위험 없이 혼자서 쉽게 사람을 만났고, 정보원을 하나둘 늘려가다 보니 두레방 활동가의 소개로 서울과 멀리 떨어져 있으면서 비밀스러운 기지촌 지역 정보원과도 만날 수 있었다. 하지만 (준)도시 유흥지의 사람들은 상당수가 공식 인터뷰를 꺼려했다. 특히 미군과 필리핀 접대부들은 연구자와 인터뷰했다는 사실이 알려지면 부정적 파장이 일지 않을까 두려워했다. 이 책에 언급된 모든 인명, 지역, 직업 정보는 인류학에서의 개인정보 보호 기준에 따라 바꾸었다. 인류학 현장 연구의 윤리에 대해서는 다음을 참고하라. http://www.aaanet.org/issues/policy-advocacy/code-of-ethics.cfm

시의 상황도 드러냈다. 3만 명에 달하는 주한미군[2] 대다수가 더는 당초에 파견된 거점 시설 근방의 홍등가에만 머물지 않는 문제가 대두된 것이다. 소위 말하는 기지촌(군인들은 '촌villes'이라고 부른다)에서는 주로 미군을 접대한다. 이곳의 술집이나 클럽은 대개 한국인 사업가가 운영하며, 미군의 욕구를 충족시켜주기 위한 다수의 여성 '접대부'가 고용되어 있다. 기지촌은 미 헌병대에서 직접 사람을 보내 순찰하며 미국 또는 한국 법을 위반한 군인을 색출하는, 엄격히 규제된 공간이다. 하지만 기지에서 멀리 떨어진 서울 시내 유흥지에 드나드는 군인이 점차 늘자 이 젊은 남성들[3]을 통제하기가 갈수록 난감해졌다. 그 와중에 경제적으로 어렵고 사회적으로 낙인찍힌 기지 주변 주민들은 미군을 다시금 기지촌으로 불러들이고 싶어 하는 듯했다.

2007년 말에 동두천으로 파견된 24세 미군 제이를 만났다. 한

2 실제 '지상군'의 수는 추측할 수밖에 없다. 2008년에 미국과 한국의 대통령이었던 조지 W. 부시와 이명박은 합의하에 주한미군 병력을 2만 8500명으로 유지했다. 하지만 남북 간의 긴장과 버락 오바마의 '아시아로의 회귀(pivot to Asia)' 전략에 따라 미군이 한국에 순환 배치되는 횟수가 늘어났다. 가령 2013년 9월 루이스-맥코드 합동기지에서 제6기병연대 제4공격정찰헬기대대 군인 380명이 9개월간 한국에 배치된다는 발표가 있었고, 2014년 1월에는 제12기병연대 제1대대 군인 800명이 잠시 한국에 배치되었다. 이렇게 추가된 병력은 공식 집계에 포함되지 않은 채, 주한미군은 2014년 4월 기준으로 미군 병력이 남한에 최소 2만 9680명 주둔해 있다고 주장했다(Capaccio and Gaouette 2014; Rowland 2014). 한국 자료에 따르면 실제 주한미군 수는 훨씬 많다. 《한겨레》는 미 국방부 자료를 인용해 2011년 9월 30일 기준으로 3만 7354명의 미군이 주둔해 있다고 보도했다.

3 미군 가운데 여성 비율은 1973년 2퍼센트에서 2010년 14퍼센트로 증가했는데(Patten and Parker 2011), 이 책은 남성 군인을 둘러싼 상상과 만남에 초점을 맞추었다. 한국 내 여성 미군의 위치성은 그 자체로 흥미로운 주제이나 이 책에서는 다루지 않았다.

국에 온 지 1년이 채 되지 않은 그는 몇 달 뒤 중동으로 재배치될 예정이었다. 나는 제이, 그의 한국인 여자 친구, 그녀의 한국인 친구와 함께 종로의 유명 술집에 갔다. 그곳에 들어서자, 키가 훤칠하고 근육질 몸매에 머리를 짧게 깎은 이 젊은 군인에게 엄청나게 많은 시선이 쏟아졌다. 제이의 친구들은 종종 "대체 무슨 소리를 지껄이는 거야?"라고 말하는 제이를 정중하지만 단호하게 무시한 채 조용히 한국말로 이야기를 나누었고, 제이는 주위 테이블에서 쏟아지는 시선이 즐겁다는 듯 그곳에 앉은 젊은 한국인들이 눈길을 거둘 때까지 계속해서 받은 시선을 되돌려주었다. 한참 뒤, 제이는 막 비운 맥주병을 테이블 모서리에 대고 시끄럽게 긁어댔다. 그러자 이번에는 사람들이 우리를 걱정스럽게 쳐다봤다. 제이는 음식이 나오고 나서야 진정되는 듯했다. 우리는 치킨을 주문했다. 김치가 들어간 음식은 제이가 전부 제외했기 때문이다. 그는 앞서 내게 이렇게 말했다. "진짜 그 거지 같은 걸 먹어요?"

"아직 모르는 것 같아 말하는데, 난 좋은 대화 상대가 아니에요. 난 학생은 어떻게 대해야 하는지 몰라요. 군인 대하는 법만 안다고요, 알겠어요?" 제이는 자기가 좋은 대화 상대가 아니라고 몇 번이나 말한 뒤에야 동두천 생활을 털어놓기 시작했다. 미국 군대는 하루쯤 군인들을 한국 학교에 보내 영어를 가르치게 하는 등 매년 '(주한미군) 평판 높이기 프로젝트'에 엄청난 돈을 쓴다고 했다. "우리에 대한 여론이 나쁘니까 그러겠죠." 제이가 덧붙였다. 제이의 동료 대다수는 자유 시간에 욕구를 채우기 위해 동두천 기지촌의 술집, 클럽, 식당을 들락거린다고 했다. "창녀한테 가죠. 미안한데 그게 사실이에요. 거기선 아무것도 할 게 없으니까요." 이들이 만나는 민간인이란 대개 한국 여성 대신 '접대부'[4]로 일하는 필리핀 여성과 한국인 술집 사장, 택시 기사가 전부였다. 일부 동료들은 서로 경쟁이라도 하듯 나이 많은 한국 남성 택시 기사와 곧잘 주먹다짐을 한다고 제이가 으스대며 말했다. 동두천에서는 엉터리 한국어와 엉터리 영어를 뒤섞어가며 이야기를 주고받았고, 제이는 "Fuck off"와 "I'll kill you"에 해당하는 한국어("꺼져"와 "죽여버린다")를 빠르게 배웠다고 했다. "시비 거는 놈들 쫓아내는 데는 보통 그거면 충분해요."

이윽고 제이가 라미레스 얘기를 꺼냈다. 그러면서 자신과 자기 군인 친구들은 도심의 대학가인 홍대와 위치상으로든 사회적으로든 완전히 분리되어 있다는 듯 말했다.

라미레스는 예순 살 먹은 여자를 강간한 혐의로 기소됐죠. 난

---

4 기지촌에서 만난 여성에 대한 글을 쓸 때 이들을 지칭하는 용어를 고르는 것은 중요한 문제였다. 한국에서 이들이 여럿으로 불리기 때문이다. 이주여성들은 종종 자신을 '엔터테이너(entertainer)'라고 하는데, 이는 대다수가 소지한 E-6 엔터테인먼트(E-6 entertainment) 비자상 신분을 나타내는 말이기에 매우 실용적인 접근일 것이다. 이들은 남자 친구가 아닌 고객도 보통 '남자 친구'라고 불렀다. 반면 군인 고객은 이들을 '주시 걸(juicy girl)' 혹은 줄여서 '주시'라고 부르는데, '주시'는 섹시하다는 뜻이자 군인이 접대부와 함께 클럽에서 시간을 보내려면 구매해야 하는 값비싼 과일 주스를 가리킨다는 점에서 그 의미가 이중적이다. 한편 내가 만난 NGO 사람들은 대부분 '성매매 여성' 또는 '인신매매 피해자'라는 말을 썼고, 한국 대중들은 그저 '나쁜 여자'로 받아들이는 경우가 많았다.

개를 잘 알아요. 아직도 자기가 한 짓이 아니라고 하죠. 분명 그 여자한테 추근대긴 했을 텐데……. 거긴 **그런** 동네잖아요, 알죠? 여자라고는 매춘부밖에 없는 그런 동네. 한국 언론에서는 평범한 사람들도 산다는 식으로 말하더군요. 근데 군인들은 그렇게 안 봐요. 그런 동네 사람은 무조건 창녀인 겁니다. 군인들은 그렇게 생각해요.

피해 여성이 성매매 여성이었을 것이라며 라미레스의 행동을 정당화하는 제이의 논리에는 두 가지 심각한 문제가 있다. 성매매 여성에 대한 성폭력이 '정숙한' 여성에 대한 공격보다 덜 심한 범죄라는 생각과 함께, 서울이라는 복잡한 사회적 도시 공간에 대한 크나큰 오해 말이다. 사실 홍대는 성을 사고파는 '**그런** 동네'가 아니라 한국의 젊은이들이 모이는 유흥지다. 한국인 친구의 말을 빌리면, 홍대는 평범한 토요일 밤에 '헌팅'하러 가는 곳이지 성매매하러 가는 곳이 아니다. 제이는 딱 한 번 가봤다는 홍대에 대한 얕은 지식으로 외딴 미군기지 근처의 홍등가와 한국 학생, 예술가, 자유분방한 청년들이 즐겨 찾는 활기찬 도심 유흥지를 똑같이 취급하는 오류를 범했다.

그런데 제이의 무지보다 더 흥미로운 지점이 있다. 실제로 그는 홍대 주변이 성이 거래되는 '**그런** 동네'인지 아닌지 신경 쓰지 않아도 되는 구조 속에 있다. '그런 동네'에서 만난 한국 여성을 미군이 성적으로 취할 수 있다는 생각, 달리 말해 한국에서 수십

동맹의 풍경

년간 축적된 미군의 경험과 행동 패턴을 제이는 서울의 대학가라는 미지의 영역으로 옮겨왔을 뿐이다. 이를 통해 지난 수십 년간 거센 논란의 대상이 되었던 권력 구조, 즉 제이가 보여준 이해(혹은 오해)가 각인된 젠더 권력관계도 엿볼 수 있다.

인류학, 군사주의를 조명하다

오늘날 한반도는 지구상의 매우 극심한 중무장 지역 중 하나로, 1948년 이래로 지금까지 남북이 무장 대치하고 있다. 한국전쟁이 끝난 뒤 정전협정이 체결되었지만, 이는 국지전이 벌어지면 주기적으로 위반되는 휴전 선언에 불과하다. 양측이 진정한 평화 협정을 체결하지 못한 결과, 비무장지대DMZ, Demilitarized Zone라는 모순적 이름이 붙은 지역을 설정한 뒤 이곳을 영구 봉쇄했다. 애초에 완충 지대로 구상되었지만, 빌 클린턴이 "지구상 가장 무서운 곳"이라 말할 정도로 무장이 극에 달한, 지극히 요새화된 곳이다.

오늘날 북한의 조선인민군은 119만 명 이상의 군인과 770만 명의 예비군으로 편성되어 있는데, 이는 세계 5위 규모의 병력이다. 이들 중 70퍼센트는 남한과 맞닿은 국경 부근에 주둔해 있다(Bermudez 2001). 한편 한국군은 65만 5000명의 상비군과 300만 명의 예비군을 보유하고 있으며, 역시 대다수가 국경 지역에 있다.

2007년을 기준으로 북한은 국민총소득의 30퍼센트 이상(약 80억 달러)을 국방비로 썼고, 남한은 북한의 3배가 넘는 263억 달러를 국방 예산으로 썼다(Moon and Lee 2010).

양측이 이토록 엄청난 병력 규모와 재정 지출을 감당하면서 군사화를 확장한 상황에 비하면 대략 3만 명에 이르는 주한미군 수는 대수롭지 않아 보인다. 하지만 미군이 한국에 계속 주둔한다는 사실은 1950년대 이후부터 미국이 한국의 정치·경제·군사 문제에 얼마나 넓고 깊게 관여하는지를 상징적으로 보여준다는 점에서 매우 중요하다.[5] 게다가 한국의 미군기지는 미 제국 건설의 중요한 공간적 접점으로서, 고립된 게 아니라 전 세계의 다른 미군 시설과 연계된다는 점에서 지정학적으로 중요하다.

이 사안에 대한 주요 저작인 『제국의 기지』The Bases of Empire에서 캐서린 러츠Catherine Lutz는 "미군의 전 지구적 편재성遍在性, 비할 데 없는 치명성, 세계 곳곳에 배치된 야욕"이 인류 사상 전대미문이라고 말한다(2009a). 미국이 구축한 이 특별한 우주에는 909개의 군사기지에 19만 명의 미군과 11만 5000명의 국방 공무원이 있다. 미군은 46개국에 1460억 달러 상당의 건물과 구조물 2만 6000여 개를 건설했다. 이에 대해 러츠는 다음과 같이 평한다.

---

5 미국이 한국의 국방 문제에 어떤 핵심적 역할을 하는지 제대로 파악하려면, 전쟁 시 한국군과 미군을 모두 통제할 수 있는 작전통제권이 오늘날까지 주한미군 손에 있다는 사실을 고려해야만 한다. 주한미군은 1994년이 되어서야 한국군에 대한 평시 작전통제권을 한국에 넘겨주었다. 한미 군사동맹에서 작전통제권과 실제 통제 사이의 간극을 살펴보려면 드레넌(Drennan 2005: 291)을 참고하라.

동맹의 풍경

이 공식 집계는 지난 몇 년간 이라크와 아프가니스탄에 지은 대규모 건물과 그곳에 파견한 병력뿐 아니라 이스라엘, 쿠웨이트, 필리핀 등지의 기밀 시설 또는 비공식 시설을 제외한 것이다. 미국은 해외 군사기지의 규모를 완전히 속이고 있는 것이다.(2009a: 1)

전 세계에 산재하는 미군 네트워크는 실로 엄청나기에 향후 더 많은 연구가 이뤄져야 할 것이다. 지난 10년간 비판적 인류학에서는 군사주의와 군인을 다루는 시도가 늘었으며, 특히 많은 논문 및 저작이 미군을 집중적으로 조명했다. 하지만 미국 군대와 현장에 파견된 미국 군인이 전 세계에서 엄청난 존재감을 드러낸 것은 근래의 일이 아니다. 그러니 왜 이제야 미군이 인류학 연구의 관심을 끌게 되었는지 궁금할 수밖에 없다. 2001년과 2003년에 미국이 중동에서 벌인 전쟁은 분명 연구를 촉발하는 데 한몫했다. 미국 사회는 이른바 '테러와의 전쟁'을 위해 다양한 부문에서 대규모 동원을 했다. 학계도 예외는 아니었다. 미군이 이라크에 들어간 이후, 미 국방성은 인류 지형 시스템Human Terrain System을 가동해 인류학자들을 전시 자원으로 적극 동원했다. 인류 지형 시스템은 사회과학자들을 고용하여 점령지 주민에 대한 문화적·사회적 이해를 도모하려 한 프로그램이다.

많은 인류학자들은 이런 대규모 동원에 대응하여 연구자들이 군대 문제에 주목해줄 것을 요청했다(Gusterson 2007).[6] 미국이

군 기지의 세계적 네트워크를 통해 제국을 운용하는 방식을 더욱 면밀히 조사하기 위해서였다(Johnson 2004). 캐서린 러츠는 그러한 연구와 동반되는 문화기술지文化記述誌, ethnography[7]가 제국에 대한 사고를 더욱 체계적으로 보완해주리라고 보았다. 문화기술지가 "제국화 과정에서 드러나는 균열, 모순, 역사적 특수성, 변화를 발견함으로써 **제국**의 독특한 특성에 의문을 제기할" 수 있다는 것이었다(Lutz 2006: 593).

군대 문제를 연구하던 인류학자들은 군인을 설명하는 핵심적 개념이자 현상으로서 '군사주의militarism'를 정의하려 노력해왔다. 반면 사회과학자들은 그 용례를 자세히 살피는 데 주력했다. 예를 들어 역사학자 알프레트 박츠Alfred Vagts는 『군사주의의 역사』 *A History of Militarism*(1937)에서 군사주의에 대한 초창기 정의를 내리면서 "군대의 제도와 방식을 일반적인 민간 생활양식보다 우위에 두고 군인의 사고방식을 민간 영역에 들이는" 군사주의의 중요한 측면을 지적했다. 사회학자 마이클 만Michael Mann은 『분별없는 제국』(2003)에서 군사주의를 "전쟁과 전쟁 준비를 정상적이면서도 바람직한 사회 활동으로 여기는 일련의 태도 및 사회적 관

---

6 인류학자 데이비드 프라이스(David Price)는 미군과 미국의 여러 첩보 기관이 어떻게 다수의 유명 인류학자와 계속 만나고 협력했는지에 대해 매우 자세히 기록했다. 이에 대해서는 그의 『인류학적 정보』*Anthropological Intelligence*(2008)와 『인류학의 무기화』*Weaponizing Anthropology*(2011)를 참고하라.

7 [옮긴이] 인류학에서 시작된 연구 방법론으로, 다른 문화의 일상에 들어가 가까이에서 관찰하고 기록하는 현장 연구 방법이다.

행"이라고 정의한다. 반면 페미니스트 연구자 신시아 인로^{Cynthia}
Enloe는 『카키색이 당신에게 어울리는가』^{Does Khaki Become You?}에서 다
음과 같이 주장한다.

> 군사화는 물리적 차원과 이념적 차원 모두에서 진행된다. 물리
> 적 차원에서 군사화는 군사 제도가 민간 영역에 점진적으로 침
> 투하는 것을 포괄한다. (······) 이념적 차원에서는 (······) 그러
> 한 일이 대중에게 용인되어 민간 문제에 대한 '상식적' 해결책
> 으로 통용되는 것을 뜻한다.(1983: 9)

하지만 오늘날 군사주의에 대해 가장 포괄적 정의를 내린 이는
사회학자 마틴 쇼^{Martin Shaw}다. 그는 이렇게 주장한다.

> '군사주의'의 핵심 의미는 군사적 관행을 어떻게 평가하는지가
> 아니라 그것이 사회관계 전반에 어떤 영향을 미치는지에 따라
> 규정되어야 한다. (······) 군사주의는 사회관계 전반에 군사적
> 관계가 침투하는 것을 뜻한다. 군사주의는 군사화할 때 팽배해
> 지고, 비군사화할 때 줄어든다.(2012: 20)

이러한 정의들은 모두 군사 영역이 민간 영역으로 침투해 확장
하는 과정이 군사주의라는 점을 짚는다. 한편 쇼는 담론이나 이
데올로기를 강조하는 대신 사회적 관행을 정면으로 응시한다. **관**

행을 강조하는 관점은 인류학 연구에 잘 들어맞고, 내가 다소 독특한 한국 상황을 파악하는 데도 효과적이었다.[8]

미군 범죄를 둘러싼 대중의 상상력

미군의 이미지는 현대 한반도에도 줄곧 출몰한다. 북한에서는 다양한 국가 선전물에 코가 길고 악랄한 미군이 전형적 캐릭터로 등장하는데, 흔히 북한 여성과 아이를 고문하거나 살해하는 이로 묘사된다(Myers 2010: 131). 미국의 숙적이 미군을 그리 묘사하는 것은 별반 놀라운 일이 아니지만, 동맹국인 남한에서도 미군은 흔히 가해자나 범죄자로 그려진다. 하지만 남한에서는 국가가 아닌 좌파 민족주의자들이 그러한 이미지를 주로 유포한다. 지난 10년간 개봉한 한국의 대중 영화를 슬쩍 훑어만 봐도 주한미군에 대한 묘사 때문에 '반미주의자'로 분류된 진보적 영화감독이

---

8 주한미군을 대하는 한국인 정보원들이 항시 일반적인 반군사주의적 태도를 보이지는 않았다는 점을 짚고 넘어가고 싶다. 앞으로 살펴보겠지만 한국에 **자생한** 군사주의에 반대하는 세력은 미군기지에 반대하는 세력보다 그 수가 훨씬 적다. 역사상 미군은 한국 장성들이 저지른 일에 대해서도 비난을 받아왔고, 따라서 반군사주의 운동의 출현은 수많은 사회경제적·정치적·이데올로기적 힘에 영향을 받는 매우 우연한 과정이었다는 마틴 쇼의 주장은 새겨들을 만하다(Shaw 2012: 31). 오늘날에도 편재하는 한국 군사 기관을 감안한다면, 한국에서의 군사주의 문제는 미군 문제보다 훨씬 다루기 어려운 사안이다. 또한 한국의 좌파 민족주의자들은 국군을 지지하는 대다수 사회구성원에게 외면받지 않기 위해 이에 관해 언급하지 않는다. 한국 활동가들은 한국의 군사주의를 직접 다루기 매우 어려워했는데, 어쩌면 미군은 한국의 군사주의 문제에 대한 피뢰침 역할을 해왔는지도 모른다.

제작한 영화를 꽤 많이 꼽을 수 있다(Ryan 2012).

예를 들어 크게 흥행한 〈괴물〉(2006)은 미군 관계자가 대량의 포름알데히드를 방류한 실제 사건을 모티프로 삼았다.[9] 영화라는 허구의 세계에서는 이 화학물질 때문에 서울 한강에서 괴물이 탄생한다. 2005년에 개봉한 영화 〈웰컴 투 동막골〉에서는 기적적으로 한국전쟁을 비껴간 평화롭고도 외진 마을을 공습하려는 미군이 묘사되며, 남북 탈영병들이 힘을 모아 대량 학살을 막아낸다. 2009년에 개봉해 많은 관객을 끌어모은 〈이태원 살인사건〉은 서울 이태원에서 한 한국인 대학생이 살해된 뒤 미국인 두 명이 주요 용의자로 거론된 악명 높은 사건을 바탕으로 제작되었다. 이처럼 살인, 비행, 무법을 저지르는 미군 이미지를 보고 있노라면, 한국의 대중적 상상에 자리한 호전적이고 폭력적인 미군 이미지가 쉽게 사라지지 않겠다는 생각이 든다.

미군과 한국 주민의 복잡다단한 조우에서 파생한 부정적 이미지들은, 명확히 말하건대 이 책에서 다루는 커다란 이야기의 일부에 불과하다. 나는 2007년 9월에 서울로 향했다. 미군에 대한 대중의 상상 그리고 미군과 한국인의 관계를 들여다보고자 이후 21개월간 서울에 머물렀다. 한국의 수도에 머문 가장 큰 이유는 어떤 궁금증을 해소하기 위해서였다. 브루스 커밍스의 말처럼 한국은 오랫동안 "'양키 고 홈$^{Yankee\ go\ home}$' 구호를 외치지 않은 몇

---

9 2000년 2월 용산 미군기지의 영안실에서 방부액으로 사용한 포름알데히드 120리터를 배수구로 방류했고, 이는 한강으로 흘러 들어갔다(Scofield 2004).

안 되는 나라 중 하나"였다. 이처럼 미국에 매우 호의적이었던 한국인들이 지난 수십 년간 급격하게 태도를 바꾼 이유가 무엇인지 나는 궁금했다.

2002년 12월 14일 한국에서 벌어진 촛불 시위에는 전국적으로 30만여 명이 참여했다. 열세 살 중학생 두 명이 미군의 군용 차량에 치여 사망한 사건에 항의하기 위해서였다. 2006년에는 미군기지 확장 이전을 위해 평택 대추리의 농지가 몰수되자, 농민과 운동가들이 수천 명의 한국 경찰기동대와 대치하면서 격렬히 맞섰다. 2년 뒤인 2008년, 미국산 쇠고기 수입 금지 조치가 해제된 데 대한 반발로 다시 한번 반미 감정이 고조되면서 수십만 명이 촛불 집회에 나섰다. 이후에는 제주도에 해군기지를 지으려는 프로젝트가 몇 년간 많은 반대에 부딪혀 지연되었다. 이 프로젝트에 반대하는 이들은 한국 해군이 운영하는 기지를 미군 또한 이용하게 될 것이라며, 그러면 외세의 손길이 뻗치지 않은 제주에서 해군기지가 해상 헤게모니를 유지하려는 미국의 주요 전초기지가 되리라고 주장했다. 이는 한반도의 운명을 둘러싼 미국의 간섭에 한국 대중들이 분노한 사례 중 일부에 불과하다.

1990년대 초에 설립된 주한미군범죄근절운동본부는 1976년부터 1991년까지 신고된 미군 범죄가 매년 약 1100~2300건인 점으로 미루어보아, 미군이 한국인을 상대로 저지른 범죄가 수만 건에 이를 것으로 추정했다.[10] 미군 유흥지와 그 근방에 있던 사람들은 미군의 난폭 행위에 가장 많이 노출되었다. 그렇지만 군

동맹의 풍경

부독재 시대가 막을 내리기 전까지는 이 문제를 공론화했다간 감옥살이를 해야 할 수도 있었기에 상황은 더욱 악화되었다.

　그러다가 극악무도한 범죄 하나가 '미군 범죄'의 전형으로 꼽히게 된다. 바로 1992년 10월 28일 케네스 마클 이병에게 기지촌에서 일하던 여성 윤금이 씨가 잔혹하게 살해된 사건이다(이 사건은 오늘날까지도 미군이 어떤 일을 저지를 수 있는지에 대한 한국인의 상상을 대변해주는 것 같다). 시간이 지나면서 이 사건은 미국의 한국 지배를 보여주는 핵심 상징이 되었다. 수년 뒤 홍대 성폭력 사건을 둘러싸고 펼쳐진 논란 또한 1992년에 벌어진 잔혹한 살인 사건으로 인해 생긴 부정적 시선을 감안하며 읽어야 한다. 이후 살펴보겠지만 윤금이의 죽음은 미군이나 그 가족이 범죄를 저지를 때마다 나타나는 대중적 분노의 시발점이 되었다.

　당연한 말이지만, 한국 이외의 나라 대중들도 현지 민간인에게 폭력을 자행하는 미군에 대해 분노했다. 미군이 주둔하는 외국 땅 어디든 일부 군인의 불법 행동을 둘러싼 논란은 항상 따라다닌다. 특히 성폭행과 살인사건은 지역 주민에게 크나큰 충격으로 다가온다. 2003년 아부 그라이브에서 이라크 죄수들을 불법으로 고문하며 미소 짓는 미군 이미지가 전 세계로 퍼졌고, 이는 이라크전쟁을 벌이면서 표출된 미군의 부정의를 나타내는 상징이 되었다. 하지만 해외에 주둔하는 미군이 평시에 저지른 각각의 범

---

10 자세한 정보는 주한미군범죄근절운동본부 웹사이트(http://usacrime.or.kr)를 참고하라.

죄를 현지의 미군기지 반대운동 세력이 어떻게 더 큰 불만의 상징으로 활용하는지에 대해서는 잘 알려져 있지 않다.

예를 들어 1995년 9월 4일 일본 오키나와의 캠프 핸슨에서 복무하던 미군 세 명이 길가에서 마주친 12세 여아를 납치 성폭행한 사건은 오키나와에 대규모 반미 시위를 촉발했다(Angst 1995, 2001). 이와 비슷하지만 더 잘 알려진 사례로는 2005년 말 한 필리핀 여성이 수비크만 자유항에서 네 명의 미 해병대원에게 집단 성폭행을 당했다며 고소한 사건이 있다. 1년 뒤 일병 대니얼 스미스는 성폭행죄로 유죄 판결을 받았지만, 이후 고소인이 진술을 철회해 그는 2009년에 석방되었다. 아마 미국 영주권을 주겠다며 거래를 했을 것이다(Lacsamana 2011; Winter 2011). 2006년 12월 6일 키르기스스탄에서는 트럭 기사인 알렉산드르 이바노프가 검문을 받던 도중 20세의 미 공군 재커리 햇필드에게 살해되는 사건이 벌어졌다. 이는 자국 내에서 미군의 작전 수행을 허용했던 주둔군지위협정SOFA, Status of Forces Agreement을 둘러싼 논쟁으로 번졌다(Cooley 2008). 2014년 말에는 필리핀의 트랜스젠더 여성 제니퍼 로드가 미 해병 조지프 스콧 펨버턴과 함께 모텔에 들어갔다가 살해당한 사건이 당시 체결한 지 얼마 되지 않았던 미국과 필리핀 간의 군사동맹을 위태롭게 만들었다(Talusan 2015).

이 모든 사건에서 미군이 현지 민간인에게 저지른 폭력은 미군 관계자들이 해외에서 작전을 수행하는 환경을 바꿔놓았다. 한국은 미군 범죄를 둘러싼 논란으로 미군에 대한 시민들의 지지가 대폭 줄어들기는 했지만, 실제 안보동맹은 별다른 영향을 받지 않은 독특한 경우다. 게다가 주한미군에 반대하는 투쟁에서 다른 곳에서는 거의 찾아보기 힘든 도시적 특성이 명확히 드러난다. 이제 이 점을 들여다보자.

서울이라는 도시와 미군

이 책에서는 미군이 저지른 (젠더화된) 폭력에 대한 대중의 정서뿐만 아니라 미군 범죄와 관련해 서울이라는 도시를 비중 있게 다룬다. 한국의 수도권에는 대략 1400만 명이 거주한다.[11] 수도를 둘러싼 경기도의 위성도시는 중심의 대도시와 매끄럽게 연결되며, 높은 수준의 인프라 통합과 극도의 다중심성을 특징으로 한 거대한 도회지가 형성되어 있다.[12] 마이크 데이비스의 용어(Davis 2006: 5)에 따르면, 세계에서 매우 큰 도시권 중 하나인 서울은 '거대도시megacity'라는 말을 무색하게 만드는 '초거대도시

---

11 공식 인구조사는 누리지표 홈페이지(https://www.index.go.kr)를 참조했다.
　　[옮긴이] 누리지표 통계에 따르면, 2021년의 수도권 인구는 2605만여 명으로 대폭 늘어났다.
12 '대도시의 동심원적 토지 이용 패턴을 다룬 중심지 모델 또는 전통적인 시카고학파 모델'은 오늘날의 많은 도시를 이해하기에는 비교적 낡은 개념이므로 서울 같은 도시는 '거대한 다중심 도시 지역'(Brenner 1999: 437)으로 보는 게 낫다. 프리드만과 밀러의 도회지 개념 또한 오늘날 서울이 그 배후지와 상호작용하는 방식을 설명할 때 잘 적용된다.
　　"도회지는 '대도시' 크기의 중심 도시로 통근하는 양을 기준으로 정의하는 기존 수도권의 경계를 넘어서 주변부의 탁 트인 지형까지 포함한 공간이다."(Friedmann and Miller 1965: 313)

hypercity'다. 오늘날 한국 인구의 절반 이상이 인구밀도가 로마보다 8배나 높은 대서울Greater Seoul에 거주한다(Hankyoreh 2009).

한국에는 3만여 명의 미군이 상시 주둔하며, 군사훈련을 할 때면 수백 명의 군인이 더 입국한다. 미군기지 가운데 3분의 2 이상은 대서울권과 그 주변에 있다. 인구가 많지 않은 곳에서는 군부대의 규모가 제법 커 보이겠지만, 이처럼 거대한 도시에서는 사막에서 바늘 찾는 격으로 군 관계자 수가 적어 보인다. 문제는 미군이 자유 시간에 욕구를 충족하기 위해 더는 기지촌에만 머물지 않는 데 있다.

대서울권의 급격한 인프라 발달이 가져온 의도치 않은 결과 중 하나는 도심권과 주변 시가지 간의 상당했던 거리가 (버겁긴 하지만) 통근 가능할 정도로 가까워졌다는 점이다. 이는 2000년대 중반 이후 미군이 홍대와 같은 도심 유흥지를 즐겨 찾게 된 이유 중 하나다. 서울의 대중교통 체계가 확장된 덕분에 이런 곳을 오가는 게 훨씬 쉬워졌다. 미군이 유입되면서 홍대에는 다양한 상징적 혼란이 이어졌다. 이는 양공주(기지촌에서 일하는 여성을 경멸적으로 일컫는 용어)라는 말이 지금은 홍대에서 외국인과 한데 섞여 파티를 즐기는 젊은 여성을 지칭하는 데 쓰인다는 점에서 가장 날카롭게 발견된다. 이에 관한 논의는 6장에서 이어진다.

광활한 대서울권 안에서 미군의 이동성이 증가한 점을 고려해 나는 미군이 서울 안팎의 다양한 지역에서 마주치는 이질적 집단을 연구 대상에 포함했다. 또한 연구를 진행할수록 미군과 접촉할 일이 거의 (혹은 전혀) 없지만 도시 내 미군 주둔에 민감하게 반응하는 현지 시민에 대한 관심이 커졌다. 내가 만난 서울 시민 대다수는 미군을 개인적으로 가까이에서 만나본 적이 없었지만, 미군에 대한 놀랄 만한 생각을 하고 있었다. 직접 경험에 기반하지 않은 간접적 지식으로서의 '상상'이 한미관계를 이해하는 데 중요한 이유다. 미군을 직접 만나야만 미군에 대해 강경한 의견을 갖게 되는 것은 아닌 듯했다.

나는 때때로 껄끄러워지는 한미관계가 조율되는 지점을 분석하면서, 드넓은 서울에서 미군과 만난 사람들이 이들과 실제로 **관계 맺는** 방식을 살펴보려 했다. 좌파 민족주의자들이 처음 활용한, 미군의 폭력적 행동에 초점을 맞춘 대중적 프레임[13]은 결국 한국 시민이 일상에서 미군과 만나며 펼쳐지는 또 다른 이야기들을 대체해버린다. 서울에서 밤낮으로 벌어지는 군인과 일반인의 만남은 관련 행위자가 다양한 만큼 그 형태도 다양하다. 비범하든 평범하든, 적대적이든 순조롭든, 성적이든 무감하든, 질서정연하든 자유롭든, 순식간이든 길어지든 그 가능성은 무한한 것

---

13 사회운동 분야와 관련해 '프레이밍(framing)'에 대한 다양한 연구가 이뤄진바, 이 개념은 어빙 고프먼이 『프레임 분석』*Frame Analysis*에서 처음 제시했다. 이후 벤퍼드와 스노에 따르면(Benford and Snow 2000), 사회운동은 단순히 "구조적 제도, 예기치 못한 사건, 기존 이데올로기에서 자연스럽게 드러나는 관념과 의미의 매개체가 아니다." 이들은 사실상 "의미를 생산 및 유지하는 과정에 적극 참여하는 구성원, 적대자, 방관자, 관찰자 등의 의미화 주체", 즉 '운동 행위자'에 초점을 맞춰야 한다고 주장한다. 부정의한 상황에서 피해자로 추정되는 이를 식별할 뿐만 아니라 누가 범인인지 또한 규명하는 사회운동 방식인 '부정의 프레임(injustice frames)'에 주목하는 것이다. 이들의 관점으로 사회운동에서의 지식 생산을 이해한다면, 주요 행위자는 프레임을 **역동적으로, 계획적으로, 몹시 협상적으로** 생산한다.

이다. 하지만 이 모든 논의에는 하나의 공통점이 있다. 미군과 민간인 간의 실제 관계는 주한미군을 둘러싼 폭력적 상상을 배경으로 구체화된다. 즉 상상된 지형imagined terrain이 있다는 것이다. 한편 오늘날 미군에 대한 적대감이 늘었다고 해서 일상의 가능성마저 반드시 줄어드는 것은 아니지만, 내가 만난 이들 중 지난 수십 년간 주한미군이 논란의 대상이 되어왔다는 사실을 완전히 등한시한 사람은 없었다.

물리적 공간으로서의 성인 유흥지는 한국인과 미군 관계자가 실제로 만나는 **주요** 장소이므로 내 분석에서 매우 중요하다. 미군에 대한 대중적 논란이 일었던 수많은 "중대 사건"(Das 1997)은 도심 유흥가(홍대, 이태원 등)나 외딴 홍등가(동두천, 송탄, 안정리 등)에서만 벌어진 게 아니다. 그럼에도 이들 지역은 한국인이 품고 있는 미군에 대한 완전히 간접적인 상상력을 실제 만남으로 대체할 수 있는 첫 번째 지형이라는 점에서 중요하다. 그 역사적 차이, 사회적 복잡성, 각 지역의 특성을 알게 될수록, 대서울은 미군의 영향력이 부서지고 깨어지며 각 지역의 특색이 담긴 새로운 무언가로 변화하는 여러 무대들로 이뤄져 있다고 생각하게 되었다. 그리하여 나의 프로젝트는 유흥지를 둘러싼 사람들이 이곳을 어떻게 구성하고 형성하고 변형하는지를 살피면서, 군인, 현지인, 외국인 접대부, 한국인 학생, 업주, NGO 활동가, 반기지 운동가 등이 유흥지를 두고 어떻게 서로 다른 이해관계로 얽혀 있는지를 알아보는 여정이 되었다.

사회적 관행으로서의 폭력적 상상

이 책에서는 이미 과거사가 된 특정 사안들을 주로 다룰 것이다. 친미 성향이 무척이나 강했던 한국은 왜, 그리고 어떻게 미군 주둔을 두고 논쟁하는 나라가 되었을까? 면면히 이어져 내려오는 침입자의 계보 안에 미국을 넣으려는 정치 기획을 위해 좌파 민족주의 활동가들이 미군에 대한 부정적 묘사를 부각한 과정은 2장에서 자세히 다룰 것이다. 역사적 특수성을 살피기 전에, 한국인의 심경 변화와 그로 인해 지속된 여파를 설명하는 데 사용할 이론적 개념으로 '폭력적 상상violent imaginaries'을 먼저 논하는 게 좋겠다.

이 책에서 자세히 분석할 역사적·문화기술지적 맥락에 기초하면, **폭력적 상상이란 사람들이 개인의 폭력 행위를 국가와 관련한 문제로 재구성함으로써 미국의 군사주의를 이해하는 식의 사회적 관행**social practice[14]을 말한다. 이런 개념을 활용한다고 해서 만연한 미군 범죄를 지적하기 위해 한국 시민단체가 발표한 범

---

[14] 나는 셰리 오트너(Sherry Ortner)의 중요한 논문 「60년대 이후의 인류학 이론」(Theory in Anthropology since the Sixties)에 수긍하며 '사회적 관행'이라는 용어를 사용했다. 그녀는 사회적 관행이 무엇인지에 대한 질문에 다음과 같이 답했다.
"원칙적으로 이에 대한 대답은 무궁무진하다. 일단 가까운 사람들이 하는 모든 행위를 말한다. 하지만 이 모델이 지배라는 개념을 염두에 두고 있기에, 가장 중요한 형태의 관행은 의도적이든 그렇지 않든 정치적 의미가 있는 것들이다. 사람이 하는 거의 모든 행위에는 정치적 의미가 있다. 따라서 관행에 대한 연구는 결국 모든 형태의 인간 행위에 대한 연구이지만, 정치성이라는 특정 각도에서 이루어진다."(1984: 149)

죄 통계가 허구라고 주장하거나 그에 의문을 제기하려는 것은 아니다. 내가 강조하고 싶은 것은 (1) 역사의 특정 순간에 실현되는 폭력적 상상은 정치 변혁을 위한 **행위**를 구성해내고, (2) 대개의 한국인은 직접 경험이 아니라 타인이 제공하는 정보에 기대 미군을 판단하기에 미군에 대한 부정적 이미지를 떠올리는 데는 수많은 **매개**가 개입하며, (3) 그러한 부정적 이미지는 한미관계를 논하는 **민족주의적 프레임**에 필수적이라는 점이다. 여러 문헌을 간략히 검토하면서 이러한 지점을 좀 더 설명해보고자 한다. 인류학자들이 말하는 '상상력imagination' 혹은 '상상imaginary'이란 무엇이며, 이들은 '폭력'과 어떻게 관련되어 있을까?

'상상력'이라는 용어는 오랫동안 주로 철학에서만 사용되었다. J. M. 코킹의 『상상력』*Imagination*(1991)은 플라톤과 아리스토텔레스에서 시작해 중세를 거쳐 르네상스 시대에 이르기까지, 현실과 상상력의 복잡한 관계에 대한 철학자들의 사유를 역사적으로 살폈다. 20세기 철학에서는 장 폴 사르트르가 『상상계』(2004[1940])에서 이 용어를 사용해 인간 의식에 관한 유구한 철학적 질문을 해결하려 했다. 캐나다 철학자 찰스 테일러Charles Taylor는 다원적 근대성을 개진한 『근대의 사회적 상상』(2003)을 펴내면서 사회적 상상이란 "공동체의 집단생활에서 어떤 일이 일어나는 방식뿐만 아니라 어떤 방식으로 **일어나야 하는지**에 대한 공통의 이해"를 의미한다고 말했다.

테일러는 '상상'과 '상상력' 개념을 다룬 다른 학자들과 마찬가

지로, 민족주의 연구의 권위자인 베네딕트 앤더슨Benedict Anderson
에게 많은 영감을 받았다. 앤더슨의 『상상된 공동체』는 1983년에
처음 출간되었다. 그해에 같은 주제에 관한 또 다른 고전으로 에
릭 홉스봄 등의 『만들어진 전통』과 어니스트 겔너의 『민족과 민
족주의』도 출간되었다. 자유주의 철학자 겔너가 민족주의를 "정
치 단위와 민족 단위가 동일하다고 믿는 정치 원리"로 규정하면
서 민족이 순전한 근대의 산물이라는 점을 주장했다면, 마르크스
주의 역사학자 홉스봄은 그러한 근대적 민족주의 운동이 자신의
의제에 적합한 신화나 역사를 날조하는 데 얼마나 탁월한지 보여
준다.

앤더슨은 허위와 날조의 측면보다는, 대중적 지지를 형성하는
데 민족주의 운동이 그토록 효과적인 이유에 방점을 찍는다. 그
는 직접 대면이 아니라 철저히 매개되고 이미지화된 소속감을
기반으로 하는 공동체에서 발휘되는 힘에서 한 가지 사실을 발
견했다. 이제는 서로의 존재를 거의 알지 못하게 된 이질적 대중
을 민족의 일원으로 재구성하게 해준 근대의 '인쇄 자본주의print-
capitalism'가 도래함에 따라 상상을 통한 결합이 그 어느 때보다 중
요해졌다는 점 말이다. 민족은 상상의 산물이라고 주장하면서 그
는 매우 잘 알려진 이런 말을 한다. "매우 작은 민족의 일원일지
라도 다른 많은 동료 구성원을 알거나 만나지 못하며, 혹은 그들
의 이야기를 들어볼 일조차 없겠지만, 각자의 마음속에는 합일의
이미지가 살아 숨 쉬고 있다."

민족은 집단적 상상력처럼 덧없어 보이는 것을 바탕으로 형성
될 수 있다는 사실을 앤더슨이 보여주었기에, 다양한 (초)민족주
의적 사회현상을 연구하려는 인류학자들이 이를 자기 영역이라
고 주장하고 나서는 것은 시간문제였다. 상상력을 다룬 인류학
문헌은 방대하며, 지금까지도 많은 논문이 나오고 있다. 그 가운
데서 세계화를 해명하는 지적 작업의 일환으로 '상상'이라는 개
념을 활용한 아르준 아파두라이^{Arjun Appadurai}의 연구는 주목할 만
하다. 『고삐 풀린 현대성』(1996)에서 그는 세계화 시대를 맞이하
여 사회적 관행으로서의 '상상력'에 깃든 가능성에 주목해야 한
다고 주장한다.

> 이미지, 상상된 것, 상상이라는 용어는 모두 전 지구적인 문화
> 적 과정에서 중요하고도 새로운 무언가, 즉 사회적 관행으로서
> 의 상상력으로 우리를 안내한다. 상상력은 더 이상 단순한 환상
> (실제로 할 일이 다른 데 있는 대중들을 위한 마약), 간편한 도피
> (구체적인 목적과 구조로 규정된 세계에서의 도피), 엘리트의 심
> 심풀이 취미(보통 사람들의 삶과 무관한 것), 단순한 관조(새로
> 운 형태의 욕망 및 주체성과 무관한 것)가 아니다. 이는 체계화
> 된 사회적 관행의 장이자 작업의 한 형태(노동이자 문화적으로
> 체계화된 관행이라는 의미에서)이며, 행위자(개인)가 있는 곳과
> 전 지구적인 가능성의 장들 사이에 벌어지는 협상의 한 형태가
> 되었다.(1996: 31)

아파두라이는 상상력의 영역이 "(특정 환경에서) 혼성모방pastiche 놀이를 국가와 그 경쟁자들의 공포정치 및 강압"과 연결하는 데 도움이 되기도 한다고 주장한다. 하지만 그는 공포정치나 강압 같은 폭력 문제를 거의 언급하지 않은 채, 자신이 고안한 개념인 민족적 정경ethno-scape, 기술적 정경techno-scape, 금융적 정경finance-scape 등이 열어젖힌 비교적 고요한 영역을 파고들었다. 이러한 지점을 택한 것으로 보아 아파두라이는 폭력 및 미군과 연관된 여러 질문에 답해줄 적격자는 아닌 듯하다. 가령 이런 질문 말이다. 우리는 미군기지에 반대하는 한국의 사회운동과 결부된 폭력적 이미지를 어떻게 보고 있을까? 미군을 거리를 활보하는 폭력적 (성)범죄자로 보는 식의, 이들에 대한 부정적 묘사가 미군과 동맹을 맺고 있고 경제적·군사적·사회적으로도 미국에 크게 의존하고 있는 나라에 왜 이토록 널리 퍼져 있을까?

인류학자 데이비드 그레이버David Graeber는 「상상력의 사각지대」Dead Zones of the Imagination(2012)에서 폭력과 상상력을 함께 조명하면서 실제를 분석해보려 했다. 인류학적 관점에서 폭력을 포괄적으로 다룬[15] 이 논문을 통해 그는 이제껏 우리가 '폭력의 시학'

---

15 카멀라 비스웨스와란(Kamala Visweswaran)이 지적했듯, 폭력을 다루는 인류학 문헌은 "전 세계의 정치 폭력에 관한 문화기술지의 모음이며, 민족 문제, 제노사이드, 비열한 전쟁, 혁명에서의 폭력, 평시 범죄, 젠더 폭력, 고문, 군사화와 같은 다양한 사안과 공포, 트라우마, 기억과 같은 다양한 주제를 다룬다"(2014: 19). 군인은 폭력에 대한 전문가로, 대개의 군사훈련에서 힘을 효율적으로 행사하는 법을 익힌다. 이들은 사회인류학의 세부 분야에서 주요 주제로 자주 거론된다(Frese and Harrell 2003; Grassiani 2013; Gutmann and Lutz 2010을 참고하라).

에 너무 많은 관심을 보였다고 주장한다. 즉 폭력이 소통을 위한 일종의 언어가 된 지점에 지나치게 초점을 맞춰왔다는 것이다. 그레이버는 그러한 시각을 다음과 같이 적확하게 비판한다.

> 그렇다. 폭력 행위에는 소통의 측면이 있다. 하지만 다른 모든 인간 행위도 마찬가지다. 폭력은 소통성이 **없이도** 사회에 영향을 미칠 가능성을 지닌 채 지속되는 유일한 인간 행위라는 점에 주목해야 한다.(2012: 116)

그는 더 나아가 "폭력은 잘 알지 못하는 상대의 행동에 비교적 예측 가능한 영향을 미칠 수 있는 유일한 인간 행위"라면서, 가해자는 대부분의 인간관계에서 일어나는 "해석이라는 미묘한 작업"을 무시할 수 있게 된다고 주장한다.

「상상력의 사각지대」에서 찾아볼 수 있는 다른 중요한 논점은 폭력 체제regimes of violence가 "고도로 편향된 상상의 구조"를 만들어낸다는 점이다. 그레이버에 따르면, 관계에서 우위를 점하는 쪽은 피지배자의 동기를 고려할 필요가 없다. 반면 "사회 계급 사다리의 최하단에 있는 이들은 최상단에 있는 이들의 관점을 상상하고 진심으로 그들을 걱정하는 데 상당히 많은 시간을 할애한다." 따라서 권력이 강한 쪽은 상대에 대해 전혀 알지 못해도 책임을 피할 수 있으며, 폭력은 권력이 약한 쪽이 최상단에서 임의로 내린 결정에 의미 부여를 하도록 열심히 추측하게 하는 힘이 된다.

이 책에서 자세히 분석할 테지만, 때때로 개별적 폭력의 순간
은 애초에 그러한 사건이 일어나게끔 만든 더 큰 권력 구조에 대
한 거대한 은유가 될 수 있다. 인류학자 마셜 살린스Marshall Sahlins
는 그러한 과정을 '구조적 증폭structural amplification'이라 했다(2005).
의미 생성의 일방통행로라는 그레이버의 상상력 개념은 한국에서
벌어진 윤금이 사건이나 홍대 성폭력 사건을 둘러싼 소동을 이해
하는 데 도움이 된다. 이들 사건 혹은 이와 유사한 일들은 한국인
에게 한미동맹과 관련한 더 큰 이해관계를 은유하는 순간으로 바
뀌었다. 미국 시민 대부분은 한국 내 미군 주둔으로 일어날 수 있
는 만일의 사태에 대해 시종일관 태평할 정도로 무지한 반면, 한
국의 보통 사람들은 일련의 한미관계에 꽤나 신경을 써왔기 때문
이다. 한국에서 폭력적 상상은 윤금이 사건이라는 극악무도한 범
죄가 야기한 갑작스러운 혼란으로 인해 강력한 사회적 관행으로
떠올랐다. 덜 혼란스러운 시기에 한미관계가 원만하게 유지되도
록 일상적으로 수행하던 해석 작업이 갑자기 방해받자, 폭력적 상
상이 미군을 인식하는 틀이 된 것이다. 잔혹한 윤금이 사건이 그
러한 사건을 가능케 해준 기저의 권력 구조를 적나라하게 드러낸
바, 그 여파로 한미 간의 비대칭적 관계에 대한 쉴 새 없이 계속되
던 추측 작업이 한동안 무의미해진 듯 보였다. 나는 이런 사건을
비롯해 이에 대한 대중의 반응이 야기한 추측 작업의 중단이야말
로 결국 한미관계를 새로운 국면으로 전환시킨 힘이라고 본다.
  물론 미군과 관련한 집단적 상상력을 둘러싼 논쟁 시점 또한

1장 | 서론

적절해야만 했다. 앞으로 살펴보겠지만, 그러한 논쟁은 민주화의 바람이 질풍노도처럼 불어닥친 1990년대 초라는 한국사의 특정 순간에 고조되었다. 그 덕에 집단적 상상력은 더 큰 정치 투쟁의 영역으로 재설정되었다. 한국에서는 수십 년간 이어진 군정 시대에 자애로운 미군이라는 개념이 점차 약해졌다. 한미 주둔군지위협정으로 미군에게 주어진 사실상의 면책권에 대한 분노가 점차 커졌기 때문이다. 하지만 은연중에 미군의 사회적 무책임을 부추긴 불평등한 법체계보다 더 해로웠던 것은 한국의 냉전을 둘러싼 미국의 **현실 정치**였다. 그 시기에 동맹국 미국은 한국의 민주화보다 안보를 우선시했던 것이다. 그러면서 개별 미군이 연루된 폭력적 이미지는 더 큰 문제를 두고 벌어지는 전쟁의 의도적인 도구가 되었다. 작은 것은 크게 증폭되었고, 개인은 구조로 재설정되었다.

폭력적 상상의 부상에는 흥미로운 공간적 요소도 포함되어 있다. 이는 책 전반에 걸쳐 자세히 다룰 것이다. 미군이 한국 또는 외국 여성과 주로 만나는 실제 공간, 즉 미군기지 근방의 유흥지는 악명 높은 윤금이 사건이 벌어진 이후 처음으로 지배의 공간이라는 꼬리표가 붙게 되었다. 미군이 드나드는 술집과 클럽이 주로 모여 있는 기지촌은 미국의 패권이 가장 폭력적 형식으로 뿌리내린 국가적 수치의 영역으로 상상되기 시작했다. 미군이 연루된 수많은 사건이 기지촌을 둘러싼 논쟁의 불씨를 댕겼고, 이는 동맹국 미국이 또 다른 달갑지 않은 침입자로 변모할 수 있다는 생각으로 삽시간에 번졌다.

　의심할 여지 없이, 민족주의적 형태로 주조된 '폭력적 상상'은 미묘한 차이나 회색 지대의 희생을 수반했고, 군인과 민간인 간의 논쟁적 조우와 관련한 대안적 내러티브나 비전을 말살했다. 폭력과 착취에 들어맞지 않는 것은 무엇이든 걸러졌다. 기지촌과 그곳에서 생활하는 사람들을 상상하는 방식에 복합성이 사라진 결과는 오늘날에도 뚜렷이 보인다. 우선 기지촌의 접대부 중절대 다수를 차지하는 외국인 여성의 목소리는 사실상 침묵당하고 있다. 이들은 기지촌이라는 논쟁적 구역의 의미를 민족주의적으로 이해할 때 부합하지 않는 존재이기 때문이다. 가장 외떨어지고 주변화된 기지촌일지라도 요즘에는 분명 살인, 강간 등의 폭력이 매일같이 벌어지지는 않는다. 미군 클럽에 고용된 (대부분 필리핀인인) 여성들이 가장 두려워하는 것은 고객이 아니었다. 오히려 한국 내 이주노동자로서 서로 다른 국가 및 법체계 사이에서 희생되어 부유하는 상태가 삶에 미치는 부정적 영향이었다. 바로 이것이 내가 현장 조사를 하며 발견한 사실이다.

군인들, 그리고 논쟁적인 성적 조우

　신시아 인로는 미군이 되면 따라오는 무언의 특전으로 외국 여성에게 접근할 수 있다는 점을 꼽는다.

성애화된 '위로 휴가'가 없다면, 젊은 미국 남성들은 군에 입대해 길고도 지루한 항해나 지상 기동훈련을 견뎌낼 수 있을까? 아시아 여성의 순종적인 섹슈얼리티에 관한 신화가 없다면, 많은 미국 남성들은 군인으로 일할 만큼 남자답다는 정체성을 유지할 수 있을까?(Enloe 1992: 23)

미군에 관한 인로의 연구에 영감을 받은 많은 사회과학자들은 군대가 그저 자연스러운 것이 아니라는 생각을 개념화했다. 미국 학계에서는 국가 안보 기구가 상당한 재정 지원을 하기 때문인지(군대를 **위한** 연구는 많이 지원하지만, 군대에 **관한** 연구는 거의 지원하지 않는다), 사회과학에서 이상하리만치 미비한 연구 분야가 있다. 이에 맞서 (대부분 여성인) 많은 연구자들이 젠더와 군대 문제를 집중적으로 조명해왔다. 미군의 전 지구적 원정과 확산은 미군기지 근처에서 살아가는 수백만 명에게 영향을 미치는데, 연구자들은 이에 대한 지식의 공백을 메우기 위해 노력했다. 특히 현지 여성을 비롯하여 이들이 외국 군인과 맺는 관계에 주목했다.

이러한 페미니즘 작업 중 일부는 해외 미군기지를 둘러싼 폭발적 논쟁을 분석할 때 가장 중요한 지점으로 미군 남성과 성 산업 종사 여성 간의 비대칭적 만남을 꼽는다. 이런 관점에서 본다면, 미 제국주의는 미군 시설 근처의 일상적 접촉이 일어나는 곳에서 군인들의 매우 유해한 남성성이 발현되는 프로젝트다. 즉 여성의 신체를 매개 삼아 현지 주민을 지배하려는 작업이다. 군대는 헤

동맹의 풍경

게모니적 남성성hegemonic masculinty의 형성과 가장 밀접하게 관련된 제도다(Shefer and Mankayi 2007: 192). 따라서 한국에 주둔하는 미군이 주로 여가를 보내는 유흥지 또한 폭력이 스며든 유해한 젠더 관계가 배태되는 핵심 영역일 것이다.

이 선구적인 연구의 가치가 과소평가되어선 안 되겠지만, 이들 연구는 때때로 선명하게 드러나는 뉘앙스를 지워버리곤 한다. 가령 어떤 작업에서는 군인들을 반드시 '군사화된 성매매militarized prostitution'의 가해자로 봐야 한다고 암시한다. 미군기지 주변에서 미군 술집 및 클럽을 운영하는 현지의 성매매 중개인(전직 성노동자인 경우도 많다)은 거의 언급되지 않는다. 이들의 역할을 인정하면, 외국 군인 가해자와 현지 여성 피해자라는 근본적인 이항 대립이 복잡해지기 때문이다. 하지만 여성에게 피해자 역할을 떠맡기는 분석은 이들이 자신의 삶과 운명을 결정할 수 있는 행위 주체성을 가진 존재임을 부인하는 위험을 수반한다. 또한 미군이 연루된 모든 성적 조우를 폭력 행위와 동일시하는 것은 서울 도심에서 일어나는 민간인과 군인 간의 다양한 만남에서 찾아볼 수 있는 미묘한 차이들을 무시하게 한다. 상호 합의된 성관계와 폭력의 경계를 흐리는 것은 미군을 둘러싼 젠더 문제를 다루는 글이나 한국의 반기지 운동가들이 활용하는 담론에서만 발견되는 독특한 특징이 아니다. 오히려 이는 성매매 자체를 다루는 많은 학술 논쟁에서 나타나는 징후다.

이 책에서는 이러한 논의를 이어 해외 미군기지 근처에서 여성과 성관계를 맺는 미군을 해당 여성과의 관계 속에서 이해하는 대안적 방식이 존재하는지 질문하려 한다. 재미 문학 연구자 이 진경은 피해자 대 가해자의 이분법에서 벗어나는 하나의 방법을 제시한다. 그녀는 미군을 행위 주체인 동시에 '국가의 죽음정치 권력necropolitical power'의 피해자로 보는 편이 더 타당하다고 주장한다(Lee J. 2009: 656). 또한 미군 복무자들의 근무 환경이 엄격해서 이들의 행위 주체적 권력도 상당히 억지된다고 말한다. 클럽의 규칙에 따라야 하는 '접대부' 또한 노동조건이 까다로워서 제약을 받는다. 오늘날 이런 유흥 업소에서 일하는 여성들은 한국 사회의 가장 주변화된 계층 출신이거나, 대개는 필리핀이나 구소련의 일자리 중개소를 통해 고용된 경우가 많다(이에 대해서는 인류학자 실링 첸이 2010년에 발표한 논문 「사랑을 위한 이주에 대하여」On the Move for Love에서 다뤘다). 한편 미국 군인은 대부분 빈곤한 소수민족 출신이거나, 고등교육을 받기 어렵거나 급여가 적은 직업을 택할 수밖에 없는 사회계층 출신이다. 미군을 접대하는 성노동자와 하층민 미군 고객은 모두 직업적 의무를 다하기 위해 서울 주변의 도시 혹은 교외라는 제3의 장소에 내던져진 전 지구적 이주 노동자일 것이다. 이진경은 이처럼 기지촌에 소집된 유사한 남녀의 노동을 '성적 프롤레타리아화sexual proletarization'라고 도발적으로 명명하며, "젠더화된 섹슈얼리티를 군사 노동, 군대 및 산업 성매매, 기타 성애화된 서비스 노동 등 다양한 노동계급 서비스 노동으로 각각 동원하는 과정"이라고 정의한다.

기지촌 내 외국인 접대부와 미군이 모두 세계의 하위 노동계급 출신으로서 유사하다는 점은 충분히 수긍할 만하다. 하지만 성노동자들의 노동 동원에는 군사적 노동 동원보다 섹슈얼리티가 작동하는 경우가 **명백하게** 훨씬 많다. 기지촌에서 군인들의 섹슈얼리티 표현은 근본적으로 기지에서 근무시간 동안 끊임없이 힘과 정력을 강조하는 데서 비롯되며, 이를 통해 해당 지역의 성매매 체제가 유지된다. 동시에 군인들이 외국인 접대부를 찾는다는 사실은 이들이 예속된 노동 체제가 만들어낸 원치 않은 부작용이자 의도치 않은 결과로, 군 당국이 방지했어야 할 현상이다. 이와 비슷하게, 사회학자 린다 맥도웰Linda McDowell은 『노동하는 육체』*Working Bodies*(2009)에서 "남성적인 육체와 결부되는 주요 특징은 **섹슈얼리티가 아니라** 힘"이라고 말한다(강조 표시 추가). 더 나아가 남성성은 계급과 결부되는 문제로, 미국처럼 급격한 탈산업화가 진행된 국가의 노동계급 출신 남성이라면 실제로 자신이 팔 수 있는 유일한 상품이 신체적 힘밖에 없다는 것을 알게 된다고 지적한다. 맥도웰은 "서비스 부문의 최하층 노동시장이 여성화되어 어느 때보다 선택지가 적어진 상황에서 교육 수료증도 없이 상당히 궁핍한 환경에서 성장한 젊은 남성들에게 탈출구가 되어주는 것은 스포츠와 군대"라고 말한다.

그런데 군인의 정력은 변치 않는 특징이 아니다. 다른 많은 젠더 표현과 마찬가지로 "상황적 상호작용에 따른, 끊임없는 수행이 필요한 역동적이면서도 불시에 솟구치는 속성"이다(Pyke 1996:

528). 이러한 남성성이 정말로 노력과 상호작용을 통해 도출된다면, 기지촌은 군 기지라는 세계 바깥에서 다양한 남성성과 섹슈얼리티가 경쟁하고, 시험을 거치고, 형성되고, 종종 전복되기도 하는 매우 중요한 지역이 된다. 내가 **조우**라는 연구 영역에 매력을 느낀 이유는 바로 이 때문이다. 그러한 조우는 미군을 한국 땅에 상시 주둔하게 만드는 구조적 힘 때문에 벌어지는데, 군사 시설 바깥에서 개개인이 실제로 만나는 데는 항상 무한한 가능성, 모호함, 놀람의 순간도 포함되어 있다. 군인과 성노동자의 만남에서 어떤 주체적 순간은 서로의 유사성을 인정할 때, 혹은 성적 서비스와 돈의 교환을 통한 조우의 상품화를 부추기는 체제에도 불구하고 낭만적으로든 다른 식으로든 동맹을 맺으려 노력할 때 피어날 것이다.

이 책의 구조에 대하여

한국 내 미군 기지촌의 세계를 자세히 탐색하기 전에, 2장에서는 정치·경제·사회의 핵심적 결합을 중시하는 분석적 관점으로 한국 역사를 살펴볼 것이다. 유달리 친미 성향이 강했던 한국에서 미군을 둘러싼 논쟁이 들끓게 만든 여러 사건들을 자세히 들여다보면 복잡한 궤적을 지닌 한국 내 민족 문제가 중심으로 떠오른다. 한국을 자본주의적 세계체제에 강제로 밀어넣은 식민정

책과의 조우부터 제2차 세계대전 이후 분단을 맞은 순간과 한국전쟁으로 격화된 무력 충돌의 순간까지 함께 살펴볼 것이다.

1960년대에 시작된 억압적인 박정희 정권은 이른바 '병영 자본주의capitalism of the barracks' 체제를 탄생시켰다. 이는 국내에서 엄청난 노동력을 착취하는 한편 국내외 미군 증강을 위한 거대 비즈니스와 연계하는 한국의 이중 전략이었다. 미국은 한반도에 개입하면서 완전한 민주화의 실현을 돕겠다고 약속했다. 하지만 평범한 한국인들은 미국이 그 약속을 지키지 않으리라는 사실을 서서히 깨달아갔다. 이런 정서를 빠르게 확산시킨 가장 중요한 사건은 1980년에 일어났다. 군부독재 정권이 시위대를 진압하기 위해 광주로 군대를 보냈고, 수백 명이 사망한 것이다. 광주항쟁 이후, 좌파 운동가들은 1990년대 초까지 이어진 압제 정권들에 미국이 관여한 사실을 두고 갈수록 더 자주 분노를 표출했다.

3장에서는 미군 기지촌에 대해 기술하면서 한국의 전후 역사에서 기지촌이 맡게 된 사회적·상상적 역할을 설명한다. 윤금이 사건과 그로 인한 파장을 해당 사건 즈음에 태동한 민족주의 담론을 염두에 두며 자세히 살펴볼 것이다. 특히 동두천 기지촌에 영향을 미친 사회적·경제적 요소를 분석한다. 윤금이 사건이 벌어진 이 자그마한 기지촌은 **민중**민주화운동 측 일부 작가들의 상상력에서 항상 구심점 역할을 해왔다. 좌파 운동가들은 오랫동안 국가의 운명을 결정해온 장군들의 손에서 국가에 관한 결정권을 빼앗는 것을 목표로 삼았다. 이들은 1970~1980년대에 권리를 박탈당한 좌파 남성 작가들이 기지촌에서 일상적으로 벌어지는 성 착취를 끔찍하리만치 자세히 묘사한 기지촌 소설을 활용하기도 했다. 그러한 상상력을 이해하려는 시도로, 인류학자 마셜 살린스의 '구조적 증폭' 개념을 활용해 어떻게 1990년대 초 미군 홍등가가 미국의 지배가 뿌리내린 장소로 여겨졌는지 설명할 것이다. 이곳에 고용된 여성들은 유린당한 국가의 상징이 되었고, 이들의 실제 경험은 주권을 둘러싼 위기 상황에서 편리한 사고 및 행동 양식을 제공해준 단순화된 민족주의 내러티브의 입맛에 맞게 침묵당했다.

이러한 통찰을 바탕으로 4장에서는 지금 그곳에서 일하는 여성들의 이야기를 들어본다. 과거에 접대부는 가난한 한국 여성이었지만, 이제는 대부분 필리핀인이나 러시아인으로 대체되었다. 이들 대부분은 이전에 한국 여성들이 그랬듯 심각한 밀실 공포증을 유발하는 성적 정경sex-scape 속에서 성매매로 하루 벌어 하루 먹는 와중에 미국행을 꿈꾸며 살아간다. 나는 기지촌 여성과 미군의 강렬한 감정적·성적 관계를 잘 포착해낸 산디아 히와만Sandya Hewamanne(2013)의 '몰두preoccupation' 개념을 활용해 여성과 군인 간에 형성된 전략적·낭만적 동맹을 집중적으로 살펴볼 것이다. 폭력의 증가는 여성의 삶에 영향을 미치지만, 여기에서는 접대부들이 두려워하는 상태, 즉 여러 국가 사이에서 부유suspension하는 상태도 중점적으로 조명할 것이다. 심각하게 열악한 근무 환경과 순순히 따를 수밖에 없는 엄격한 비자 체계는 이들의 불확실성을 가중시킨다. 특히 후자는 한국 내 초국적 여성 노동자로서 이미 위태로운 그들의 신분을 더욱 위태롭게 한다.

5장에서는 기지촌이라는 주변부 공간을 잠시 뒤로한 채, 수도권으로 넘어간다. 한국에서 가장 규모가 크고 서울 중심에 자리한 미군기지인 용산 기지와 인접한 유흥지가 바로 이태원이다. 이러한 도시 환경 내 미군의 존재는 수많은 의도치 않은 결과를 양산하는데, 그로 인해 주위 지역은 예상 밖의 사회적 교환 혹은 변화를 끌어내는 장소로 변모한다. 군부독재 시대에는 미국의 영향력을 '특구' 내에서 통제하려는 국지 봉쇄 전략을 폈으나, 이제 이태원에는 군사적 영향력이 통하지 않는 매우 다양한 사람들이 모여든다. 성소수자 및 소수인종 집단이 유입되자 지역의 경관은 완전히 바뀌었다. 나는 이 지역의 두드러진 특징인 모호함을 살펴볼 것이다. 그 모호함이란 내가 '이태원 **서스펜스**'라고 부르는 현상이자, 많은 이들의 상상력을 지배하고 있는 매혹과 거부감 사이의 불안정한 위상을 일컫는다. 때때로 이태원에서 벌어지는 소란은 위험하고도 창의적이며, 사회적 의미와 질서를 파괴하면서 생산하기도 한다. 동성애자, 성전환자, 무슬림, 기타 이주민 공동체는 기지 옆에서 의외의 자유를 얻게 되었다. 이러한 자유는 이태원을 둘러싸고 주권들이 경합하는 가운데 생겨난 임시적인 유예 상태에서 부상했으며, 이곳을 강압과 회유의 이미지가 동등하게 군림하는 폭발 직전의 초국적 지형으로 바꿔놓았다.

마지막으로 6장에서는 도심의 대학가인 홍대를 살펴본다. 이곳은 경제적·정치적 권리를 박탈당한 학생, 예술가, 반항적 청년들을 끌어모으면서 1990년대 초 이후 전국적으로 유명해졌다. 홍대에서 발견되는 진보적 혼종에 매력을 느낀 상당수의 미군과 여타의 외국인도 이곳의 술집, 클럽, 거리로 모여들었다. 이태원에서는 미군이 다른 유흥객과 동등하거나 특권적 지위를 누렸지만, 홍대에서는 그들에 대한 환대가 훨씬 덜했다. 곧 살펴보겠지만, 과거에 많은 홍대 클럽은 미군의 출입을 금지하기도 했다.

기지촌과 달리, 홍대에서 섹스는 사고파는 것이 아니라 사냥, 즉 '헌팅'하는 것이다. 한국 남녀를 '헌팅'하는 외국인이 계속 늘어나자 홍대는 대중 사이에 논쟁 대상이 되었고, 젊은 한국인이 외부의 영향 때문에 도덕적으로 타락할지 모른다는 진심 어린 두려움도 번져 나갔다. 3, 4장에서 자세히 살펴볼, 외딴 기지촌에서 일하는 성매매 여성을 폄훼하는 구식 용어인 '양공주'는 민족적 순수성과 오염에 대한 두려움이 엄습하는 기지촌과 지리적으로 멀찍이 떨어진 홍대라는 공간에 다시금 등장했다.

마침내 남성 외국인으로 '더럽혀진' 서울 유흥지의 의미를 둘러싼 전투에서 다시 빠져나와 결론에서는 오늘날 한국에서 기지촌의 논쟁적인 역사가 등장해온 방식을 포괄적으로 요약한다. 이곳에서 미국의 패권이 난공불락이던 시절은 영원히 끝났을지라도 미군의 한국 주둔이 낳은 폭력적 유산, 위험한 상상력, 불안한 조우는 앞으로도 오랫동안 우리 모두를 에워쌀 것이다.

동맹의 풍경

병영 자본주의

21세기를 향한 한국의 기나긴 행군

무장 국가, 대한민국

북한의 주기적인 도발은 이제 일상적인 공포 쇼다. 다만 이제는 새로운 배우가 등장했지만 말이다. 2013년 초봄 북한이 핵전쟁을 일으키겠다며 남한, 일본, 미국을 위협했을 때, 사망한 김정일의 뒤를 이어 새로운 지도자가 된 아들 김정은 역시 '불바다', '핵 화염', '전면전' 같은 익숙한 수사를 읊어댔다. 서구에서는 늘 그랬듯이 이전에 한반도에 있었던 무력 충돌은 새까맣게 잊은 채 북한의 도발에 다시금 불안해했다. 2010년 말, 북한은 한미 연합훈련이 한창이던 남한의 연평도를 향해 포격했다. 연평도는 북한 땅에서 12킬로미터 떨어져 있고, 남북 간의 분쟁이 있던 해상경계선과 가까운 곳이다. 한 시간 동안 이어진 포탄 세례로 결국 남한 측 민간인 두 명과 장병 두 명이 사망했다. 그해 초에는 북한 어뢰로 추정되는 물체의 공격에 남한의 천안함이 침몰해 46명이 사망했다. 이는 한반도에서의 확전 가능성을 둘러싼 논쟁에 불을 붙인 또 다른 사건이었다. 이러한 소규모 충돌이 벌어지는 가운데, 새로운 세대들이 물려받은 기이하게도 지속적이면서 놀랍도록 복잡한 이 갈등의 특징은 제대로 논의된 적이 없다.

영원히 끝날 것 같지 않은 한반도의 위험을 이해하려면 미군이 계속해서 남한에 개입하는 상황을 살펴봐야 한다. 그러려면 한국과 미국 사이의 복잡한 역사, 전 세계적 맥락, 그리고 한미 안보동맹의 궤적을 들여다봐야 한다. 한미동맹을 통해 동북아시아에 한국이라는 신생 민주국가가 만들어졌지만, 그럼에도 이 동맹은 군사정권 이래로 수많은 반대에 부딪혔다. 이번 장에서는 한국과 외국의 정치적·경제적 이해관계가 상당 부분 일치했던 특정한 역사적 국면을 살펴볼 것이다. 대부분 남한에 집중할 테지만 북한 또한 염두에 두어야 하며, 제2차 세계대전 이후 한반도에 뿌리내린 '분단체제'(Paik 2009)의 탄생, 유지, 변화를 살피는 것도 중요하다.

남한이 미국을 가까이 하며 반공 체제를 계승한 것은 양날의 칼이 되었다. 미국은 남한의 군사정권을 유지하는 데 재정적·정치적·군사적으로 중요한 역할을 했다. 한편 남한의 좌파 활동가들은 미국이 조금씩 꺼내 보인 서구 자유주의의 약속을 재빨리

동맹의 풍경

흡수했다. 시민의 자유와 경제 발전이라는 두 마리 토끼를 동시에 잡겠다는 미국적 이상은 남한의 군사정권을 종식하는 데 상당한 기여를 했다. 하지만 그러한 관념에 내재한 모순이 갈수록 또렷이 드러나면서 남한 시민 사이에 널리 퍼져 있던 미군에 대한 지지도 끝을 맞이했다. 20세기의 긴 세월 동안 동아시아에 개입해온 미군은 말로는 민주주의를 옹호하면서도 행동으로는 자유에 반하는 남한 독재자를 지지한 것이다.

이러한 역사적 모순이 한반도에 미친 영향을 자세히 논하기 전에, 한국의 근대화가 시작된 지점을 우선 살펴보자. 다음의 세 가지 핵심 질문이 21세기를 향한 한국의 기나긴 행군에 대한 (압축적일 수밖에 없는) 분석으로 우리를 이끌 것이다. 남한과 북한은 어떻게 스스로를 임전臨戰 국가라고 상상하게 되었나? 남한과 북한은 왜 그렇게 극단적으로 갈라져 각자의 지도자가 정한 특정 경로를 따르게 되었나? 이 모든 상황에서 미국과 미군은 어떤 역할을 했는가?

"고래 싸움에 낀 새우"(1895~1960)

남한에서는 외세의 침략에 시달려온 역사를 논할 때 유명한 속담을 언급하곤 한다. '한국은 고래 싸움에 낀 새우 같다.' 나는 각계각층의 사람들에게 이 말을 들었다. 근방의 거대한 외세 사이에서 자신의 길을 헤쳐 나가는 자그마한 나라가 바로 한국이라는 수사학적 표현으로, 이는 종종 동아시아 세력을 분석하는 출발점이 되기도 한다. 하지만 나는 이것이 한국에 대한 대중들의 이해가 응축된 이미지라고 본다. 이처럼 널리 통용되는 구절에는 급격하게 변화하는 세계에서 자신만의 길을 찾으려 했던 한국의 오래된 시도에 대한 평가가 들어 있다. 19세기 중반부터 한국에 들이닥친 급격한 변화는 국민들에게 불운을 안겨주었다. 이들은 주권을 잃을지 모른다는 위기감을 느꼈고, 이로 인해 남북한 활동가들은 군사주의를 더욱 잘 받아들이게 되었다.

한국을 덩치 큰 약탈자들 사이에 낀 작은 생물로 보는 상상력에는 실패한 민족의 역사라는 개념이 깊이 박혀 있다. 한국의 다사다난한 과거를 이해하는 데 사용되는 이 부정적 개념 틀은 독립된 민족국가를 건설하지 못하고, 1945년 직후에 부패한 지도자 및 협력자를 숙청하지 못한 실패와도 종종 연결되었다. 제국주의적 일본과 초강대국 미국 때문에 온전한 주권 획득이 미뤄진다는 내러티브는 좌파 세력이 결집하는 데 주효하게 쓰였다. 한반도는 20세기에 외세의 점령, 분단, 내전, 군부독재라는 역사를 써 내려가기 전, 서구 열강의 동아시아 개입으로 첫 위기를 맞았다. 19세기 후반, 동아시아를 자본주의적 세계경제에 편입시킨 동서양의 폭력적 조우는 한국에 오래도록 지속될 비상사태를 야기한 것이다. 이 격앙된 시기 동안 한국 지도층 일부가 처음으로 조국의 생존을 위한 절박한 노력을 민족적 용어로 프레이밍하기 시작했다.

중국의 쇠락과 일본의 부상

매슈 페리 제독이 이끈 미군 함대는 1853년부터 그다음 해까지 일본에 통상을 요구했고, 일본은 결국 항구를 개방했다. 이때 우라가 항구(지금의 가나가와현 요코스카)를 향해 무심코 겨눈 함포는 이웃 나라인 조선에게도 한 시기가 저물어감을 알리는 신호가 되었다. 이러한 포함외교는 제1차 아편전쟁(1840~1842)을 통해 이미 중국을 무릎 꿇게 했고, 결국 동아시아의 세 나라인 조선, 중국, 일본의 낡은 정치 질서를 뒤엎었다.

미일화친조약을 체결하면서 일본에는 정치적·경제적 혼란이 일었고, 이는 메이지 시대를 열어젖히는 정권 교체로까지 이어졌다. 그 결과 중앙집권 국가로 거듭난 일본은 급속도로 정치 개혁, 산업화, 군사화를 단행했다. 일본의 지배층은 서양을 본보기로 삼았고, 특히 프로이센의 성공 사례를 모방했다. 일본은 프랑스와 영국이라는 선두 주자를 따라잡는 데 성공한 중앙 유럽 국가의 압축적 근대화 모델에 깊은 감명을 받았고, 수재들을 파견해 프로이센 문물을 배워왔다. 특히 군사 체제와 기술을 고스란히 가져왔는데, 이를 통해 국가가 주도하는 민족주의와 밀접하게 결부된 군사화를 동아시아에 도입했다. 일본의 목적에도 매우 잘 들어맞는 일이었다(Anderson 1991 [1983]: 94).

일본은 위로부터의 근대화를 급속히 단행한 최초의 동아시아 국가가 되었다. 기술적으로 진보한 국가에 위협을 느낀바, 이에 대응하기 위해서였다. 서구의 찬란함에 매료된 후쿠자와 유키치 같은 일본 지식인들은 "아시아의 발전을 함께 도모하기 위해 이웃 나라[중국과 조선]의 계몽만을 기다리면서" 시간 낭비를 할 순 없다며 선동하고 나섰다. 동아시아 탐사에 나선 서양의 군인, 외교관, 상인들은 문명화의 사다리에서 어서 빨리 올라서야 한다는 사회진화론적 사고를 퍼트렸고, 일본에서 재빨리 추종자들을 끌어모았다. 실제로 "아시아 국가 대열에서 벗어나 서양의 문명화된 국가와 운명을 같이하는 편이 낫다"는 주장과 일본 주위의 "형편없는 아시아 친구들"에게 새로이 발견한 문명의 빛을 전달해주겠다는 열망은 한 끗 차이였다(Atkins 2010: 18).

'강제병합' 이전의 수 세기 동안 조선은 봉건적 농업국이었다. 역사학자 카터 에커트는 이렇게 말한다.

> [조선 사회는] 그 운명이 다하기 직전까지 지배층인 소수의 귀족 지주 가문[예를 들어 양반]의 지배를 받았다. 이들은 정치 요직 진출에 필요한 과거제도를 유지하고 전략적으로 혼인 동맹을 맺음으로써 부와 권력을 영구히 독점했다.(Eckert 2000: 3)

이러한 봉건적 분위기에다가 자생적 자본주의를 싹틔울 산업도 거의 없던 조선은 결국 중무장한 서구 열강이 동북아시아의 문을 두드린 19세기 후반에 아무런 준비도 하지 못한 채 포획되고 만다.[1] 조선의 봉건적 지배층은 수 세기 동안 조선 땅에 발 들인 외지인을 기괴한 존재로 여길 만큼 극단적인 고립주의 정치를

동맹의 풍경

옹호했다. 조선의 국제 통상은 "공식적으로는 중국과의 조공 무역에 국한되어 있었고, 일본과의 교역량도 적었다"(Eckert 2000: 8). 중국 제국은 전근대 한국에 명실상부한 정치적·문화적 구심점 역할을 했지만, 조선 지배층은 이러한 '중원中原, Middle Kingdom' 과도 어느 정도의 거리를 유지하며 최소한의 교류만을 했다. 중국은 통상 1년에 수 차례 공식 사절단을 파견했지만, 조선은 강력한 이웃의 비위를 맞추기 위해 조공품 정도만 베이징에 전달했을 뿐 그 이상의 교역을 하진 않았다(Cumings 1997: 90).

하지만 제2차 아편전쟁(1856~1860) 이후, 그토록 전능하던 중국이 쇠락했다. 1876년 조선과 일본이 강화도조약을 체결함으로써 이는 명약관화해졌다. 이제껏 조선은 중국의 가신국으로서 외침에서 보호를 받아왔지만, 일본의 포함이 강화도에 처음 출몰한 뒤로 조선은 국제무역을 위한 항구를 개방하면서 중국과의 공식 관계를 끊게 된다. 결과적으로 이후 수십 년간 급변하는 세계에 조선을 강제로 밀어넣는 데 가장 중요한 역할을 할 나라는 서구 열강이 아니라 일본이었다. 한국의 지식인 백낙청이 정확하게 지적했듯 "자본주의적 세계체제는 서구 국가의 직접 지배가 아닌 아시아의 대리인을 통한 식민통치를 강요했기에 유럽중심주의는 더욱 교활하게, 어찌 보면 더욱 효과적으로 작동했다"(Paik 2000).

---

1 일제의 침략이 있기 전에 조선 지배층이 얼마큼 근대화를 단행했느냐는 한국뿐만 아니라 해당 주제를 연구하는 외국 학자들 사이에서도 격렬한 논쟁거리다(Cumings 2003: 282; Eckert 2000: 6).

2장 | 병영 자본주의

한반도에 출현한 민족주의

미국, 프랑스, 러시아의 소규모 침략에 더해, 새로운 활력을 얻은 일본의 약탈적 손길은 조선인의 사기를 꺾어놓았다. "수도[서울]의 지식인 사이에서는 '종말'과 '절멸'의 공포가 스며든 '전례 없는 위기'의 기운이 강하게 감돌았다"(Tikhonov 2003: 82). 이러한 가운데 결집력은 다소 약한 지식인 조직이 한반도에서 최초의 민족주의 운동을 태동시켰다. 지식인들은 명성황후 시해(1895) 같은 극단적 사건들에 놀랐고, 그러잖아도 취약한 국가의 주권이 심각하게 위태롭다는 것을 깨닫고는 행동에 나섰다. 이들 중 상당수는 조선이라는 나라가 백성들에게 어떤 의미인지를 주장하는 글을 처음으로 써서 새롭게 설립된 인쇄 매체에 실었다. 장기적 관점에서 보면 "이러한 개인과 집단이 생산한 지식이 근대 한국 민족주의 담론의 기초를 확립했다"(Schmid 2002: 3).

앤더슨(1991 [1983]), 겔너(1983), 홉스봄(1991) 등은 근대 민족주의의 출현은 한 나라가 전 지구적 세계 질서에 대항하는 효과적인 방법이 아니라 오히려 그에 귀속되는 신호라고 보았다. 이를 입증하듯, 조선의 지식인들은 일본의 패권에 반기를 드는 동시에 자극을 받았다. 조선의 초기 민족주의자들이 곱씹었던 질문들은 일본의 작가, 정치인, 관료들이 그보다 수십 년 앞서 고민한 질문들과 유사했다. 계속해서 주권을 침탈하려는 일본과 서양 강대국에 대한 우려뿐만 아니라, 조선의 영토 경계와 현재 지배층의 (부)정당성, 문명화와 관련한 문제도 활발한 논의 대상이었다.

"전 지구적 세계의 일부로서 조선은 모든 국가의 궤적을 같은 방식으로 구성해내는, 결국 근대화에 도달하고야 마는 세계 역사의 내러티브에 편입되어야 했다"(Schmid 2002: 7).

문명화의 보편적 궤적에서 조선의 위치(와 단계)라는 중요한 문제는 근본적으로 일본이 유포한 사회진화론 서적의 영향을 받았다(Tikhonov 2003, 2010).[2] 이러한 관점에서 본다면, 근대성과 문명화 문제는 지배와 생존을 위한 악랄한 전투에 끊임없이 참여하는 세계 각국의 상상력으로 응축된 것이다. 이 기획에서 조선은 군사력이 약하고 남성성이 결여된 병든 나라로 취급되었다. 이전에 일본인을 곤혹스럽게 했던 실패한 민족성과 실패한 남성성 간의 연결성이 이제는 조선에서 다뤄지게 된 것이다. 특히 전형적인 지식인 권력층인 양반은 당면한 문제를 해결하기에는 너무 나약한 존재로 취급되었고, 이윽고 새로운 무인에게 권력을 넘겨주게 된다(Jager 2003).

가령 저명한 역사학자 신채호는 "'민족의 운명'을 개척하기 위한 '군인 정신'의 중요성과 유교 교육이 조선인의 군사력에 미치는 해로운 영향력 모두를" 강조했다(Tikhonov 2003: 94; Em 1999). 그는 철저히 일본에 반대했지만, 군사화된 남성성은 두 팔 벌려 환영했다. 특히 일본의 군사화된 남성성을 이상적 형태로 보고,

---

2 한국학 전문가 박노자(블라디미르 티호노프)는 이렇게 말한다.
"메이지 시대 일본의 세계와 '국민'에 관한 담론에 이미 자리 잡고 있던 사회진화론은 우주적·사회적·인식적·존재론적 서사 등 모든 것을 망라하는 패러다임이었다. 이는 사회진화론이 고향인 '서구'에서는 거의 맡아본 적 없는 역할이었다."(Tikhonov 2003: 82)

2장 | 병영 자본주의

이 모델에서 새로운 조선 사회가 나아가야 할 길을 찾았다.

> 체육은 신체를 단련하고 의지를 굳게 다져주며, 군인은 특정 기술을 연마함으로써 탄생한다. (……) [일본에는] 전국에 이러한 군사훈련을 거치지 않는 이가 없다. 학생은 미래의 군인이며, 상인은 전직 군인이다. 기술자 또한 미래의 군인이며, 농부는 전직 군인이다. 동원이 필요할 때 온 국민이 군인이 될 수 있는 나라여야만 강력한 국가가 될 수 있다.(신채호의 「서호문답」; Jager 2003: 7에서 재인용)

일본 제국주의자들이 점차 "1905년 을사조약 이전에 자생적으로 태동한 [조선] 민족주의 사상을 자기 것으로 만들려" 들자 신채호는 이에 반박하며 민족 공동체인 한민족에 관한 거대 담론을 제시한다. 이는 오늘날에도 중시되는 담론이다(Shin G.W. 2006: 2). 신채호는 고대부터 이어져 내려왔다는 조선인의 순수한 혈통을 근거 삼아 민족적·인종적 단일성을 강조하는 이론을 개진한다. 여기에는 기원전 2333년에 최초의 나라를 건설했다고 알려진 신비한 반신반인 단군 시대의 고대 한국인과 신채호의 동시대인을 곧바로 연결하는 상상력이 내재되어 있었다. 신화적 역사와 민족 개념을 한데 묶으려는 시도는 유교 사상과 사회진화론적 요소를 통합함으로써 뒷받침되었다. 그러면서 무장 국가로서의 한국이 출현할 수 있는 논의의 토대가 마련되었다.

강제병합으로 식민지가 된 조선

1910년 한일강제병합 이후 신채호는 다른 많은 이들과 마찬가지로 중국으로 망명했고, 무정부주의 운동에 참여했다. 20세기 초에 조선에서 가장 영향력 있던 역사학자가 진화론적 민족주의자에서 열성적 무정부주의자로 변한 모습을 통해 조선의 반식민주의 운동을 꺾어버린 정치적 혼란을 엿볼 수 있다. 이때부터 좌우익 진영이 분열하기 시작했다. 식민지 시대가 시작되자 일본은 조선 민족주의자들을 가혹하게 탄압했다. 제때 망명하지 않았더라면 많은 민족주의자가 투옥되거나 사형당했을 터였다. 하지만 초기의 충격 이후, 1918년에 민족주의 세력은 국민 주권 문제를 서로 다른 이념적 시각으로 다룬 레닌의 민족자결권 옹호와 윌슨의 14개조 평화 원칙에 힘입어 다시금 집결했다. 1919년 3월에 식민 지배에 반대하는 대규모 시위가 전국에서 일어났고, 그에 대한 탄압으로 수천 명이 사망했다. 봉기를 잔혹하게 진압해 국제적 지탄을 받게 된 일본은 이후 새로운 '문화정치'를 도입했다. 그리하여 수 년간 금지되어온 조선인의 출판물이나 단체가 잠시 재등장하게 된다.

민족주의 운동가들이 한창 새로운 운동을 벌이던 이 시기에는 제국주의라는 난제를 해결하기 위한 민족주의적 해결책이 여러 갈래로 분화하기 시작했다. 그러면서 윌슨식 자유주의를 주창하는 이들과 레닌식 공산주의 혁명의 가능성에 매료된 이들 간의 골은 점점 더 깊어만 갔다. 1920년대 후반과 1930년대에 일본이 조선 민족주의자를 탄압하여 일시적으로 중단된 이러한 갈등은 식민 지배 종식 이후 폭력과 함께 폭발하고 말았다. 흥미롭게도 이러한 새로운 투쟁에 널리 사용될 몇몇 용어는 다시 한번 신채호에게서 탄생했다. 중국 망명 시절, 그는 초국적 혁명 유토피아 개념을 굳게 믿기 시작했다. 그의 초기 이상형이었던 민족주의 전사 영웅은 이제 고통에서 벗어나야 할 민중 전체(억압받는 대중)로 대체되었다(Jager 2003: 14). 이는 이후 수십 년간 한국의 좌파 민족주의자에게 널리 퍼지게 될 개념이었다.

한편 일본 점령군은 35년의 식민통치 기간에 조선을 몰라보게 바꿔놓았다. 수도 서울이 특히 많은 변화를 겪었는데, 진흙투성이의 좁은 길은 잘 포장된 대로로 바뀌었고 일본 관리들이 점령한 대규모 건물이 즐비했다. 서울의 경관을 일본 도심지와 비슷하게 만들려는 노력은 조선인과 일본인을 통합하려는 계획과 밀접하게 관련되어 있었다. 새로운 강대국으로 성장한 일본은 자신이 그려낸 이웃 국가에 관한 비전에 조선을 강제로 끼워 맞추려 했다.[3] 일본의 인종 방정식에서 조선은 얼마간 열등하면서도 통합의 가능성은 지닌 존재였다. 따라서 새로운 일본어 이름을 사용하도록 강요하고, 학교 교육도 일본어로 진행하는 정책을 폈다. 이를 통해 일본은 머지않아 조선을 동화할 수 있다고 보았다.

급격한 산업화가 시작된 한반도에서는 일본 열도의 이익을 극

---

3 도크의 논문(Doak 2008)은 일본 민족주의의 복잡성과 주변 민족을 포섭하기 위한 일본의 노력을 잘 설명하고 있다.

대화하기 위해 천연자원과 인적자원이 착취되고 있었다. 태평양전쟁(1941~1945) 발발 이후 일본 산업계에 일손이 부족해지자 500만 명 이상의 조선인이 자발적으로든 강제로든 일본 및 일본의 다른 식민지로 차출되었고, 이들은 대개 끔찍한 환경에서 일했다. 전쟁이 끝날 무렵에는 일본 본토에 200만 명에 달하는 조선인이 있었고, 그중 수십만 명은 만주국으로 향했다. 멋진 기회를 주겠다는 약속에 끌린 조선인들은 운명을 개척해보겠다는 희망을 품고 1931년 이후 일본이 세운 괴뢰국인 만주국으로 가서 일본 제국주의 정권의 경찰부대와 군부대에 합류했다. 덧붙이자면 일본군으로 첫 군사 경험을 쌓은 이들 중 몇몇은 나중에 한국의 정치 지도자가 되기도 했다. 제국군에 편입된 조선인들은 때로 조선인 유격대에 맞서 싸웠다. 이들 유격대는 만주 지역을 일본의 손아귀에서 해방시키려는 공산주의자였고, 가장 유명한 인물로는 김일성이 있다.

하지만 일본 제국주의에 노동력이 투입된 사례 중 젊은 조선 여성의 경우가 가장 악명 높다. 군대를 위해 이들의 성을 착취한, 이른바 '위안부' 제도가 있었기 때문이다. 1932년부터 1940년대에 이르기까지, 출신국이 다양한 최대 20만 명의 여성이 속아 넘어가거나 강제로 제국군을 위한 성매매에 동원되었다. 아시아 전역의 일본 점령지에 설치된 '위안소'는 군대가 운영하거나 현지 사업가들에게 맡겨졌다. 이들은 사실상 군인이 '위안부'를 반복적으로 강간하는 것을 돕는 업무를 했으며, 대다수의 여성은 전쟁이 끝날 때까지 살아남지 못했다.[4] 외세의 통치에 고통받는 민족이라는 강렬한 이미지를 찾던 이후 세대 민족주의자들에게 외국 군인의 한국 여성 성폭행이 핵심적 비유로 자리 잡게 된 데는 이러한 끔찍한 사건의 영향도 있을 것이다. 민족주의적 저항 논리에서 이종교배miscegenation는 인종적·문화적·도덕적 오염으로까지 이어질 수 있는 것으로, 계속되는 압박 아래 놓인 자그마한 조선에 매우 큰 위협으로 여겨졌다(Jager 2003: 72). 이는 오늘날 미군 반대운동으로까지 이어지는 논리다.

식민통치의 종언과 나라의 분단

1945년 8월, 미국이 히로시마와 나가사키에 핵 공격을 감행하여 20만 명의 일본인 민간인과 군수산업에 종사하던 3만여 명의 조선인 강제노동자가 사망했다. 패전과 함께 일본의 팽창주의적 꿈이 모조리 불타 사라진 가운데, 수십 년간 일본의 지배를 받았던 이들 사이에서 독립을 향한 새로운 희망이 싹트기 시작했다. 하지만 조선은 짧은 광복의 순간을 맛본 뒤 머지않아 또 다른 외세에 영토를 내어줄 터였다. 한반도가 두 개의 점령지로 나뉘어 3년간 미국과 소련의 군사 통치를 받게 된 것이다.[5]

---

4 지난 20년간 '위안부' 여성 문제에 관한 수많은 책과 논문이 출간되었다. 영문 출판물로는 앨리스 차이(Chai 1993), 로라 헤인(Hein 1999), 조지 힉스(Hicks 1995), 소정희(Soh 1996, 2009), 다나카 유키(Tanaka 2001), 양현아(Yang 1998), 요시미 요시아키(Yoshimi 2002)의 작업이 있다.

히로시마에 폭탄이 떨어진 지 6일 후인 1945년 8월 15일, 상부의 명령을 받은 미군 대령 딘 러스크와 찰스 본스틸은 단 30분 만에 한반도를 둘로 나눌 분단선을 결정했다. 이들은 조선인뿐만 아니라 그 누구의 조언도 구하지 않은 채 38선을 분단선으로 제시했고, 소련은 이 제안을 받아들였다. 국가의 분단은 이처럼 실제로 공식화되기 수년 전 두 나라에 의해 아무렇게나 계획되고 실행됐다. 제2차 세계대전 직후 적대국이 된 미국과 소련은 이제 각자 자신의 입맛에 가장 가까운 (극소수의) 조선 정치인에게 적극적으로 자금과 이념을 지원하고 나섰다.

일제의 잔혹함에 수년간의 전쟁이 불러온 참상이 더해지는 바람에 1945년 중반 한반도의 민족주의 운동은 수렁에 빠져 있었다. 해방 이후 살아남은 활동가들의 목소리는 하나 되지 못한 채 흩어졌고, 민족국가에 강요된 분단에 맞서지 못했다. 김병국과 임혁백의 주장처럼, 당시 한반도의 민족주의 세력은 "체계적인 정치 세력을 형성하지 못안 채 개인 차원에 머물렀다. 이들은 사회에서 조직적으로 고립되고, 서로 다른 개인적 야망 때문에 분열했으며, 양립할 수 없는 사상을 품고 있었다." 또한 이들 중 대다수가 "지리적으로는 각자 머나먼 피난지에 떨어져 있었고, 정

5 미군정에 대해서는 『1945년 8월 15일부터 1960년 12월 31일까지 연합군과 일본인의 관계』Relations between Allied Forces and the Population of Japan, 15 August 1945~31 December 1960(2007)의 저자인 프랑스 역사학자 베르트랑 뢰너의 「1945년부터 2010년까지 미군과 한국인의 관계」Relations between US Forces and the Population of South Korea, 1945~2010(2014)를 참고하라.

2장 | 병영 자본주의

치적으로는 경쟁 관계인 이데올로기 연합에 통합된 상태였다." 즉 "민족주의 운동 세력은 서로 다른 지배층 분파의 연합을 통해 통합된 기구로 나아가는 데 실패했다"(Kim B.K. and Im 2001: 12).

결과적으로 북한에서 권력 싸움의 승자가 된 것은 김일성이었다. 그는 가난한 장로교 집안 출신으로, 1919년에 더 나은 삶을 꿈꾸며 가족과 함께 만주로 이주했다. 그곳에서 청년 김일성은 유격전에 뛰어들었고, 우수한 전투 실력으로 명성을 얻는다. 남한에는 하버드와 프린스턴에서 수학하고 일제강점기에 망명한 상류층 출신의 우파 민족주의자 이승만이 있었다. 일본의 패망 이후 그는 30년간의 망명 생활을 접고 미국에서 돌아왔다. 하지만 남한에서 이승만은 자국 국민보다 미군정의 지지를 더 많이 받았다. 사람들은 이승만이 아니라 좌파 민족주의자들이 세운 정치조직인 '조선건국준비위원회'로 모여들었고, 여기에서는 처음에 매우 성공적으로 대중을 동원했다. 일본이 떠나고 난 뒤 전국 곳곳에는 민간 기구인 '인민위원회'가 설치됐다. 과도기에 임시로 들어선 미군정은 이러한 위원회나 여타의 좌파 활동을 억압하는 데 대부분의 시간을 할애했다. 이렇게 해서 이승만 정권의 출현에 반대하는 혼란과 반란이 지속될 토대가 마련되었다.

중국이라는 패권 국가의 몰락과 일본이라는 또 다른 패권 국가의 부상에 대응한 지 불과 반세기 만에 한반도는 더욱 깊은 분쟁에 휘말리게 됐다. 서구 열강에서 시작된 전 지구적 과정의 국지적 파문에 그치는 갈등이 아니었다. 미국과 소련이라는 새로운 열강이 명백히 일제의 피해를 입은 한반도에 곧장 군대를 파견했다. 소련군은 1950년대에 북한에서 모두 철수했지만, 미국은 이후 수십 년간 계속 군대를 주둔시켜 남한을 준위성국으로 만들리라는 것이 자명해졌다. 이후 남한은 제2차 세계대전 이후 미국이 건설한 끊임없이 확장하는 '기지의 제국'(Johnson 2004: 151)에서 매우 중요한 일부가 되었다.

한국전쟁과 그 여파

1950년 6월 25일, 중국 공산주의 혁명에 고무된 북한은 38선을 넘어 남한으로 진군했다. 미국의 지휘하에 유엔UN은 수십만 병력을 파견해 남한을 지원했고, 중국과 소련은 100만 명 이상의 병력을 파견해 북한을 지원했다. 대리전이 교착상태에 빠지자 미국과 소련은 군사적 긴장이 고조되기 전 상태로 되돌아갔다. 하지만 이들의 충돌 과정에서 한반도는 대부분 초토화되었다. 북한의 도시 파괴율은 40~90퍼센트로 추정되며, 미국이 3년간 퍼부은 융단 폭격으로 많은 지역이 완전히 파괴되었다. 이때는 거의 모든 이들이 살아남기 위해 몸을 숨겨야만 했다(Cumings 2004: 158). 전쟁 중 300만 명에 달하는 민간인이 사망했고, 임시 분단선은 그대로 고착되었다.

이후 북한에서는 김일성과 그 최측근(주로 만주에서 유격전을 벌이던 시절 김일성과 함께 살아남은 극소수 전사 중 일부)이 철저하게 반일·반미를 외치면서 급격하게 산업화하는 공산주의 국가를 건설한다. 수십 년간 북한의 지배층은 경계 태세를 갖춰야 한다고 강조했고, 북한은 점차 지극히 군사화된 국가로 변모했다. 브루스 커밍스는 북한을 "세계에서 가장 완전한 병영국가"라고 말한 바 있다. 북한은 병영 사회주의를 옹호하는 국가로, 민간 영역에 군대가 침투한 규모, 너비, 깊이로 치자면 군사적 야망을 품은 그 어떤 사회주의 국가도 부끄럽게 만들 나라였다. 한편 남한에서 미국은 이승만이라는 독재자를 키우는 데 사활을 걸었다. 한국전쟁이 발발하기 전, 그는 이미 제주에서의 봉기(4·3항쟁) 진압을 명령했고 수만 명의 사망자가 발생했다. 한국전쟁 이후에는 그의 권위에 필적하는 야당 정치인들도 공격의 표적이 됐다. 대통령 선거(1953)에서 3분의 1 정도의 표를 얻은 진보당 당수 조봉암이 1959년에 처형된 사건으로 사람들은 이승만이 얼마나 권위주의적 인물인지 확인하게 된다.

수십억 달러에 달하는 해외 원조 중 대다수를 당연하게 받은 이승만은 조봉암 사망 전까지 상당히 많은 대중의 환심을 샀다. 남한이 받은 지원 규모를 가늠해보려면 1956년 남한 총예산의 58.3퍼센트가 해외 원조였고, 그중 대부분이 미국의 원조였다는 점을 언급하는 것으로 충분할 듯하다. 그해 미국의 경제원조는 3억 6500만 달러로 최고치에 이르렀으며, 자금의 대부분은 식량 공급, 기술 지원, 전쟁으로 파괴된 기반 시설 마련에 쓰였다. 한편 해외 원조에서 가장 중요한 비중을 차지한 것은 미국의 군사원조였다. 미국은 1953년부터 1960년까지 남한의 안보 기관을 확장하는 데 대략 87억 달러를 지출했다.

하지만 야당 당수 조봉암이 처형된 이후로 이승만의 집권이 경제 사정을 나아지게 하지 못하리라는 생각이 퍼져 나갔다. 이승만의 독재 정권은 갈수록 더 큰 반발에 부딪혔고, 학생 시위 규모도 계속 커져갔다. 미국의 기부 덕분에 이승만은 교육 시설을 대량 확충할 수 있었지만, 이는 결국 역효과를 가져왔다. 1945년 남한에는 중·고등학생과 대학생이 12만 명밖에 없었지만, 이승만이 4월 혁명에 부딪혀 하야하고 망명을 떠난 1960년에는 90만 명으로 그 수가 급증했다(Adesnik and Kim 2008: 6). 1960년 4월의 승리에도 불구하고, 진정한 민주주의의 시작은 아직 도래하지 않았다. 군사 쿠데타가 일어나 정치적 자결권을 얻기 위한 시민들의 노력이 잠정 중단되었기 때문이다. 좋든 싫든 20세기 남한의 지도자 중 가장 영향력 있는 인물인 장군 박정희는 1961년부터 암살당한 1979년까지 나라를 통치했다.

'군사주의에 갇힌 근대'와 병영 자본주의(1961~1987)

현대 자본주의 공장을 위한 이상적 모델이 군율임을 증명하는 데 특별한 증거는 필요하지 않다.(Weber 1991: 261)

1961년 이후 박정희의 비전에 의해 형성된 남한은 '군사주의에 갇힌 근대militarized modernity'에 완전히 잠식되었다. 이는 "냉전 상황에서 근대국가를 형성해가는 와중에 한국 사회에 스며든 푸코적 규율과 군사화된 폭력의 독특한 조합을 포착"하기 위해 문승숙(2005)이 제안한 개념이다. '군사주의에 갇힌 근대'는 모순되면서도 폭력적인 목적을 품고 있는바, 이는 박정희의 쿠데타 이후에 처음으로 나타나 1970년대에 강력하게 실현됐으며 1980년대부터 서서히 소멸했다. 식민 권력의 손에 놀아났던 과거의 수모(일본은 한국의 '후진성'을 빌미 삼아 한국 정사에 대한 간섭을 정당화했다)는 이제 박정희의 압제 아래에서 경제·군사 분야의 강자로 거듭나면서 보상받게 되었다. 박정희는 과거 제국주의의 착취적 방식을 모방해 발전주의 국가developmentalist state를 구축했고, 사회 전 분야를 군사 구조와 유사하게 만드는 일종의 병영 자본주의를 탄생시켰다. 이를 통해 다루기 힘든 국민을 효율적으로 지배할 수 있었고, 남한은 자본주의 세계체제의 가장자리에서 중심부로 전례 없는 궤도를 그리며 힘차게 나아갔다.

박정희는 여러모로 신채호가 수십 년 전에 꿈꿨던 군사화된 남성상의 전형이었다. 또한 일본에서 들여온 환상의 많은 모순을 상징하기도 했다. 1917년 경상도에서 태어난 박정희는 가난한 농부 집안의 일곱 자녀 중 막내였다.[6] 그는 초등학교 교사 생활을 하다가 20대 초반에 만주국으로 건너가 제국군에 합류했다. 그곳

---

6 존 리는 "[1961년] 쿠데타에서 계급적 차원을 무시해선 안 된다. [이에 가담한] 많은 군 장교는 가난한 사회적 배경 출신이었다"라고 말한다(Lie 1998: 47).

에서 한국인이라는 '결점'에도 불구하고 일본 군사 체제의 계층 사다리를 껑충 올라갈 정도로 특출한 실력을 발휘했다. "지지자들의 보조금을 받아 펴낸 전기에 따르면, 박정희는 복무에 대한 보답으로 히로히토 일왕의 금장 시계를 받은 일을 무척 자랑스러워했다. 그는 일본인에 저항한 한국 유격대를 추격하는 임무도 수행했을 것이다"(Cumings 1997: 355).

해방 이후 미군정이 인민위원회를 서서히 분쇄해가는 혼란 속에서 박정희는 1946년 한 반란 사건에 연루되어 좌파 혐의를 받고 체포되었다. 이후 역대 미국의 아군 중 그 누구보다 헌신적인 반공주의자가 될 터였기에 이러한 혐의는 이율배반적이었다. 박정희가 충직한 극소수의 장교와 군사 3500명를 이끌고서 쿠데타를 일으킨 1961년, 미 당국은 잠시나마 정권이 교체된 것을 우려했다. 하지만 곧 서울의 새로운 독재자를 받아들였다. 박정희는 동아시아 실세들이 들여온 경제 전략과 군사 전략을 결합하는 데 특출한 재능을 보였고, 자신의 비전을 실현하기 위해 재능을 유리하게 쓸 줄 아는 인물이었다.

쿠데타 이후의 민족 만들기

1990년대 초 이후, 국제 정계에서는 국가 건설state building이라는 말이 유행한다. '민족 형성nation building'은 이 말을 잘못 쓴 것인데, 다소 모호하지만 남한과 박정희에게 닥칠 일을 설명하는 데는 이상하리만치 적확한 용어다. 박정희는 국가와 국민을 강화하려 노력했고, 이는 엄청난 성공과 함께 새로운 모순을 야기했다. 박정희가 권력을 차지하기 전, 남한은 전쟁과 분단으로 쇠약하던 나라였다. 이승만은 하야하는 마지막 날까지도 분단 문제를 두고 '북진'이라는 군사적 해법을 옹호했다. 하지만 박정희는 남한의 통합을 최우선 과제로 삼았고, 시급한 경제 문제를 해결할 때까지 통일 가능성에 대한 질문은 뒤로 제쳐두었다.

경제 문제는 정권 강화를 위해 실로 중요한 문제였다. 북한과의 비교는 항시 따라다녔는데, 이를 통해 수년간 남한 경제가 뒤처졌다는 점이 적나라하게 드러났다. 당시에 북한은 재빨리 전쟁 피해를 복구하고 남한보다 앞서 나가고 있었다. 이승만 치하의 남한은 만연한 부패와 외화 보유액 부족, 높은 실업률 등으로 끝없는 경기 침체에 빠져 있었다. 1960년대 초에 1인당 GDP는 겨우 82달러에 불과했다. 이토록 강력한 지표를 목도한 이들은 무언가 급진적으로 바뀌어야 한다고 보았다. 통일이 경제 문제를 해결해주리라 믿으며 이를 갈망하는 목소리가 매우 중요한 정치적 쟁점으로 대두되었고, 군사 쿠데타가 일어나기 1년 전에는 즉각적인 통일을 지지하는 대규모 학생 시위가 빈번하게 벌어지기도 했다.

박정희로서는 장악한 권력을 안정화하는 것이 생존의 문제였다. 발빠른 경제 조치 단행과 더불어 **민족** 개념을 끌어온 것은 그가 밀어붙인 중요한 전략이었다.

동맹의 풍경

이 용어[민족]는 19세기 후반 한국의 민족주의 운동 및 일제강점기 독립운동과 연관되기 때문에 매우 적절했다. 박정희의 두 가지 주요 목표는 경제 발전과 국가 안보였고, 이를 달성하기 위해 그는 한국인의 **민족** 정서에 호소했다. 한국전쟁과 1945년 이후 펼쳐진 집요한 반공 선전의 결과, **민족** 개념에는 서서히 반공의 색채가 더해졌다.(Walhain 2007: 85)

이 시기에 선전된 반공 민족주의는 애국 정서에 절어 있을 뿐만 아니라, 서구보다 한국이 열등하다는 생각, 즉 한국의 낙후성은 진보적인 미국화로만 치유되리라는 생각을 먹고 자라났다(Lee N. 2002: 47). 후진성의 위험과 싸우기 위해 북한보다 뛰어난 경제력을 갖추는 것은 이제 제1의 목표가 되었다. 그럼으로써 미국의 지속적인 지지를 받는 동시에, 상징적 의미에서 닿을 수 없이 멀리 떨어지게 된 북쪽 형제자매와의 차이를 더욱 공고히 다졌다.

급속한 경제 발전

그 결과 1960년대에는 경제가 급성장했다. 경제개발5개년계획 중 4차까지는 빠르게 진행되었고, 수출 확대를 위한 산업화에 주력했다. 개혁 초기에 남한의 빈약한 GDP에서 수출이 차지하는 비중은 3퍼센트에 불과했지만, 1980년대에는 놀랍게도 33퍼센트까지 치솟았다. 그간 한국 노동자들은 대부분 여전히 농촌에 있었다. 그리하여 체계적인 농업 저개발 전략을 통해 신설 공장

2장 | 병영 자본주의

에서 일할 도시 노동자를 창출해야만 했다 하지만 더 시급한 사안은 산업 부문 활성화에 필요한 재원을 구하는 일이었다. 이에 박정희는 국내외 투자를 유치하는 이중 전략을 폈다. 1945년 이후 이승만은 이전에 일본 소유였던 은행들을 원래 국가 소유였던 것처럼 매우 빠른 속도로 거머쥐었다. 금융 부문을 손에 넣는 것이 얼마나 유용한지 똑똑히 지켜보았던 박정희는 은행을 다시 국유화한 뒤 공장에 투자하는 회사들에 조금씩 자금을 보조해주었다(Kim E. and Park 2011).

융자금의 가장 큰 수혜자는 재벌 기업들이었다. 이들은 가족이 소유하고 경영하는 산업 부문 대기업으로, 국가의 경제 부흥에 혁혁한 역할을 했다. 계열사를 둔 일본 대기업(이 중 상당수는 식민지 시대에 조선의 자산을 빼앗는 데 깊이 관여했다)을 본보기 삼은 이 재벌 기업들은 제2차 세계대전 이후에 주로 설립됐고, 이승만 치하에서 눈부시게 성장했다. 금융 부문을 통제하게 된 박정희는 재벌 기업들이 정부의 목표에 순응하게 만들었다. 그 결과 전략적이고 성공적인 국가-산업 간 동맹이 형성되었고, 한국은 경이로운 경제성장을 하게 된다. 1950년대 후반에도 여전히 한국은 세계에서 매우 빈곤한 나라였지만, 1960년대 초에 경제개혁을 단행한 이후 "한국은 세계 역사상 유례없이 꾸준한 속도로 성장하기 시작했다"(Krueger and Yoo 2002: 606).[7]

---

7 한국의 경제성장은 1961년 82달러였던 GDP가 1972년 318달러로 치솟아 박정희 시대가 끝난 뒤 1980년에는 2588달러에 달했다는 점에서 잘 드러난다(Adesnik and Kim 2008: 7).

이 시기에는 한국의 신흥 산업 부문에 대한 외국의 투자도 중요한 역할을 했다. 박정희는 권력을 잡은 뒤 젊은 시절부터 잘 알고 지내던 일본으로 재빨리 눈길을 돌렸다. 일본 우익과의 오랜 인연을 활용할 수 있었던 데다 미국의 지지까지 받은 그는 한일청구권협정을 맺으며 일본에서 8억 달러의 개발 원조를 추가로 확보했다. 이에 반대하는 학생들은 국가 지도자가 차관 및 경제 원조에 대한 일본의 약속과 국가의 자긍심을 맞바꿨다며 시위를 벌였지만, 계엄령 실시로 이러한 목소리는 묵살되었다. 이처럼 내부 세력이 박정희의 통치에 의문을 제기할 때마다 계속해서 국가 비상사태를 선포하는 전략은 18년간 이어진 이 정권의 트레이드마크였다(Gregg 1999; Cumings 1997: 358).

박정희 정권이 해외 투자를 받기 위해 적극적으로 구애를 펼친 또 다른 대상은 미국이었다. 박정희는 이승만이 그랬던 것처럼 남한이 미국의 안보 이익에 예속됨으로써 얻을 수 있는 경제적 이익을 최대한 뽑아내는 일을 꽤나 잘했고, 그 결과 이승만 시절과 마찬가지로 수십억 달러가 남한으로 유입되었다. 이외에도 미국과의 끈끈한 동맹 관계 덕분에 또 다른 수익을 얻을 기회가 생겼다. 1960년대 중반, 미국이 베트남에 지상군을 보내자 남한은 1973년까지 30만 명 이상의 자국 군을 파병하여 남베트남 편에서 전투를 벌였다. 남베트남에서 미군을 제외하면 남한의 파병대가 가장 규모가 큰 외국 부대였다.

이진경은 "남한이 베트남에서 보여준 아류 군사주의submilitarism

는 베트남전이 끝나고 난 후 미국 지배하의 글로벌 자본주의에서 아류 제국주의 세력subimperial force이라는 남한의 위치를 공고히 하는 데 매우 중요한 요소였다"라고 말한다(Lee J. 2009: 657). 실제로 1960년대에 베트남전이 최대 외화 수입원으로 부상하면서 동남아시아에 파병한 남한은 빠르게 결실을 얻었다. 1965~1972년에 벌어들인 직접적인 수익은 10억 달러를 넘겼다. 여기에는 남베트남과 맺은 고수익 계약을 완수하기 위해 전장으로 끌려간 수천 명의 한국인 노동자와 군인이 고향에 송금한 돈도 포함되어 있다. 예를 들어 1948년에 설립한 재벌 기업 현대는 "미군과의 계약을 통해 1960년대에 처음으로 건설 회사로 두각을 나타내기 시작"했고, 이후 자연스럽게 베트남에 발을 들여놓았다(Lie 1998).[8]

아시아 지역에서 미군 세력이 늘어남과 동시에, 한국전쟁 이후(미군은 1948년 이후에 잠시 한반도를 떠났지만 1950년에 다시 돌아왔다) 미군은 남한에 상시 주둔하게 됐다. 이제 미군은 경제 건설에 필요한 달러를 벌어들일 창구로 인식되었다. 캐서린 H. S. 문(1997)은 1960년대에 남한 GDP의 25퍼센트를 주한미군이 기여했다고 주장한다. 베트남 파병 미군이 많았다는 것은 그만큼 많은 미군이 남한의 미군 시설로 들어와 서울에서 휴가를 보내고서

---

8 미군이 제시한 계약과 한국 대기업의 성장 사이의 관계는 결코 현대에만 해당하는 것이 아니다. 이는 수많은 한국 기업이 지난 수십 년간 눈부시게 성장할 수 있었던 이유이자 비교적 연구가 덜 된 특징이다(Glassman amd Choi 2014).

동맹의 풍경

며칠 뒤 전장으로 돌아갔다는 뜻이기도 하다. 이는 젊은 군인이 달러로 온갖 서비스를 구매할 수 있는 미군기지 근방 홍등가가 급속도로 확장하는 데도 영향을 미쳤다.

박정희 시대의 군사화된 일상

1972년 헌법이 개정되면서 유신 시대(1972~1979)의 막이 올랐다. 이후로 남한 국민들의 삶은 급격히 악화되었다. 새로운 헌법과 함께 전국에 계엄령이 선포되어 대학들은 그해 대부분 폐쇄됐고, 유신 정권은 대중을 겁박하기 위해 서울 곳곳에 탱크를 배치했다. 다루기 힘들고 저항적인 학생 및 노동자 집단에 대한 일상적 탄압에 더해, 서양의 반문화를 모방하여 머리를 기른 청년들도 이제는 매일같이 경찰의 괴롭힘을 당해야 했다. 서구의 영향으로 한국의 윤리와 도덕이 훼손되었다며 이를 막기 위한 대규모 운동이 벌어졌고(자세한 내용은 5장을 참조하라), 남성성 문제가 다시 한번 논의의 중심으로 떠오른다. 이 젊은 남성들은 박정희의 이상인 군사화된 남성성에 대한 위협으로 여겨졌다.

박정희 치하에서 군인형 시민을 양산할 때 모든 남성을 대상으로 하는 보편적 징병제는 중요한 역할을 했다. 이 제도는 1948년 이승만 시대에 이미 도입됐지만, 당시에는 돈과 연줄이 있는 사람이라면 병역 의무를 피하는 것이 식은 죽 먹기였다. 따라서 징병제는 모든 남성 시민에게 적용되는 평등한 조치가 아니라 '가난한 남성의 징병제'였다. 박정희는 이를 완전히 바꿨고, 1958년에 16퍼센트였던 군 기피율을 1975년에는 0.1퍼센트로 대폭 줄였다(Tikhonov 2009). 입대 거부자를 가혹하게 처벌함으로써 군대는 다음과 같이 변했다.

> [군대는] 모든 교육, 대중문화, 미디어에서 '진짜 사나이'를 육성하는 방법으로 칭송되었다. 이제 남성성은 자발적 군 복무와 동의어가 되었으므로, 병역 기피자들은 비애국적이고 남자답지 못하다는 비난을 받으며 국가의 희생양이 되었다. 경제성장으로 박정희 정권에 대한 대중적 정당성이 강화되었고, 그 덕분에 이러한 군사주의적 선전은 징병 국가를 위한 '이데올로기적 헤게모니'를 얻은 것으로 보인다.(Tikhonov 2009)

베트남 파병 군인을 위한 환송식은 일제 치하에서 제2차 세계대전 때 열렸던 대중 행사와 비슷했는데, 이는 새롭게 발견한 한국의 군사력을 기념하기 위한 자리였다. 박정희는 한국군이 한국 남성의 용맹성을 세계에 떨친다고 찬양했고, 베트남전 참전은 한국이 성숙한 주권국가 반열에 올랐다는 뜻이라고 했다. 이러한 행사에서 "가부장적 민족 공동체는 다시금 남성화"되었고(Lee J. 2009: 660), 신체 건강한 군인은 한국식 진보를 견인하는 **인물상**으로 칭송되었다. 그 와중에 여성과 반전주의자는 한창 건설 중인 무장 국가의 가장자리로 멀찍이 밀려났다.

남한 (남성) 시민에 대한 이러한 군사적 비전은 병영 밖 사람들의 일상적 관행을 통해 더욱 현실화됐다. 학생들은 학교에서 정기적으로 군대식 훈련을 받아야 했는데, 이는 1930년대에 만주국에서 박정희가 처음 겪은 일상이었다(Han 2005). 전국 곳곳의 저임금 사업장에서 착취당하는 노동자들은 아침 훈련과 힘든 운동도 견뎌내야만 했다. 게다가 사업장에서 받는 임금이 극도로 적었기에 이들의 소비 욕구는 강제로 억제되었다. 1970년대 중반에 마침내 경제가 도약하기 시작했을 때도 박정희 정권은 억지로 임금을 낮게 유지할 방책을 찾았다. 그에 따라 극도의 착취 대상이 된 수많은 젊은 여성들을 의류 제조업에 편입시켰고, 노동조합을 꾸리려는 모든 시도를 범죄로 규정한 뒤 무거운 형벌을 내리기도 했다.

장시간 노동을 비롯한 재벌 기업 공장의 노동 규율은 미군이 들여온 관행과 경영 개념에 따라 계획적으로 구축됐다(Lie 1998: 101). 보편적 남성 징병제는 군사화된 남성성을 빚어냈을 뿐만 아니라 문화적 혁명을 촉진하는 역할을 하며 한국 농민을 도시의 산업 역군으로 탈바꿈시켰다. "군대는 신분, 출신 지역과 무관하게 모든 한국인에게 동일한 훈련을 시행함으로써 국민을 통합하고 문화적 동질성을 강화하는 데 이바지했다"(Lie 1998: 101). 또한 수많은 이들을 산업 부문으로 통합하기도 했다. 기묘하게 전방위적 병영 사회가 되어버린 남한에서 최초의 저항적 순간이 포착된 곳은 다름 아닌 서울의 저임금 사업장이었다.

금이 가기 시작한 병영의 벽

박정희의 집권은 근본적으로 불안정했고, 따라서 경제성장이 뒷받침되어야만 했다. 하지만 아이러니하게도 바로 그 경제성장이 박정희의 권력을 궁극적으로 위협했다. 그가 내건 표어였던 '잘살아보세'는 실상 '잘 먹고 잘 입는 사람들처럼 한번 살아보세'라는 뜻으로, 본질적으로는 거지의 철학을 담고 있었다. 하지만 일단 빈곤에서 벗어난 사람들은 대개 배부른 데 만족하지 않는 법이다.(Paik 2005)

공산주의의 위협에 맞서기 위해 한국 사회는 총동원되다시피 했고, 이는 1970년대 일상의 모든 측면을 관통하는 특징이었다. 하지만 억압이 심화되자 변화를 요구하는 새로운 민중운동이 고개를 들기 시작했다. 22세의 공장노동자 전태일은 "하나의 작은 불씨"(Cho 2003)가 되어 억압받는 노동계급을 각성시키고 노동운동에 불을 지폈다. 그는 서울의 악명 높은 평화시장 봉제공장에서 일했는데, 평화시장은 여러 채의 건물에 수천 개의 저임금 사업장이 미로처럼 얽힌 곳이었다. 그곳에선 주로 젊은 여성 노동자들이 최악의 노동환경에서 일하고 있었다.[9] 이에 충격을 받은 전태일은 노동권 증진에 점점 더 많은 시간을 쏟았다. 당시의 노동조합 활동가들이 흔하게 납치, 고문, 강간을 당했던 점을 생각해보면 이는 무척 위험한 활동이었다. 갈수록 절박해진 전태일

동맹의 풍경

은 1970년 11월 13일 직장 근처에서 열린 시위에서 분신자살했다. 이제 막 시작된 노동운동의 첫 순교자였다. 전태일의 이름으로 노동조건 개선을 위한 투쟁이 계속 이어졌으며, 열성적인 노동운동 지지자들이 느리지만 꾸준히 생겼다.

노동권과 시민권을 증진하려는 이들에게 더 강한 탄압이 가해진 것은 놀랍지 않은 일이었다. 노동운동의 발기는 박정희 정권을 다시금 시험에 들게 한 지정학적 변화와 함께 일어났다. 박정희는 국내에서 자신의 권위에 의문을 제기하는 목소리가 높아진다는 것을 이미 알고 있었는데, 이제는 해외에서도 닉슨 독트린이 압박을 해오기 시작했다. 1969년 독트린에서 미국은 주요 동맹국들이 자국 군사력으로 국방 문제를 해결하라며 주한미군 수도 급격히 줄이겠다고 천명했다. 안보 체제가 심각하게 흔들리자, 박정희는 1970년대 초에 북한과 대화하는 자리를 여러 번 마련했다. 그리하여 1972년 초 통일에 관한 남북의 합의 사항을 개괄한 공동성명이 발표되었다. 하지만 베트남전쟁에서 공산주의 북베트남의 승리가 확실해지자, 박정희는 이제 싹트기 시작한 평화적 기획을 뒤로한 채 국내에서 권력을 틀어잡는 데 주력했다.

박정희 시대가 갑자기 끝나버린 것은 1970년대였다. 서울에서

---

9 "3~4층짜리 창고 건물에 들어찬 작은 의류 제조업체들은 1.2미터 높이의 단상을 만든 뒤 곳곳에 탁자, 재봉틀, 여성들을 배치했다. 제대로 된 환기 시설조차 없는 좁은 곳에 먼지, 열, 실오라기들이 가득했다. 10~20명의 어린 소녀들은 똑바로 설 수도 없는 곳에서 윙윙거리는 기계 앞에 쪼그리고 앉아 있어야 했다. 평화시장에는 이런 업체가 1000여 개쯤 있었고, 2만 명 정도가 그곳에서 일했다."(Cumings 1997: 374)

2장 | 병영 자본주의

200여 명의 여성 실업자가 벌인 단식 투쟁을 폭력 진압하자 부산, 마산 등지에서 시위가 터져 나왔고, 박정희는 다시 계엄령을 선포해 이를 진압했다. 그런데 억압의 수위가 최고조에 달한 그때, 박정희 정권 내부에서 시위자들과 합의점을 찾으려는 이들과 강경파 사이의 갈등이 갑자기 고조되었다. 그 결과 1979년 10월 26일 박정희는 오랜 친구이자 당시 중앙정보부장[10]이었던 김재규가 저녁 만찬 자리에서 쏜 총에 맞아 사망한다. 김재규는 재판에서 이렇게 말했다. "이 나라의 민주주의를 위해 야수의 심정으로 유신의 심장을 쏘았다. 아무런 야심도, 어떠한 사심도 없었다."

병영국가의 비군사화?(1980~)

독재 정권에 맞서는 민중운동의 부상

박정희 암살 이후, 민주화를 바라던 민중 세력은 마침내 자유의 순간이 도래했다고 보았다. 1970년대에 등장한 이른바 민중운동은 주로 정치색을 띤 학생, 노동자, 종교 단체에서 지지 세력을 모았다. 이 운동은 무엇보다도 장군들이 민족의 앞날을 결정

---

10 중앙정보부는 수년간 치명적인 폭력을 행사했다. 그중 눈여겨볼 것으로 1973년 야당 지도자인 김대중을 납치하고 거의 살해할 뻔한 사건, 그리고 1967년 서독의 베를린에서 간첩단을 만들었다는 거짓 혐의로 17명의 한국 국적자를 납치한 사건을 들 수 있다(Kim M. and Yang 2010). 이른바 '동백림 사건'의 중심인물인 좌익 작곡가 윤이상의 생애에 대해서는 린저와 윤이상의 대담집(Rinser and Yun 1977)을 참고하라.

하지 못하게 막는 것을 목표로 삼으면서 "역사와의 탈식민적 관계 맺기"를 추구했다(Abelmann 1996: 20). 저항적 사상가와 학생들을 위시한 운동권은 노동자, 농민, 가난한 도시민, 진보 지식인과 함께 독재 정권에 맞서는 광범한 계급 동맹을 구축하고자 했다. 1960~1970년대의 반체제 인사들은 개혁을 내세웠지만, 새로운 386 세대는 가혹한 국가 탄압에 반대하며 빠르게 급진화했고 혁명을 새로운 목표로 분명하게 내걸었다.

마르크스주의 서적과 북한에서 처음 모습을 드러낸 자주적 주체사상의 영향을 받은 민중운동가들은 1980년대 내내 "탄압받는 민중과 특히 노동계급을 조직하는 데 주력했다. 또한 노동계급이 혁명을 끌어낼 주요한 역사적 행위 주체라는 믿음으로 산업 노동자와 연대하려 했다"(Park M. 2005: 75). 운동가들은 공장, 마을, 판자촌에서 비밀스러운 활동을 벌여나갔다. 예를 들어 1980년대 초에는 수천 명의 대학생이 학교를 등지고 나와 공장에서 일하며 노동자들과 관계 맺고 노동조합을 설립하려 했다. 1980년대 말에는 공장에서 비밀리에 일하는 학생이 1만여 명으로 늘어났다. 대학에 남은 좌파 학생들은 종종 시위에 참여했고, 다른 민중운동가들과 비밀 공부 모임을 꾸리기도 했다. 50명에서 수백 명에 이르는 학생들이 참여하는 소규모 시위가 서울 곳곳에서 주기적으로 벌어졌으며, 시위자들은 거리를 막고 구호를 외치며 행인들에게 전단을 나눠주었다. 이들은 경찰이 현장에 도착하기도 전에 재빨리 다른 지역으로 옮겨가는 '치고 빠지기' 방식으로 효과를

2장 | 병영 자본주의

극대화하는 동시에 집단 체포는 면할 수 있었다.

박정희의 사망으로 혼란스러운 가운데 시위 규모는 더욱 커졌고 전국적으로 가속도도 붙었다. 박정희 시대에 투옥된 많은 학생 지도자들은 다시 문을 연 학교로 돌아와(박정희의 암살 이후 대학들은 거의 6개월간 휴교했다) 시위에 나섰다. 1980년 3월 15일, 마침내 10만 명의 학생과 30만 명의 시민이 서울 도심에 모여 계엄령 철폐를 한목소리로 요구했다. 하지만 박정희가 암살된 지 겨우 두 달 만에 쿠데타가 벌어진다. 쿠데타를 일으킨 이는 박정희와 마찬가지로 경상도 농민 출신이자 만주국에서 처음 군사 활동을 경험한 전두환이었다. 그는 권력을 노리던 군인 및 지식인 지배층 사이에서 빠르게 정상을 향해 치고 올라갔고, 시민들은 매일 같이 시위에 나와 이에 반대하는 목소리를 냈다.

광주민중항쟁과 미국의 공모에 관한 의심

신흥 전두환 정권에 가장 크게 저항한 곳은 한 지방 도시였다. 1980년 5월 광주(이곳은 오랫동안 야당의 지도자였던 김대중의 고향이기도 하다)에서 벌어진 시위는 불과 며칠 만에 대규모 민중항쟁으로 번졌다. 광주 시민 70만 명 중 20만 명이 거리로 쏟아져 나오자, 전두환 정권은 이들을 위협하기 위해 노련한 공수부대를 보냈다. 군인에 맞서 스스로를 보호하기 위해 무장했던 시민들은 공수부대를 쫓아냈다. 하지만 그 후 10일간 이 항쟁은 잔혹하게 진압되어 많은 이들이 사망한다. 실제 사망자 수는 여전히 논

동맹의 풍경

란거리다. 1990년대까지 정권을 장악한 보수주의 정부 측에서는 사망자가 200명 미만이라고 발표했다. 하지만 샐리 예Sallie Yea는 실제 사망자가 2000명에 이를 것이라고 확신한다.

한국 정부에 따르면 광주항쟁에서 공식적으로 190명이 사망했다. 하지만 비공식적으로는 2000명 이상의 사망자가 보고되었다. 이 수치는 광주의 월간 사망자 통계에서 추정한 것으로, 1980년 5월에 신고된 총 2600여 명의 사망자 수는 월간 평균 사망자 수보다 2300여 명 많은 수치다.(2002: 1557)

광주에서의 시위대 대학살 사건은 "1989년 6월 중화'인민'공화국에서 학생과 청년들이 학살된 천안문에서의 악몽"과 비교되기도 했다(Cumings 1997: 338). 전두환 정부는 광주항쟁과 관련한 체제 전복적 뉴스의 확산을 막는 데 주력했다.

군대는 몇 구나 되는지도 모를 시체를 불태웠고, 나머지를 이름 없는 무덤에 내버렸으며, 기록물은 직접 파기했다. 항쟁에 관한 말이 공식 석상에서 언급되는 것을 막기 위해 수천 명을 체포하고 수백 명을 고문했다. 군대는 학살의 '학' 자도 입 밖에 나오지 못하게 탄압했다.(Katsiaficas and Na 2006: 1)

게다가 항쟁 이후 수년간 '공안과 질서'를 위협했다는 혐의로 최대 4만 명이 악명 높은 삼청교육대로 끌려갔다. 좌파(로 추정되는) 인물들은 그곳에서 건실한 시민으로 거듭나야만 했다.

가혹한 탄압에도 불구하고 학생과 노동자의 시위는 1980년대 후반까지 규모가 줄어들지 않은 채 이어졌다. 민주화운동과 노동운동이 계속 번져가는 와중에 서서히 "'양키 고 홈'이 반체제 진영의 단골 구호가 됐다." 또다시 군대의 힘으로 정권을 잡은 뒤 군대로 국민을 탄압한 전두환 독재체제를 미국이 지원하고 나서는 모습은 실제로 민중운동 참여자들에게 하나의 전환점이 되었다. 이들은 정권에 간섭하는 미군을 향해 공개적으로 분노를 표출했다. 이제 동맹국 미국은 광주 학살에 공모했다는 혐의로 비난받았다. 당시에 한국군 통수권은 미군 장군에게 있었기에, 시위자들은 전두환이 미국의 승인 없이 그 정도 규모의 군대를 광주 진압에 투입할 수 없었으리라고 보았다.[11]

미국에 대한 지지가 꽤 널리 퍼진 듯 보였던 한국에 반미 정서가 그토록 맹렬히 번진 사실은 많은 전문가들을 놀라게 했다. 이남희는 이토록 반미 정서가 고조된 데는 박정희 사망 이후 미국이 (한국) 국민 편에 서주리라는 기대가 있었기 때문이라고 보았다. "역사적으로 한국 국민들이 미국에 대해 품고 있던 동맹국 이미지에 따르면, 광주 사람들은 미국이 항쟁에 개입해주리라 기대했을 것이다"(Lee N. 2007: 51). 하지만 광주항쟁이 절정에

---

11 광주 대학살에 미군이 (군사적으로) 개입한 정도에 대한 논쟁은 드레넌(Drennan 2005), 카치아피카스(Katsiaficas 2006), 셔록(Shorrock 1999), 위컴(Wickham 2000)을 참고하라.

치달은 1980년 5월 22일 국가안전보장회의에서 미국 정부는 "단기적으로는 [전두환 정권을] 지지하되, 장기적으로는 정치 개혁을 요구하는 압력을 행사한다"는 접근법을 택했다(Adesnik and Kim 2008: 18).

광주항쟁 이후 1년도 채 되지 않아 새롭게 출범한 레이건 정부는 친히 전두환을 백악관에까지 초청했고,[12] 미국이 새로운 독재자를 노골적으로 지지하자 많은 한국인들은 상당한 배신감을 느꼈다. 하지만 어떤 면에서 미국은 한국 장군들에게도 비난받게 되었는데, 장군들은 자국민의 피가 묻은 자신의 손을 미국에 기대 일부라도 씻어내고 싶어 했기 때문이다(Drennan 2005). 미군이 광주항쟁 진압에 실제로 개입했든 그렇지 않든 간에, 미국이 결정적 순간에 스스로 투쟁에 나서 민주적 변화를 끌어내려 했던 운동가들 편에 공개적으로 서지 않았다는 점은 분명하다.

민주화와 남북 관계의 해빙

1987년 6월, 민중운동은 캠퍼스의 운동권 바깥에서도 충분히 사람들을 동원하는 데 성공했다. 그해 초 23세의 대학생이 민주화운동에 가담했다는 이유로 경찰에 잡혀 고문을 받다가 사망했다. 그의 죽음은 몇 달 뒤에야 세상에 알려졌는데, 전두환이 2인자인 노태우에게 대통령직을 물려주려는 논쟁이 한창일 때였다. 이

---

[12] 이 초청은 사실 광주 출신 야당 지도자인 김대중에게 사형을 선고하지 않고 무기징역을 내린 것에 '그친' 데 대한 보답이었다(Cumings 1997: 383).

　　　　　　　　2장 | 병영 자본주의

두 사건이 함께 터지자 분노에 휩싸인 각계각층의 사람들이 몇 주간 거리를 점거하고 대규모 시위를 벌였다. '6·10민주항쟁'으로 알려진 이 시위에서는 수백만 명이 행진을 벌였으며, 독재자 전두환은 결국 차기 대선을 치러야 했다. 하지만 안타깝게도 야당이 분열하여 두 진영으로 나뉘었고, 결국 1987년 대선에서 군인 출신 노태우가 당선되어 1993년까지 나라를 통치했다.

이후 대선에서 김영삼이 선출되고 나서야 32년 만에 남한에서 군인이 아닌 첫 번째 지도자가 탄생하게 된다. 그는 대통령 재임 시절에 전두환과 노태우를 재판에 세워 광주항쟁에 대한 책임을 물었다. 반란, 내란 수괴 등의 죄목으로 유죄 판결을 받은 전두환은 사형을, 노태우는 장기 징역을 선고받았다. 1년 뒤 후임 대통령인 김대중은 이들을 사면했다.[13] 그가 성공적으로 대권을 잡으면서 한국 역사상 최초로 여당에서 야당으로의 비폭력적 정권 교체가 이뤄졌고, 대한민국 민주주의는 확실히 공고해졌다. 김대중[14] 정권의 주요 정책 중 하나는 단연 햇볕 정책으로, 그는 이를 통해 조선민주주의인민공화국과 대화의 물꼬를 틀 새로운 방법을 모색하고자 했다.

이때쯤에는 한때 한 나라였지만 이제는 갈라진 두 나라가 경제

---

13 [옮긴이] 전두환과 노태우는 1997년 12월 특별사면되었는데, 당시 대통령이었던 김영삼과 후임 대통령 당선인인 김대중의 회동에서 이들에 대한 사면 결정이 내려졌다.

14 실라 야거에 따르면, 김대중은 이전의 군인 출신 대통령들과 다르게 새로운 감각의 국민성과 남성성을 추구했다. 그의 투쟁 사상은 "사회진화론적 진보 개념보다는 기독교적 고통과 구원 개념에 더 합치했다"(Jager 2003: 143).

패권을 두고 벌인 싸움에서 남한의 승리가 확실해졌다. 1997년에 아시아 금융 위기가 남한을 강타했지만 그러한 사실은 변하지 않았다. 소련과 동구권의 붕괴 이후 북한의 매우 중요한 무역 상대들은 한순간에 흔적도 없이 사라졌고, 그 결과 북한 경제는 급격히 위축되었다. 북한은 중공업을 키우려면 석유, 전기 등을 수입해야 했지만 더는 아무것도 들여올 수 없었다. 수차례 덮친 자연재해로 농업 부문이 악화됐으며, 대규모 군사 기구 유지에 필요한 막대한 지출과 부실한 재정 관리가 더해져 북한 경제는 더욱 어려워졌다. 식량과 물자 부족으로 허덕이는 상황에서 1994년 김일성 주석이 갑작스럽게 사망하자 위기의식은 더욱 커졌고, 김정일 치하에서 중국에 대한 경제적·군사적·정치적 의존도는 높아져만 갔다.

1990년대에 북한의 여러 곳이 혼란과 기근으로 쑥대밭이 되자, 김대중과 그 후임자인 노무현은 북한에 식량을 기부하고 개발원조 자금을 보내는 햇볕 정책을 추진했다. 이는 남북 간 평화의 가능성을 전 세계에 보여준 사건이었다. 대중적으로 널리 알려진 2000년 김정일과 김대중의 만남, 2007년 김정일과 노무현의 만남은 화해의 노력을 상징하는 초석이 되었고, 금강산 관광지구,[15] 개성공단,[16] 남북한을 잇는 철도 건설[17] 등 공동 경제 사

---

[15] 1998년부터 남한 관광객은 북한의 금강산을 둘러볼 수 있었고, 10여 년간 수십만 명의 남한 사람들이 금강산에 다녀왔다. 그런데 2008년 7월 11일에 한 남한 여성이 해변을 산책하다가 실수로 군사 지역에 들어섰고, 북한군이 쏜 총에 맞아 사망했다. 이 사건으로 금강산 관

2장 | 병영 자본주의

업으로 그 노력이 강화되었다.

빌 클린턴 미국 대통령은 두 차례의 재임 기간 동안 남북한이 케케묵은 갈등을 청산하고 새로운 관계를 구축할 것을 적극 요청했지만, 이후 백악관에 입성한 조지 W. 부시는 단호하게 반북 아젠다를 밀고 나갔다. 부시가 2002년 국정 연설에서 언급한, 그 악명 높은 '악의 축'에 북한이 포함되자 그러한 분위기가 정점에 달했다. 갈수록 편집증적으로 변해가는 북한의 군사정권은 미국의 위협을 이용해 핵무기 개발에 박차를 가했고, 2006년 10월 16일에 1차 핵실험을 감행했다(2차, 3차 핵실험은 2009년, 2013년에 실시했다). 부시가 얼마나 적극적으로 햇볕 정책의 평화적 노력을 좀먹었는지를 생각하면 당시 한미관계가 악화된 것은 놀라운 일이 아니다. "워싱턴과 서울의 거리를 최대한 벌려두겠다"고 천명하며 적극적인 반미 선거운동을 펼친 전직 인권변호사 노무현이 2002년에 대통령으로 당선되자 한미관계는 더욱 악화되었다.

'범지구적 테러와의 전쟁'으로 촉발된 지정학적 변화, 그에 더해 촘촘한 네트워크로 이루어진 남한 좌파 NGO[18]의 활동과 개

광은 중단되었고, 한반도에 감도는 적대적 분위기로 미루어보건대 당분간은 재개될 가능성이 없어 보인다.

16 비무장지대와 가까운 북한의 개성은 2002년 이후 100여 곳 이상의 남한 기업 공장이 들어선 산업 지대다. 이곳에서는 수만 명의 북한 노동자가 남한 노동자 임금의 극히 일부만 받고 제품을 생산했다. 하지만 2013년 봄의 위기로 인해 이러한 개성의 경제활동은 중단되었다.

17 2007년 5월 17일에 한국전쟁 이후 최초로 기차가 남북한의 국경을 가로질러 건넜지만, 이 시범 운행은 정기 운행으로 이어지지 않았다.

18 한국에서 1980년대 후반과 1990년대 초반에 등장한 활동적인 NGO에 대해서는 이소자키

동맹의 풍경

별 사건에 대응하며 벌이는 '시민운동'은 남한 내 미국의 역할을 다시 상상케 하는 데 결정적이었다. 이러한 시민단체 중 다수가 민중운동에서 뻗어나왔고, 1980년대 이후에는 훨씬 다양한 사회운동망으로 서서히 변모했다. 일부 단체들은 미국이 애초에 조선을 분단시키겠다고 결정함으로써 한국전쟁 발발에 결정적 역할을 했다고 주장했다. 1945년 미국은 의도적으로 조선을 분단시켜 이후에 전개된 사건들의 도화선을 놓았고, 반공주의를 [남한의] 국가 이데올로기로 도입하여 활기찼던 1945년 이후의 사회운동을 끝장냈다는 것이다. 시민들이 이승만, 박정희, 전두환의 반민주 정권과 미국의 관계를 얼마나 긴밀하게 여겨왔는지 생각해볼 때, 1990년대 초의 혼란스러운 상황에서 그간 축적되어온 분노를 끓어오르게 하는 데는 단 하나의 사건이면 족했다. 1992년 미군이 한 한국인 기지촌 여성을 야만적으로 살해했을 때 바로 그 순간이 도래했다.

민주적 변화 속에 돋아난 반미주의

독재국가에서 민주국가로 서서히 변해가던 1990~2000년대에 주한미군은 한미 간 불평등한 관계의 상징으로 여겨지면서 대중의 집중포화를 받았다. 1992년에 동두천의 기지촌에서 성 산업에 종사하던 한 젊은 여성을 미군이 잔혹하게 살해한 사건은 전

(Isozaki 2002), 김혁래(Kim H.R. 2003), 김혁래와 맥닐(Kim and McNeal 2007), 이혜경 (Lee H.K. 1996)을 참고하라.

국적으로 이들에 대한 부정적 감정을 매우 격렬하게 불러일으켰다. 이후 몇 달간 정치적 소요가 이어졌고, 사망한 논란의 여성 윤금이는 민족주의 내러티브에서 한국과 민족의 고통에 대한 중요한 상징으로 떠올랐다. 이 시기는 제2차 세계대전 당시 일본 장병들이 한국 여성을 체계적으로 강간한 사실이 널리 알려진 때이기도 하다. 당시 미군 반대운동 활동가들은 일본 제국주의 군대를 위해 만들어진 '위안부' 체제와 당시에 주한미군이 여가 시간에 자주 들르는 홍등가 사이의 유사성을 지적했다(Moon 1999). 다음 장에서 더 자세히 살펴볼 윤금이 사건은 미군과 한국 시민이 연루된 첫 번째 폭력 사건도 아니었고, 마지막 폭력 사건도 아닐 것이다. 하지만 이 사건은 오래 지속될 대중의 혼란을 처음으로 촉발한 사건이었고, 미군 관계자 또는 그 가족이 연루된 새로운 폭력 범죄가 드러날 때마다 다시금 수면 위로 떠오를 하나의 패턴을 구축해낸 사건이었다.

1997년 4월, 미군의 아들인 아서 패터슨과 한국계 미국인 에드워드 리가 이태원의 버거킹 화장실에서 우연히 만난 대학생 조중필을 칼로 찔러 죽인 사건이 발생했다. 이 사건 또한 꽤 많은 관심을 받았다. 두 용의자는 수사와 재판이 이어지는 동안 내내 서로를 비난했지만 결국 모두 풀려났고, 재판을 둘러싼 소동으로 인해 수년간 많은 한국인들이 이태원 일대에 발을 들이지 않았다. 동두천에서 윤금이가 살해된 지 10년 후, 경기도 양주에서 두 명의 한국인 중학생이 사망하는 비극적 사건이 발생했다. 13세의 심미선과 신효순은 생일잔치에 가던 길에 기동훈련에 참여한 미 군용차량에 치여 즉사했다. 2002년 11월, 사건에 연루된 조종수 인 페르난도 니노와 마크 워커가 미 군사법원에서 과실치사 혐의 를 벗자 미군에 반대하는 시위가 다시 한번 빠르게 확산되었다. 사망한 두 소녀를 추모하기 위해 수천 명의 중·고등학생이 도심 에 모여들어 촛불 집회를 열었고, 이후 몇 주간 다른 시민들도 집 회에 동참했다.

윤금이 사건과 마찬가지로 심각하게 훼손된 여중생 시신 사진 의 공개가 미군에 대한 대중의 분노를 끌어올리는 데 한몫했다. 이 사진은 좌파 민족주의 성향의 한 NGO에서 논란을 부추기기 위 해 유출한 것이 명백했다.[19] 시위 참가자 수는 2002년 12월 14일 절정에 달해 전국적으로 약 30만 명을 기록했다. 보수주의 일간 지《중앙일보》에 따르면, 그날 "4만 5000명이 서울 시청 앞에 모 여 '양키 고 홈' 현수막을 내걸고 '한미 주둔군지위협정을 개정하 라', '부시는 사과하라', '미선이 효순이를 살려내라'와 같은 구호 를 외쳤다." 게다가 시위자들은 "외설적 가사의 반미 노래를 불 렀고, 거대한 성조기 여러 장을 갈기갈기 찢은 뒤 태극기를 펼 치며 '우리는 민족의 자존심을 회복할 것이다'라고 외치기도 했 다"(Min 2002).

---

19 알렉산더 쿨리는 "2002년 6월, 주한미군범죄근절운동본부는 56번 고속도로에서 발생한 사 고로 사망한 두 학생의 시신 사진 여러 장을 게시했다. 그중 몇 장은 찍힌 지 채 몇 시간도 지나지 않아 수십만 명의 수신함에 넘쳐났다"라고 말했다(Cooley 2005).

2008년 봄 쇠고기 수입 문제로 이명박 정부에 반대하며 개최된 집회에서도 분명 반미 정서가 하나의 요인이 되었다. 그로부터 20년 전에 민주화가 시작된 이래로 가장 규모가 큰 시위였다. 이 시위는 사람들이 주권 침해 사례라고 여겼던 논란에서 촉발되었다. 그 논란이란 포괄적인 한미FTA의 쇠고기 수입 협상에서 안전하지 않다고 여겨진 미국산 쇠고기 수입을 재개한 일을 두고 벌어진 것이었다. 당시에 박노자는 협상이 성급하게 타결되고 나서 불어닥친 후폭풍은 보수적인 이명박 정권의 억압적 풍토로서 "권위주의와 신자유주의의 결합이라는 대한민국의 고질병"에 대한 반응으로 봐야 한다고 주장했다. 더 나아가 수십 년에 걸친 미국의 준제국주의적 약탈의 결과 이런 시위가 벌어졌다고 보았다. "[한국은] 미 제국의 군사 보호를 받는 나라이자 이전에 이미 수차례 자존심을 다친 나라다. 민그렇기에 굴욕적 협상이 시민들의 마지막 남은 자존심을 상하게 했다"(Park N. J. 2008).

1990년대 이래로 근본적인 민주화를 이루었음에도 북한과의 갈등은 여전했고, 이명박 집권기에 남북 관계는 더욱 악화되었다. 또한 2013년에 집권한 보수주의 대통령이자 군부독재자 박정희의 딸 박근혜는 이명박의 강경한 대북 정책 기조를 그대로 이어갔다. 김대중, 노무현 정권에서 북한에 온정을 베풀던 모습이 온데간데없어지자, 두 정권 동안 이어진 평화적 노력과 함께 남한 사회에서 서서히 진행되던 비군사화의 흐름이 어느 때보다 위태로워졌다. 예를 들어 이명박 정권에서는 의무복무 청년이 대다수인 전경들이 위험하다 싶은 대중 행사에 대규모로 파견되기 일쑤였다. 내가 서울에서 현장 조사를 하던 2008년경에는 소규모 인권 축제에서부터 전직 대통령 추모식에 이르기까지 도심 한복판에서 전경의 검은 전투복을 거의 매일 볼 수 있었다.[20]

노무현 정권에서 남성의 군 복무 단축 방안이 제시되었으나 군사력을 다시 강화하려 했던 이명박 정권은 이를 철회했다. 민족의 이름으로 무기를 들고 싶지 않은 이들을 위한 대체복무제의 도입도 무기한 연기되었다. 오늘날 남한은 1939년 이후로 1만 5000명이 넘는 청년이 양심적 병역거부를 이유로 감옥에 간, 전세계에서 양심적 병역거부 수감자가 가장 많은 나라라는 애석한 기록을 보유하고 있다(Tikhonov 2009).[21]

중국의 부상과 미군 부대의 전략적 이전

오늘날 국제관계 전문가들의 주장에 따르면, 중국이 부상하면서 아시아 내 입지 약화에 대한 미국의 우려는 갈수록 커지고 있

---

[20] 이명박 정부의 '민주주의에 역행하는 행보'를 통렬하게 비판한 사회학자 조지 카치아피카스는 노무현 전 대통령 추모 기간에 대해 다음과 같이 묘사했다(새 정부와 밀접하게 관련된 한 위원회가 노무현 전 대통령 가족의 뇌물 수수 혐의를 제기했고, 노 전 대통령은 혐의 수사 기간에 자살했다).
"경찰 버스는 서울에 마련된 노무현 전 대통령의 추모 현장을 에워쌌고, 기동대는 차벽 개방을 거부해 초를 든 추모자 수천 명이 강제로 지하철역에 줄을 서야 했다. 덕수궁 분향소 앞에는 1000여 명의 경찰이 배치됐고, 군중 통제를 위해 거리에는 8000명이 넘는 경찰이 투입되었다."(Katsiaficas 2009)

[21] [옮긴이] 2018년 헌법재판소에서 양심적 병역거부자 처벌에 관해 헌법불합치 결정을 내리기 전까지 총 1만 9000명에 가까운 이들이 수감되었다.

다. 경제 초강대국으로 떠오른 중국은 실로 동북아시아의 판도를 바꿔놓았다. 미국이 한국의 주요 무역국이던 시절은 이제 옛이 야기가 되어버렸다. 한중 무역량은 2003년에 처음으로 한미 무역량을 추월했고, 이후 중국은 최대 무역국 위상을 공고히 지키고 있다. 한중 무역량은 1992년에 60억 달러밖에 되지 않았지만 2013년에는 2700억 달러로 치솟았고, 이제는 한일 무역량과 한미 무역량을 합친 것보다 더 많다. 2015년 6월 한중FTA을 체결한 이후 이러한 비즈니스 관계는 수년간 더욱 견고해졌다.

폭넓은 경제협력은 한반도뿐만 아니라 아시아 태평양 지역 전체의 안보 체제에 예측할 수 없는 파문을 초래하는 일이자 현재 진행 중인 지정학적 변화의 핵심적 측면이다. 최근 경제 초강대국으로 부상한 중국은 경제력에 걸맞게 군사력을 키워 나갔다. 중국의 국방비 지출이 천정부지로 치솟자, 미국은 아시아에서 자신의 군사력을 강화할 필요성을 절감했다. 그 결과 동북아시아와 동남아시아에 미군을 재배치하는 대규모 프로젝트가 진행되었다. 버락 오바마 대통령이 수차례 '아시아로의 회귀'를 강조하면서 괌은 아시아 태평양 미군 군사력의 중심지로 부상했다(Lutz 2010). 필리핀은 과거 식민 지배국이었던 미국과 수십 년 간 비교적 독립적인 관계를 이어갔으나, 군사적·영토적 야망을 품고 중국이 뻗치는 마수에 위협을 느끼자 다시금 미국과의 군사협력을 강화하고 있다(Simbulan 2009).

한국 역시 아시아에서의 영향력을 두고 벌어지는 미국과 중국의 대규모 쟁탈전에 더욱 깊숙이 말려들고 있다. 이는 요동치는 주한미군의 수로 단번에 확인할 수 있다. 부시 대통령 재임 기간 동안 주한미군은 3만 7000명에서 급격하게 줄어 2만 8500명까지 떨어졌다(Feinerman 2005: 216). 이 시기에 주한미군은 도심에서 미군의 '족적을 줄이고'[22] 서울 북쪽에 있던 군대와 시설을 남쪽으로 이전하겠다는 의지를 밝혔다. 그러면서 동두천과 의정부 근처의 미군 시설은 모두 버려졌다. 비무장지대와 가장 가까운 파주 근처의 미군 시설 대부분은 이미 지난 10년간 서서히 폐쇄됐다. 주한미군 사령부가 있던 용산 미군기지 땅도 한국 정부에 반환될 예정이었다.

하지만 2015년을 기준으로 기지 이전 계획 상당수는 여전히 서류상으로만 남아 있으며, 서울 북쪽에 있는 미군 부대를 이전하기로 했던 평택 인근에 시설 증설이 급물살을 타면서 사실상 주한미군의 활동이 늘어나는 꼴이 됐다. 게다가 한국에 잠깐 들르는 순환 부대의 증가세도 뚜렷했다(Rowland 2014). 그 와중에 미국은 한반도 해안이 중국과 가깝다는 사실에 갈수록 신경이 쓰이는 모양이다. 미국이 결정한 군사기지의 위치가 암시하는바, 중국의 부상을 저지하고자 하는 의지가 북한이라는 케케묵은 위협에 대응하고자 하는 의지를 압도한 듯 보인다. 서울에서 한 시

---

22 2002년 도널드 럼즈펠드 미 국방장관은 한국에 관한 보고서에 다음과 같이 썼다.
"한국 내 미군의 족적을 재배치해야 한다. 우리는 한국인의 심기를 거스르고 있다. 족적과 병력을 줄이고, 남은 병력은 인구가 많지 않은 지역에 배치해야 한다."(Ramstad 2011)

2장 | 병영 자본주의

간 반가량 떨어진 드넓은 평택과 오산 지역에 미군 병력 대부분이 재배치될 텐데, 이곳은 미국 무기의 사정권 내에 북한이 아니라 중국을 더 가까이 둘 수 있는 전략적 요충지다.

국면을 종합해보자면, 군사력 억지는 한반도에 이해관계가 있는 행위자 대부분이 여전히 채택하는 핵심 전략이다. 많은 것이 변할수록 오히려 현상이 유지된다는 뻔한 말은 한국 상황에 꽤나 들어맞는 듯하다. 한반도는 해결되지 않은 무력 충돌, 계속되는 군비 증강, 독특한 지정학적 위치로 인해 앞으로도 계속해서 극심한 분쟁에 시달릴 것이다. 지역 강국, 국제 강국, 신구 강국이 계속해서 영향력을 떨치려 하는 동북아시아의 역동적인 지역으로 말이다.

한민족의 딸이 된 기지촌 여성

민족주의 서사와 사건의 증폭

'통일된 우리 민족!'

2008년 10월 28일, 중년 남성 30여 명이 추모식에 어울릴 법한 정장을 차려입은 채 서울 미 대사관 부근에서 시위를 벌였다. 이들은 윤금이의 이름이 적힌 현수막을 들고 있었다. 그녀는 미군 시설이 많기로 유명한 동두천에서 살다가 사망한 26세의 한국인 성매매 여성이었다. 당시에 한국에서는 16년 전 미군의 손에 사망한 이 여성을 다양한 방식으로 추모하고 있었다. 사람들은 앞으로 나와 여러 차례 발언했고, 주먹을 치켜들면서 구호를 외쳤으며, 통일에 대한 노래를 부르기도 했다. 누군가 포스터를 들고 앞으로 나오자 분위기는 최고조에 달했다. 그 포스터에는 분단된 한반도의 남쪽이 별과 줄무늬로 뒤덮여 있었고, 그 위에 '미군'이라는 글자가 적혀 있었다. 학생들은 다 함께 포스터를 갈기갈기 찢어서 뒤편에 있는 이미지를 드러냈다. 통일 한반도에 팔다리가 달려 있어 미국인을 일본으로 걷어차는 그림이었다. 위쪽에는 '통일된 우리 민족!', 아래쪽에는 '미군 철수!'라는 문구가 적혀 있었다.

전 세계의 민족주의 내러티브에서 국토는 줄곧 여성의 신체와 동일시된다. 한국에서도 한 여성의 (죽은) 신체는 한국과 그의 오랜 동맹인 미국의 관계를 재상상하는 데 중요한 역할을 했다. 분노에 찬 대중은 윤금이의 사망과 관련한 주한미군의 폭력 행위를 반복적으로 확대해 이를 동아시아의 작은 나라와 미국 간의 불평등한 관계를 상징하는 사건으로 만들었다. 2000년대에는 커다란 논란들이 있었는데, 2002년 여름에는 10대 중학생 심미선·신효순이 미군 장갑차에 치여 사망하는 사건이 발생했고, 6장에서 자세히 살펴보겠지만 미군 캠프 험프리스 확장을 위해 경기도 평택 대추리의 토지를 수용하는 과정에서 장기간 갈등이 빚어지기도 했다.

내가 한국에서 현장 조사를 하던 2007년은 수십만 명이 거리로 나왔던 역대 최대 규모의 미군 반대 시위가 벌어진 뒤였다. 하지만 이후 2년 가까이 많은 사람들이 여전히 미군을 아무런 제재 없이 유흥지를 돌아다니는 고삐 풀린 잠재적 (성)폭행 가해자로 보고 있다는 사실에 놀랐다. 예를 들면 2009년에 인터뷰한

동맹의 풍경

23세의 한국 남학생은 미군기지 바로 옆에 있는 이태원에 갈 때마다 외국 군인 때문에 상당히 불안하다고 했다(5장 참고). "아주 어렸을 때 미군 범죄 보도를 접하면서 생긴 심리적 현상 같아요. 이태원에는 미군이 많아서 골목을 돌아다닐 때면 훤한 대낮에도 두렵다니까요. 나를 마구 두들겨 패고 내 여자 친구를 강간하는 미군이 있다고 한번 상상해보세요. 그러면 저는 옴짝달싹 못 할 것 같아요."

이런 발언은 한때 유독 친미 성향이 강했던 한국에서 미군에 대한 인식이 얼마나 부정적으로 바뀌었는지, 그 과정에 젠더 문제가 얼마나 깊게 얽혀 있는지를 보여주는 듯하다. 나는 여러 한국인에게 여성에 대한 미군의 폭력 사건에 대해 들었는데, 이들의 내러티브에는 미군의 '일반적' 행동에 대한 다음 세 가지 요소가 있었다. 폭력적 행위자(항상 젊은 남성으로 상상되는 외국 군인), 피해자(주로 젊은 한국 여성), 평판이 좋지 않은 유흥지가 바로 그것이다.

폭력적 행위 주체, 여성 피해자, 폭력이 벌어지는 '오염된' 지역이라는 확고한 담론적 삼위일체는 어떻게 태동되었으며, 어떤 의미인지를 탐구하기 위해 나는 첫 번째 핵심 사건으로 돌아가야만 했다. 미군에 대한 이러한 인식을 불러일으킨 윤금이 사건 말이다. 이 사건과 그 여파를 살펴봄으로써 다음과 같은 질문에 다가설 수 있었다. 살해당한 한 여성의 형상이 어떻게 그리고 왜 억압받는 민족의 그토록 강력한 상징이 되었을까? 또한 이 현상은 어떤 과정을 거치면서 주한미군을 바라보는 성공적인 민족주의 프레임을 출현시키고 "개인의 일대기를 사회적 텍스트로 탈바꿈"(Das 1997: 10)하게 했을까?

먼저 윤금이 사건과 이에 투영된 민족주의 담론을 살펴볼 것이다. 두 번째로 시간이 지남에 따라 사건이 발생한 유흥지가 주변화된 위험 지역으로 바뀌게 된 사회경제적 요인을 탐색할 것이다. 세 번째로는 일부 민중민주화운동 작가에게 기지촌이 어떤 상상력을 불러일으켰는지에 주목해볼 것이다. 네 번째로 인류학자 마셜 살린스의 '구조적 증폭' 개념을 통해 이토록 주변화된 미군기지 근처의 공간이 어쩌다가 미군 지배가 현실화된 공간으로 이해되었는지 들여다본다. 사적으로 보이는 사건이 전국적 관심을 받는 사건으로 확장되자 한국의 좌파 활동가들은 특정 장소(미군 관계자가 자주 드나드는 유흥지)를 민족적 수치의 공간이자 제국의 초국적 공간으로 상상하게 된다. 다섯 번째로 기지촌에서 일하는 여성들은 미군과 '이종교배'한다는 이유로 낙인찍히며, 그러한 '흠'이 자녀에게까지 전가되는 점을 짚어본다. 마지막으로 주권이 위기에 놓인 상황에서 편리한 사고 및 행동 양식이 되는 단순화된 민족주의 내러티브를 위해 실제 경험을 묵살당한 여성들이 어떻게 유린된 민족의 상징으로 바뀌는지 살펴볼 것이다.

'우리 민족의 딸' 윤금이 사건

  미군 병사들을 통해 돈을 벌고, 가능하다면 그중 한 명과 결혼해 미국으로 가겠다는 꿈은 지난 세기 동안 한국 여성들이 저임금 사업장에서 미군 기지촌으로 옮겨가는 주요 원동력이었다. 윤금이도 고된 공장노동을 뒤로한 채 동두천행 티켓을 거머쥔 젊은 여성이었다. 그녀는 동두천 미군 클럽에서 일자리와 기회를 찾고자 했다. 1992년 10월 28일로 넘어가는 밤, 윤금이와 웨스트버지니아 출신의 20세 이병 케네스 마클은 윤금이가 전날 밤 만났던 다른 군인과 마주친 뒤로 다투게 된다. 마클은 그녀의 얼굴과 몸을 콜라병으로 가격하고 온갖 도구로 성폭행했다. 윤금이가 과다출혈로 사망한 뒤 마클은 그녀의 몸에 분말 세제를 뿌렸다. 자신의 흔적을 지우기 위해 명백히 증거 인멸을 시도한 것이다. 다음 날 오후, 집주인이 윤금이의 훼손된 사체를 발견했다. 그로부터 이틀이 지나서 마클은 사건이 있던 날 저녁에 윤금이와 함께 있던 클럽에서 체포되었다.

  혐의의 잔혹성 때문에 미군은 이전과 달리 한국의 법적 권한에 이의를 제기하지 않았고, 케네스 마클은 한국 법정에 선 최초의 미군이 되었다.[1] 김현숙은 미군이 개입을 자제한 가장 중요한 이

---

1 윤금이 사건의 여파로 설립되어 지금까지 한국 내 미군기지 반대 세력을 조직하는 데 중요한 역할을 하고 있는 주한미군범죄근절운동본부 웹사이트에서 이 사건에 관한 자세한 내용을 확인할 수 있다. 또한 2010년 로버트 네프(Robert Neff)가 블로그에 쓴 글도 요점의 추측성은 강하지만 실제 범죄는 잘 요약하고 있다.

유는 여론의 강한 압박 때문이라고 보았다.

이전까지 미군이 한국인을 상대로 저지른 4만여 건의 범죄 중 한국 재판부에 회부된 수는 고작 200여 건에 불과했다. 윤금이 사건으로 미군은 최초로 한국 법원에 기소되었으며, 이는 순전히 윤금이 사건의 끔찍한 내용을 접하게 된 대중들의 대규모 시위로 가능해진 일이었다.(Kim H.S. 2009[1997])

이 사건에 대한 대중의 분노를 키운 것은 범죄의 잔혹함이 고스란히 드러난 사진 한 장이었다. 범죄 수사원이 촬영한 듯한 끔찍한 사진에는 다리를 벌린 채 직장에 우산이 꽂힌 피투성이 나체가 적나라하게 담겨 있었다. 보도를 통해 전국에 확산된 이 사진은 미군기지 앞에서 열린 집회에 등장했으며, 일부 학교에서는 토론 자료로 쓰기도 했다. 1982년생 한국인 지인은 당시에 학교 선생님이 사건의 섬뜩한 내용을 모두 읊어 학생들에게 충격을 주었고, 미군기지 근처에는 가지 말라고 경고했다는 얘기를 들려주었다.

윤금이 사건 이후 미군과 연관된 행위자 및 공간에 관한 폭력적 재상상은 빠르게 이루어졌다. 여기에는 복제·유포가 가능하다는 이미지의 특성이 큰 영향을 미쳤다. 인류학자 아르준 아파두라이는 이미지가 상상력에 미치는 영향을 강조하면서, 이미지와 상상력은 서로가 없이는 온전히 이해되지 않는다고 주장한다.

동맹의 풍경

[오늘날 우리가 살아가는 세계의] 특징은 사회적 삶에서 상상력이 맡게 된 새로운 역할을 통해 결정된다. 이를 이해하려면 기계가 생산한 이미지에 대한 기존 개념(프랑크푸르트학파적 의미), 상상된 공동체에 대한 개념(앤더슨적 의미), 집단적 열망이 구성한 풍경으로서의 상상에 대한 프랑스적 개념(상상된 것imaginaire)을 한데 모아 살펴야 한다. 이는 에밀 뒤르켐이 말한 집합표상collective representation보다 더 현실적이지도, 덜 현실적이지도 않으며, 현대 매체라는 복잡한 프리즘을 통해 매개된다.(Appadurai 1996: 49)[2]

인터넷이 보급되기 전인 1990년대 초, 한국 활동가들은 정기적으로 발행되는 인쇄 매체를 통해서만 살해된 여성의 참혹한 사진을 퍼뜨릴 수 있었다. 그럼에도 사진은 전국에 널리 퍼졌고, 사람들의 분노가 고조되면서 이 사건에 관한 보도는 이전과 달리 잠잠해지지 않았다. 좌파 NGO에서는 즉각 정치적 동원을 끌어냈다. 2009년에 내가 자원활동을 했던 개신교 페미니스트 단체 두레방은 1990년대에 이미 기지촌에서 활동을 벌이고 있었다. 장로교와 관련이 있던 두레방은 1986년에 설립되어 기지촌에 유흥업 종사 여성을 위한 상담소를 개설했고, 윤금이 사망 당시에도

---

2 이에 대해서는 W. J. T. 미첼의 연구에서 영감을 받아 최근 인문·사회과학에서 논의되고 있는 '회화적 전환(pictorial turn)'의 관점으로 접근할 수도 있다. 미첼의 획기적인 책 『그림은 무엇을 원하는가』(2005)는 비르기트 마이어(Meyer 2011)와 크리스토퍼 피니(Pinney 2011)처럼 종교적 매개와 상상에서 시각 문화의 역할을 연구한 많은 인류학자에게 영감을 주었다.

3장 | 한민족의 딸이 된 기지촌 여성

동두천 상담소를 운영했다. 그녀가 살해되자 두레방은 다른 여성 및 종교 단체와 연대해 미군의 성폭력에 반대하는 시위를 개최했다. 첫 집회에는 3000명이나 모여들어 주최자들도 놀랄 정도였다. 이후 시위는 전국에 빠르게 번져 나갔다.[3]

논쟁이 이토록 널리 퍼진 데는 언론의 많은 관심을 받았던 또 다른 사건도 한몫했다. 윤금이 사건이 벌어지기 1년 전인 1991년 여름, 당시 76세이던 한국 여성 김학순이 제2차 세계대전 때 일본 제국군의 성노예였다는 사실을 공개적으로 증언하면서 '위안부' 문제는 전환점을 맞이했다. 김학순은 열여섯 살 때 의붓아버지가 그녀를 팔아넘겨 만주로 갔고, 그곳에서 5개월간 일본군 소대 하나를 상대한 뒤에야 배정받은 '위안소'를 탈출할 수 있었다. 다른 나라에서도 그녀의 증언에 용기를 얻은 수백 명의 여성들이 자신의 성 착취 경험을 말하기 시작했으며, 그들의 이야기는 1992년에도 한국 언론의 헤드라인을 장식했다. 활동가들은 일본군을 위해 설립된 '위안부' 제도와 당시 주한미군의 욕구를 채워주던 성 산업의 유사성을 어렵지 않게 지적할 수 있었다.[4]

---

3 두레방과 기지촌 투쟁에 이 사건이 얼마나 중요했는지는 두레방 웹사이트(www.durebang. org) 소개란에 이 사건이 언급된 빈도를 통해 알 수 있다. "사람들은 미군 범죄가 얼마나 심각한지, 이 문제를 해결하기 위한 한국과 미국 정부 간의 합의가 얼마나 불평등한지 점차 깨닫게 되었습니다." 소개 글은 이 사건을 다음과 같이 언급하고 있다. "윤금이 사건 이후, 전국 각지에 미군 범죄 신고 센터가 설치되었습니다."

4 오랫동안 군 '위안부' 제도와 기지촌 성매매의 유사성을 발견하고 연대하려는 시도는 성사되기 어려웠다. 특히 생존한 '위안부' 피해자들은 그러한 비교를 거부했다. 나는 생존자를 위해 마련된 '나눔의 집'에서 '위안부'였던 한 여성이 기지촌 성매매 여성과 자신은 아무런 유사점이 없다며 열변을 토하던 다큐멘터리를 시청하면서 이 문제를 처음 접했다. 나눔의 집

동맹의 풍경

이러한 가운데 종교·페미니즘·민족주의 단체가 주최하는 여러 집회에서 수만 명의 사람들이 케네스 마클 엄벌과 한미 주둔군지위협정 개정을 요구하며 거리를 점거했다. 한미 행정협정은 1967년 처음 체결되고 1991년과 2001년에 개정됐는데, 주한미군의 한국 내 운영 방식에 관한 법적 틀을 마련해 한국에 주둔하는 미군에게 한국 법을 어느 정도 적용할지를 명시하고 있다. 주요 개정이 이루어지기 전에는 미군이 한국인을 강간하거나 살해하는 등 위중한 위법 행위를 저지른 경우에도 체포된 미군 병사는 대부분 미군에 인계되며 가해자의 기소 여부와 방법도 미군이 단독 결정했는데, 이 사실이 한국인들을 분노하게 했다.[5] 윤금이의 사망 이후에는 다음과 같은 일도 벌어졌다.

학생 단체들은 격렬한 시위를 벌였고, 식당을 운영하거나 택시를 모는 이들은 미군 관계자를 받지 않았다. 일부 활동가들은 사건을 공개적으로 조사하기 위해 공동대책위원회를 꾸렸다. 이들은 기자회견을 연 뒤 미군기지를 방문해 미 당국의 공개

에서 생존자들과 함께 생활한 어느 자원활동가 또한 나와 대화하면서 여러 생존자들이 피해자로서의 자기 지위를 위태롭게 할 수 있기에 성매매 여성 관련 문제에 개입하는 것을 매우 꺼린다고 말했다. 하지만 이후로 이러한 구분은 눈에 띄게 약해졌다. 가령 2008년 5월 8일 '위안부' 생존자 3명이 안정리 기지촌을 방문해 30여 명의 전직 기지촌 성매매 여성과 함께 어버이날을 기념하는 자리에 나도 참석했다.

5 한미 주둔군지위협정이 대폭 개정된 이후 지금까지도 한국에서 불법을 자행한 미군을 기소하는 법 집행력이 부족하다는 비판이 끊이지 않고 있다. 비판자들은 일본이나 독일이 현지에서 현지 법을 적용하도록 협정에 상당한 공을 들인다고 지적한다(Slavin 2011).

3장 | 한민족의 딸이 된 기지촌 여성

사과를 요구했다.(Kern 2005: 261)

과열된 분위기의 재판에서 마클은 결국 무기징역을 선고받았다. 하지만 이후 형량은 빠르게 15년형으로 줄어들었으며, 이로써 미국이 자국 시민을 보호하기 위해 개입한다는 의구심이 다시 한번 일었다.

성매매 여성이었던 윤금이는 생전에 한국 사회에서 배척당했지만, 사후 몇 달간 그리고 재판에서는 한민족의 딸로서 매우 강하게 포용되었다. '주한미군의 윤금이 씨 살해사건 공동대책위원회'에서 발표한 글들은 그녀의 죽음과 민족주의 내러티브를 결합한 전형적인 예로, 윤금이의 사망과 관련한 다른 모든 해석을 재빨리 잠식했다. "윤금이의 훼손된 몸은 한국 여성의 신체에 가해지는 제국주의적 폭력에 대한 물적 증거였다. '피해받고' '수난당한' 한민족에 대한 알레고리였다. (……) 그것은 민족의 은유적 경계선이 되었다"(Kim H.S. 1998: 189). 윤금이는 '가난한 집안의 딸', '우리 (한국인의) 딸', '가난한 매춘부', '미국을 꿈꿨던 우리 민족의 딸'로 묘사되었다. "성조기 아래 우리 여성의 식민화된 시체들이 여기저기 널려 있다." "금이야, 여기는 어떻게 왔어?" 이런 말들을 거치며 윤금이의 삶은 많은 기지촌 여성들의 삶에 대한 상징으로 기억되었다. 전우섭 목사의 상상 속에서 윤금이는 천천히 파멸하는 민족 전체를 상징했다. "윤금이의 죽음은 개인의 죽음이 아니다. 그것은 국가 주권의 죽음이고, 국가 (인적) 자본의 죽

동맹의 풍경

음이다." 많은 이들은 미군을 몰아내는 것이 죽어가는 한국인의 육체를 소생시킬 유일한 방법이라고 했다. 기지촌 폭력을 민족주의적으로 전유專有, appropriation한 기지촌 소설을 자세히 살펴보기 전에, 살인사건이 벌어진 동두천 기지촌의 역사를 들여다보자.

동두천, 위험을 일으키면서도 위험에 처한 공간

기지촌에 어둠이 내려앉으면 남자들이 문을 열고 나타나기 시작한다. 어떤 남자는 굶주린 눈빛으로 혼자 찾아오고, 또 다른 남자들은 둘, 셋, 넷 무리 지어 중심가를 돌아다니며 웃고, 손가락질하고, 눈길을 던진다. 또 어떤 남자는 아내의 (……) 손을 잡은 채 가끔은 아이도 데리고 기지촌에 입성한다. 흑인, 백인, 라틴계 미국인, 일부 아시아계 미국인까지 무척 다양한 이들이 단번에 미군으로 식별되는 이유는 다듬은 머리 때문이다. 많이들 한 군데 이상 문신을 했으며, 대다수가 몸이 좋고 키가 크고 근육질이다. 건강하고 자신감과 공격적 에너지가 넘친다. 미군들은 술집에 앉아 맥주와 음식을 먹으면서 자기들끼리 대화하거나 술집을 운영하는 한국인 전직 성매매 여성과 얘기를 나눈다. 또 다른 남자들은 좀 더 멀리 있는 클럽으로 곧장 향한다. 자신이 원하는 젊은 필리핀 여성이 노출이 심한 옷을 입고 단장한 채 기다리는 곳이다.

숙면이 절실하게 필요한 기지촌은 천천히 잠에서 깨어난다. 낮
동안에는 숙취를 달래고, 상한 곳을 손보고, 고칠 수 있는 것은
고치는 데 시간을 할애하기 때문이다. 밤이 되면 또다시 취하
고, 망가지고, 눕혀진다.(2009년 6월에 쓴 현장 조사 일지)

　윤금이 사건이 일어난 동두천은 한국에서 지리적·사회적·경
제적으로 배제되어온 역사를 품고 있다. 서울의 경계에서 북쪽으
로 약 30킬로미터 떨어진 동두천은 한반도의 정중앙에 있지만,
한반도가 두 개의 적대국으로 분단된 이후에는 비무장지대와 가
까운 경계 구역으로 격하됐다. 일본 식민주의자들이 동두천에서
대규모 군사 사업을 벌였기에 이곳은 분단 이전에 현대화되었다.
근방에는 약탈한 천연자원을 수송하기 위해 일본이 건설한 도로
와 철도가 있었다. 한국전쟁이 끝난 뒤 기지망을 구축하려는 미
군이 동두천을 택한 것은 이곳에 이런 기반 시설이 있었기 때문
일 것이다(Kim B. 2007: 21).
　남북이 격한 전쟁을 끝내고 정전협정을 체결하자 미군 시설 근
처에 작은 촌락들이 우후죽순 생겨났다. 전쟁이 끝났어도 한국
에 영구히 주둔할 미군의 그늘에서 돈을 벌고자 했던 궁핍한 한
국인을 수용할 마을들이었다. 특히 미군이 많던 동두천은 머지않
아 기지촌과 동의어가 되었고, 미군 관계자와 한국인의 만남이
이뤄지는 다소 폭력적인 공간이 되었다. 미군의 보호 아래 토지,
재산, 사람이 규합되자 과거에는 소농과 소상인만 있던 이 농촌에

엄청난 부가 집중되었다. 그에 따라 한몫 잡으려는 이들이 이곳에 대거 유입되었다. 가난에 찌든 사람들도 방방곡곡에서 모여들었다. 그중 대다수는 군대를 따라다니며 성적·감정적 서비스를 제공하던 젊은 여성들이었다. 1960년대 중반에는 동두천에서 군인을 대상으로 밥벌이하는 성매매 여성이 7000여 명이나 되었다 (Moon 1997: 28). 기지촌에서는 성매매가 만연했을 뿐만 아니라 밀반출된 PX[6] 물건이 암시장에서 대규모로 거래되거나 마약 복용과 같은 불법이 넘쳐났다. 그렇게 기지촌은 평범한 한국인이라면 절대 발 들이지 않을 곳으로 깊은 낙인이 새겨졌다.

그럼에도 기지촌은 1960~1970년대에 급성장해 2만여 명의 한국인 성매매 여성들이 6만여 명의 주한미군을 상대했다. 한국으로 들어온 달러를 손쉽게 출금할 수 있도록, 기지촌은 1961년 성매매를 금지하며 제정된 윤락행위등방지법에서 암묵적으로 면제되었다. 게다가 불과 1년 뒤 '특구'로 지정되어 "성매매가 허용될 뿐만 아니라 [한국] 내무부·보건사회부·법무부의 면밀한 관찰을 받는" 구역이 되었다(Moon 2010c: 62). 기지 근처에서 일하는 여성을 규제하기 위해 당시 한국과 미군은 긴밀하게 협력했다. 예를 들어 양측은 여성의 성병 의무 검사를 공동으로 실시했다. 한국 관료들은 경제에 기여하는 성매매 여성들의 노고를 치

---

6 영내 매점(Post Exchange)을 뜻하는 PX에서는 전 세계 미군 시설의 특수 상점에서 취급하는 상품이 판매된다. 한국에서 PX는 오랫동안 다른 곳에서 구하기 힘든 미국 제품을 구하기 쉬운 공급처였다.

하한다는 감성적 연설까지 해보이며 성 산업을 직접 육성했다 해도 과언이 아니었다(Choe 2009; Lee J. 2010: 36; Moon 1997: 103).

하지만 동두천의 쇠퇴를 암시하는 첫 번째 징조는 1980년대에 빠르게 찾아왔다. 1970년대 닉슨 정권이 주둔군을 급속도로 감축했을 뿐만 아니라, 한국에 불어닥친 정치적·경제적·사회적 변화가 기지촌에 상당한 영향을 미쳤다. 1980년대에 속도가 붙기 시작해 극적 경제성장을 이뤄낸 한국에서 생계를 위한 미군 대상 성매매는 더욱 주변화되었고, 이미 엄청난 오명을 짊어진 이 여성들은 더욱 부담을 느꼈다. 그 결과, 많은 여성들이 기지촌을 떠났다. 이들은 당시 급성장하던 국내 고객을 대상으로 한 유흥 구역으로 옮겨갔다(Han 2001: 98~99).

윤금이 사건으로 촉발된 기지촌에 대한 관심은 아이러니하게도 기지촌을 영원히 바꿔놓을 중대한 변화가 일어나고 있을 때 절정에 달했다. 윤금이의 죽음 이후 기지촌의 세계에 잠깐 발 들이려 했던 언론인, 활동가, 연구자, 학생 시위자들은 여러 의미에서 망령을 좇고 있었다. 기지촌의 호황은 이미 수십 년 전 미국과의 안보동맹을 비판하거나 미군기지 근처에서 성행하는 성매매를 입에 올리기만 해도 크나큰 대가를 치러야만 했던 박정희 정권하에서 정점을 찍었다. 1990년대 초 미군 술집에 고용된 여성 수는 이미 급감한 상태였다. 기지 주변에 여전히 남아 있던 극소수의 여성들은 기지촌 여성의 곤경을 취재하러 온 수많은 기자들에게 시달려야만 했다(Han 2001; Moon 1997).

기지촌 소설, 폭력적 상상을 유포하다

윤금이 사건이 벌어졌을 때는, 1970년대에 비해 기지촌 성매매가 주목할 만한 사회문제가 아니었다. 그렇다면 20년이나 지난 1990년대에 미군이 자행한 여성에 대한 폭력이 왜 공적 문제가 된 것일까? 이를 설명하기 위해서는 1950~1980년대에 주한미군에 대한 그 어떤 반대 의견도 묵살했던 독재의 측면과 광주항쟁 이후 좌파 반체제 인사들 사이에서 급격히 퍼진 반미주의의 측면을 함께 살펴봐야 한다.

1980년 5월, 곧 군부독재자가 될 전두환의 명령으로 광주 시민들이 군인에게 살해당했을 때, 주한미군이 아무런 개입 없이 그러한 대학살이 벌어지도록 내버려두자 많은 이들은 큰 충격을 받았다. 역사학자 이남희(2007)는 "한국에서 미국이 차지하는 특권적 위상을 고려해보면, 미국이 한국 국민을 대신해 사태에 개입하지 않았을 뿐만 아니라 항쟁 탄압에 깊이 관여했다는 사실이 예상치 못한 각성을 가져왔을 것"이라고 보았다.

광주항쟁 이후 민중운동이 부상하면서 미국은 한국에 약속했던 완전한 민주주의의 실현을 도울 생각이 애초부터 없었다는 인식이 퍼지기 시작했다. 그러자 이전까지 생각해본 적 없던 주장이 나올 정도로 의견이 거세졌다. 옛 형제인 미국은 가짜 친구로 판명 났으며, 한국 남성의 여성까지 넘본다는 것이었다. 이처럼 정치적으로 과열된 분위기에서 한국 주변부에 자리한 상징적·물질적 지형으로서의 기지촌이 꽤 많은 NL파 작가 및 지식인의 상상력에 불씨를 심었다는 사실은 그리 놀랍지 않다. 기지촌과 미군 클럽에서 일하는 여성의 생활환경을 외설스럽게 묘사한 소설들은 주로 1970~1980년대에 권리를 박탈당한 좌파 남성 작가들 사이에서 인기 있는 장르였다. 대부분의 기지촌 소설에는 섹스를 통한 육체적·문화적·상징적 오염이 넘쳐흐른다. 소설이 그렇게 "인종화된 '타자'를 구현할 때, 금지된 쾌락과 무능의 두려움에 대한 꿈을 '타자'에게 투사하는 인종화된 이미지의 핵심에 섹슈얼리티가 배치된다"는 니라 유발-데이비스의 통찰이 떠오른다 (Yuval-Davis 1997: 51).

유발-데이비스는 준제국주의적 맥락에서 남녀의 불평등한 관계는 헤게모니적 질서를 그대로 반영하거나 뒤집는 성적 각본에 대한 상상이 움트는 곳이라고 보았다. 또한 "[식민주의적 각본에서] 타인에 대한 사회적 책임이 부재한 상황은 폭력을 행사하거나 공격할 자유를 뜻하기도 한다"고 덧붙였다. 한미 주둔군지위협정으로 미군이 한국에서 기소당할 위험에서 수십 년간 거의 면제되자 이는 타인에 대한 책임감을 갉아먹었다. 이러한 법 조항을 등에 업었을 뿐만 아니라 한국이 정치적·경제적·문화적으로 열등하다고 여기면서 기지촌을 어슬렁거린 젊은 남성 이방인들은 사소한 범죄를 자주 저질렀고, 때로는 중죄를 범하기도 했다. 유발-데이비스의 논점과 데이비드 그레이버의 「상상력의 사각지대」를 연결해보면, 이러한 폭력 행위는 모든 해석적 작업을 민

　　　　　　　　　　　　　　　　　　　동맹의 풍경

간인이 짊어지도록 하는 "고도로 편향된 상상의 구조"를 통해 이해될 수 있다. 군사화된 남성 '타자', 즉 무력한 한국인 사이에 들어온 훨씬 권력 있는 미군은 한국 좌파 민족주의 활동가들의 상상력 속에서 잠재적 성폭력범으로 묘사될 뿐이었다.

기지촌에 관해 들려오는 도덕적·성적 타락 이야기에 분노하여 기지촌 소설을 썼던 작가들은 최초로 민족주의적 시각에서 미군과 관련한 폭력적 상상을 유포한 이들이다. 초기에 일부 작가들은 작품 때문에 크나큰 희생을 치르기도 했다. 가령 남정현은 「분지」(1965)라는 단편소설에서 보여준 기지촌에 대한 허구의 묘사 때문에 국가보안법과 반공법을 위반했다는 이유로 재판을 받고 감옥에 가기도 했다. 문학 연구자 이진경은 이렇게 주장한다.

> 미 제국주의와 남한의 군사주의에 노골적으로 반대하면서 젠더화되고 성애화된 알레고리를 모호하지 않게 담아냈기에 「분지」는 특정한 역사적 시기에 기지촌 문학을 확립했다고 해도 과언이 아니다.(Lee J. 2010: 134)

「분지」는 암시장에서 PX 물품을 거래하는 홍만수를 주인공으로 내세운다. 그는 과거에 강간당한 어머니를 위한 복수라며 그와는 전혀 무관한 스피드 상사의 아내를 강간한다. 스피드는 미군 클럽에서 성매매로 생계를 이어가는 홍만수의 여동생과 동거하는 사이다. 이 소설에서 군대 성매매는 "강간의 형태로 제도화된 제국 정복의 폭력"으로 상상된다(2010: 136). 현지 여성과 외국 군인의 성적 조우는 항상 그리고 반드시 폭력에 물들었다고 여겨진다.

「분지」 이후 민중운동과 관련한 몇몇 작가들은 1960년대에서 1980년대 후반까지 미군을 비판하기 위한 대중적 주제로 기지촌을 택했다. 이러한 기지촌 문학 대부분에서 미군 병사와 한국 여성의 성관계는 거세된 한국 남성이라는 상징과 연관된다. 기지촌에서 '이종교배'가 일상적으로 이루어짐으로써 민족의 생물학적·문화적·상징적 재생산이 중대한 위험에 처하게 된다고 여기기 때문이다. 이미 남정현의 복수 강간 내러티브에서 한국 남성이 느낀 바 있는 수치의 인종적 측면은 천승세의 단편 『황구黃狗의 비명』(1974)에서 더욱 뚜렷해진다. 이 소설에서 남자 주인공은 젊은 성매매 여성을 찾아 기지촌으로 향하는데, 도중에 미군 기지 근처가 얼마나 타락한 곳인지 몸소 체험하게 된다. 소설의 마지막에서 주인공은 커다란 수캐 백구가 작은 암캐 황구를 강간하는 장면을 보다가 황구의 오싹한 비명을 듣게 된다. 은주와 주인공이 그 과정을 지켜보는데, 주인공은 은주에게 슬픈 듯이 "은주! 황구는 황구끼리…… 황구는 황구끼리 말야"라고 말한다.

기지촌이라는 소재는 소설에서만 다뤄진 게 아니다. 기지촌에서 벌어지는 한미 간 조우의 폭력성에 관한 영화도 여러 편 제작되었다. 안정효의 소설 『은마는 오지 않는다』는 1986년에 처음 출간됐고 1991년에 영화화해 흥행에도 성공했다. 두 미군 병사

　　　　　　　　　　　　　　　　　동맹의 풍경

가 젊은 한국인 과부를 강간한 사건이 어떻게 수천 명의 미군을 받아들일 준비가 되지 않은 외떨어진 산골 마을에 도덕적 파멸을 불러왔는지 그리고 있다. 2001년에는 김기덕이 〈수취인불명〉이라는 영화에서 오지 않는 미국에서의 편지를 계속 기다리는 흑인 군인의 아들과 전직 성매매 여성인 그 어머니를 주인공으로 삼았다. 좀 더 이른 시기인 1988년에 이러한 소재를 다룬 영화 〈오! 꿈의 나라〉는 개봉 후 제작자가 법정에 서게 됐고 벌금형을 선고받았다.

〈오! 꿈의 나라〉는 기지촌에 형성된 사회적 관계의 성적·인종적 측면과 함께 계급 문제를 조명한다는 점이 흥미롭다. 주인공은 광주에서 벌어진 유혈 진압에서 도망쳐 나온 대학생으로, 노동계급 동료들을 광주에서 죽게 내버려뒀다는 죄책감에 시달린다. 이제 그는 동두천에 사는 한 친구와 숨어 지내면서 젊은 한국인 성매매 여성 몇 명과 안면을 트게 되는데, 여성들은 모두 미국에 깊이 홀려 있다. 주인공과 친구가 된 미군은 일견 점잖아 보였지만, 결국 돌이킬 수 없는 배신을 해서 여럿의 삶을 망친다. 꿈과 희망의 땅인 미국이 다시 한번 닿을 수 없이 멀어지고, 한국인 등장인물들은 남정현의 「분지」를 연상케 하는 세계에 덩그러니 남겨진다. 사랑에 빠졌던 미군이 배신하자 성매매 여성은 자살하고, 주인공의 한국인 친구는 우연히 마주친 미국인을 살해한다. 하지만 주인공은 이러한 사건들에 놀라 다시 한번 남성적(이자 민족적) 의무를 저버린 채 달아남으로써 자신의 무기력함을 드러낸다.

3장 | 한민족의 딸이 된 기지촌 여성

기지촌과 여성 신체의 '구조적 증폭'

2장에서 살펴봤듯이 미군기지 반대운동은 윤금이 사건 이후 정점에 달했다. 활동가 대부분은 민족주의 좌파의 한 분파인 NL 파였다. 윤금이 사망에 관한 논란은 재빨리 민족의 운명과 결부되어 논의되었고, 페미니즘과 같은 대안적 이해는 주변부로 내쳐졌다. 박정희, 전두환, 노태우 같은 군인 통치자의 비호를 받던 보수 지배층은 국가 안보에 미군이 반드시 필요하다고 보았는데, 이런 생각은 머지않아 도전에 직면하게 된다. 한미관계에 내재한 폭력성과 미군으로 인한 한국 여성의 불안에 주목하기 시작했기 때문이다. 게다가 전두환이 노태우를 후임 대통령으로 삼으려 하자, 윤금이 사건은 이전까지 흩어져 있던 정치 세력을 한데 묶어 불만을 더욱 날카롭게 벼리는 새로운 동력이 되었다.

마셜 살린스(2005)는 단발적이고 사소한 문제가 구조적이고 커다란 사건으로 변하는 '구조적 증폭'을 설명하기 위해 갈등의 와중에 더욱 뚜렷해지는, 서로 다른 집단에 있던 기존의 구조적 반대항들을 우선 살핀다. 그러면서 거기에 특히 계급, 종족, 인종, 민족과 같이 더 넓은 (상상된) 공동체가 개입할 때 어떻게 대규모의 상징적 투쟁이 되는지에 주목한다. "우주론까지는 아니더라도, 도덕성, 정치 이데올로기에 관한 무조건적 반감이 합의의 여지가 있는 사소한 문제에 개입할 때, 판에 거는 몫이 커질수록 대결은 격해진다." 이러한 개념을 적용해보면, 윤금이 사건은 불안정한 정치 변동의 분위기에서 미시사(참혹한 폭력으로 끝나버린 성매매 여성과 고객 간의 싸움)가 얼마나 급속하게 거대 서사(한민족을 절멸시키려는 미국)로 전환되는지를 보여주는 사례로 읽을 수 있다. 살린스가 말했듯 "'상상된' 것일지라도 민족과 같은 집합적 주체collective subjects는 피와 살을 가진 실제 주체로 여겨지며 (……) 각본 안에서 인간관계와 관련한 감정과 정서를 모두 담은 채로 연출된다."

사실 윤금이 사망 이후 진행된 시위에서는 이중 증폭이 발생했다. 특정 장소(기지촌)는 이제 상상된 공간으로 변모해, 그곳을 알지 못하는 사람들마저 기지촌을 한국에 대한 미국의 지배가 가장 폭력적인 형태로 물질화된 민족적 수치의 공간이자 제국의 초국적 공간으로 보기 시작했다. 데이비드 그레이버는 관료주의적 공간을 두고 상상력이 마비된 "죽음의 구역"이라고 칭한 바 있는데, 그와 반대로 기지촌은 그곳을 걱정하는 이들의 상상력을 활발하게 자극하는 공간이었다. 미군 영역에서 발생한 죽음과 폭력을 묘사한 결과, 기지촌은 역설적으로 한미 군사동맹에 반대하는 이들을 위해 생산적 역할을 하는 역동적 구역이 됐다. 결과적으로 기지촌은 한민족의 수난을 상징하는 공간이 되었으며, 그곳에서 생활하고 일하는 여성들은 국가 안보라는 이름으로 한국의 보수 지배층에 희생당한, 오래전에 잃어버린 딸 역할을 잠깐이나마 떠맡았다.

'정숙한' 한국 여성이라면 가지 않을 기지촌은 사실상 한국 영

3장 | 한민족의 딸이 된 기지촌 여성

토가 아니라는 널리 퍼진 통념을 바탕으로, 이곳에서 일하는 성매매 여성이 짊어진 묵직한 낙인은 윤금이를 민족주의 틀 안으로 통합하려는 노력에도 불구하고 결코 사라지지 않았다. 조지 모스(1988)나 셰리 오트너(1978)가 보여주었듯, 여성은 민족국가와 같이 더 큰 구조의 상징적 구성물이 되곤 한다. 즉 민족주의적 기획을 밀고 나가려는 지배층에 의해 여성은 고결함, '좋은' 도덕적 평판, 정조와 같은 미덕을 갖추도록 성적 순수성을 단속해야 하는 주체로 등장한다. 폭력적이라고 추정되는 한미관계에 대한 아이콘이자 상징을 기지촌 여성으로 설정한다는 것은 일견 전복적으로 보인다. 하지만 좀 더 자세히 들여다보면 그러한 전유는 전통적인 여성의 고결함 개념을 한 치도 약화하지 않는다. 기지촌 여성은 계속해서 훌륭한 여성의 행실이라는 영역 바깥에 존재하는 사회적 유형으로 그려지면서, 민족 공동체의 가장자리에 위치하는 동시에 공동체의 무결함과 도덕적 우월성을 위협하는 존재로 여겨진다. 만약 윤금이에 대한 사후 평가를 통해 기지촌 여성이 민족의 영역에 포함된다면, 그것은 윤금이를 불행한 피해자의 역할에 굳게 붙박아둘 때만 가능하다. 이렇게 기지촌 여성을 피해자 혹은 가해자로 보는 케케묵은 이항대립은 윤금이 사망의 여파로 재평가되어 다시금 힘을 얻었고, 페미니스트 활동가들이 반성매매 의제를 내걸면서 더욱 강화되었다.[7]

기지촌의 성 산업 유입 여성이 겪는 성 착취와 폭력은 한민족 전체의 수난에 대한 너무나도 깔끔한 알레고리로 사용됐다. 따라서 1990년대 초 윤금이의 고난은 한민족이 (처음에는 일본, 이제는 미국이라는) 사악한 외세의 탄압에 끝없이 시달린다는 민족 담론을 형성하는 데 큰 도움이 되었다. 박정희와 전두환 집권기에 한국의 공동체는 대부분 군인의 민족으로 상상되었는데, 실라 야거 (2003)가 분석했듯이 이제는 민족을 억압당하는 여성에 비유하는 새로운 상상력이 좌파 민족주의자 사이에서 더 많은 자리를 차지하고 있다.[8] 이는 궁극적으로 군인-민족이라는 세계관만큼이나 가부장적 세계관에 단단히 뿌리박고 있다.

> [여성은 부지불식간에] 한국의 인종적(내부적) '순수성'과 관련한 우려의 대상인 동시에, (외부의) 이질적 '오염'에 적극적으로 저항하는 주체가 된다. (……) 여성의 순결에 대한 위협(결혼도

---

7 기지촌 문제에 관여한 주요 단체 활동가들은 반성매매 입장을 고수했고, 지금도 마찬가지다. 이들의 관점으로 보면, 미군기지 근처에서 성 산업에 종사하는 여성들은 명확한 피해자다. 성매매는 완전히 금지되어야 할 일이기 때문이다. 오늘날 성매매를 다루는 한국 단체에 널리 퍼져 있는 반성매매 관점에 대해 인류학자 실링 청은 비판의 목소리를 낸다. 그의 비판은 전 세계에서 성매매를 연구하는 많은 사회과학자나 활동가의 주장과 유사한 지점이 많다 (Agustin 2007; Berman 2003; Doezma 1998; Kempadoo 2005; Kempadoo, Doezma 1998; Weitzer 2000, 2005를 참고하라).

"무력함과 불행에만 초점을 맞추면 시민권과 정치권에 명시된 자율성 있는 개인을 재생산할 뿐, 여성을 취약하게 만든 경제적·사회적·문화적 권리에 대한 논의는 주변화되고 만다" (Cheng 2010: 197).

8 인류학자 실라 야거는 1980년대 좌파 민족주의자들이 어떻게 성적 은유를 가미한 수사를 쓰기 시작했는지 설명한다.

"분단된 한반도에서 매우 자주 등장한 이미지는 겁탈당한 한국 여성의 모습이었다. (……) 강간과 폭력이라는 성적 비유는 반체제 지식인들이 나라의 분단을 묘사할 때 사용하는 탈구된 세계의 상징으로 자주 등장했다."(Jager 2003: 68)

3장 | 한민족의 딸이 된 기지촌 여성

그 연장선상에 있다)은 민족의 '내부적'(인종적) 연속성에 대한 위협으로 인식되었다.(Jager 2003: 73)

게다가 좌파 민족주의 운동은 윤금이의 서사를 전유하면서도 윤금이 개인에 관한 자세한 정보, 개인사, 동기가 끼어들 공간은 거의 허용하지 않았다. 윤금이는 스스로 자기 이야기를 할 수 없었고, 이와 함께 다른 모순적 목소리들도 배제되어야만 했다. 최초로 책을 통해 자신의 경험을 공개한, 기지촌의 전직 성매매 여성이자 자서전 『아메리카 타운 왕언니 죽기 오분 전까지 악을 쓰다』(2005)의 저자 김연자가 그 사례다.

> 윤금이보다 먼저 죽은 여성들도 수십 됐다. 하지만 도움을 청했을 때 우리를 도우려는 사람은 아무도 없었다. (……) 나는 윤금이가 반미 시위의 도구로 쓰였을 뿐이라고 본다.

1990년대 초에 기지촌을 연구한 학자이자 활동가인 한국계 독일인 한정화의 주장도 이와 궤를 같이한다.

> 여성이 내린 결정이 진지하게 받아들여진다면, 더는 여성을 민족의 피해자로 마음대로 내세울 수 없을 것이다. 사실 그보다 여성은 [한국] 사회의 도덕적 이중 잣대와 민족주의의 피해자다.(Han J. 2001: 99에서 재인용)

동맹의 풍경

멸칭인 '양공주' 또는 '양갈보'로 불리던 기지촌 여성들 몇몇은
침묵하는 피해자라는 협소한 역할에 수십 년간 저항하면서 한국
시민과 미군 간의 경계를 온전히 유지해주는 것이 자신의 주요
역할이라고 주장했다. 이들은 남한의 군사정권과 이에 반대하는
시민 모두가 반복적으로 사용했던 민족주의 개념을 다시금 활용
하면서 국가 경제와 안보에서 자신들이 얼마나 중요한 역할을 했
는지 소리 높여 말했다. 가령 한 기지촌 여성은 좌파 월간지《말》
과의 인터뷰에서 이렇게 주장했다.

그들[미군]은 매춘할 수 있는데도 강간합니다. 매춘이 없다면
어떻게 될까요? 미군기지 근처에서 우리나라 여성이 강간당하
는 사례가 늘어나지 않겠어요? 우리는 이런 일이 일어나는 걸
막아주는 방파제입니다. 우리는 우리가 하는 일 때문에 멸시받
아서는 안됩니다.(Cheng 2010: 68에서 재인용)

자기 가치를 증명하려는 개인의 노력은 때때로 여성의 사회적
지위를 회복하기 위한 집단적 노력으로 확대되기도 했다. 이는
2014년 7월 25일 한국 정부에 소송을 제기함으로써 절정에 달했
다. NGO 네트워크의 지원을 받은 122명의 여성 청구인들은 자
신이 과거에 겪었던 부정의는 한국을 대신해서 한 일이므로 정부
가 보상해야 한다고 주장했다. 전직 성매매 여성 김숙자는《로이
터》를 통해 "당시에는 우리를 애국자라고 칭했지만 이제는 거들

떠보지도 않는다"라고 말했다. "우리는 총검으로 싸우진 않았지만, 나라를 위해 일하고 달러를 벌어들였다"(Park J. 2014).

이종교배라는 낙인

어빙 고프먼(1990[1963])이 말했듯 낙인은 "심각하게 불명예스러운 속성"이며, 낙인찍힌 이는 "온전한 정상인에서 오염되고 가치 없는 사람"으로 격하된다. 한국 기지촌 여성의 평판을 높이려는 노력이 있어왔지만, 그럼에도 이들에게 찍힌 낙인의 무게는 여전히 무겁다. 이들은 미군과 성관계를 맺는다는 이유로 멸시받는다. 보통 한국인들은 그러한 행위가 여성의 가치를 떨어뜨린다고 보는 것이다. 진부한 말이지만, 이들은 외국인과 성관계를 맺음으로써 한민족을 이종교배라는 중대한 위협에 노출시킨다. 기지촌 여성은 인종 혼합이라는 위험을 육화한 존재로 이해되고, 특히 미군의 아이를 낳은 여성은 더욱 그렇다. 기지촌 여성들의 인생사가 한미 간의 위험한 혼종을 예증하는 가운데, 이들의 '혼혈' 자녀는 미군과의 '오염된' 조우를 보여주는 살아 있는 증거가 된다.

한국전쟁 이후 10만여 명의 여성이 소위 말하는 '군인 신부military brides'로 미국에 이주했다.[9] '군인 신부'의 파경은 매우 흔한 일이었던 것 같다. 그레이스 조의 연구에 따르면, 배신, 신경쇠약,

자살, 노숙과 관련한 이야기가 한국계 미국인 디아스포라를 따라다녔다(Cho 2008).[10] 이러한 여성 중 일부는 시련을 겪은 뒤 한국으로 돌아와 다시 기지촌으로 향했다. '정숙한' 한국 여성에 관한 집단적 상상에서 저만치 떨어진 인생을 경험한 이들이 갈 수 있는 유일한 곳이었기 때문이다. 이제 이들은 애초에 미국으로 떠나본 적 없고, 친구나 가족과 오래전에 연락이 끊겨 더는 갈 곳이 없는 나이 든 한국 여성들과 함께 기지촌에서 지낸다(Moon 1997).

이들의 자녀는 미국인 아버지에게 버림받은 경우 한국 학교, 동네, 직장에서 일상적 차별을 겪는다. 이를 피하기 위해 아이를 해외에 입양 보내는 경우가 많았다. 기지촌 여성의 아이 중 몇 명이 입양됐는지는 정확히 알 수 없다. 1955~2000년에 대부분 혼외자인 대략 14만 명이 해외로 입양되었는데, 이들 중 상당수가 미군과 한국 여성 사이의 아이였다. 국제 입양은 1970년대에 주

---

9 "군인 신부는 여러 가족 구성원을 돌봐야 했고, 기나긴 이민 사슬의 첫 번째 연결 고리로서 1970년대와 1980년대 초에 미국으로 향하는 대부분의 한인 이주를 가능케 했다. 실제로 1965년 이후 미국으로 이민 간 한인 중 40~50퍼센트는 군인 신부와 직간접적으로 연관되어 있다."(Kim J. 2008: 292)
조디 킴은 미군이 한국에 주둔한 이래로 기지촌에 고용된 100만 명의 여성 중 10만 명이 이민자라고 주장한다. 미국 내 군인 신부들의 삶에 관해 쓴 그레이스 조(Cho 2008)와 여지연(Yuh 2002)의 작업과 비교해보라.

10 "1945년 이후 결혼한 10만 쌍의 한국 여성·미국인 군인 부부 중 80~90퍼센트가 별거하거나 결국 이혼을 했다고 한다. 이는 경험적 수치가 아니라 일화적 수치에 가깝지만, 미국 내 한국인 군인 신부를 연구하는 한미 학계 내 소규모 집단뿐만 아니라 활동가들도 이 수치를 언급한다."(Schuessler 2015)

한미군 수가 급감하자 그제야 감소했다(Lankov 2007: 252).

게다가 당시에는 아이의 아버지가 한국인이어도 그 가족이 기지촌 주위에서 너무 오래 지내면 한국 사회에서 배척당했다. 이는 어느 오후 의정부 근처 기지촌에 들렀다가 알게 된 사실이다. 그곳에서 만난 김씨는 기지촌 미군 클럽에서 종업원으로 일하는 40대 여성이었다. 캠프 스탠리 측면 게이트 근처의 한 햄버거 가게에서 김씨와 그녀의 열일곱 살짜리 딸을 만났다.

김씨는 10년 전 두 아이를 데리고 남편에게서 도망쳐 기지촌으로 왔다. 그녀는 5년간 미군 클럽에서 일했는데, 기지촌에서 계속 살고 싶다고 했다. "일은 괜찮아요. 게다가 기지가 폐쇄되면 달리 갈 데가 없어요. 아이들이 여길 너무 싫어하는 게 문제긴 하지만……." 김씨는 아이들의 미래 때문에 근심이 많았다. "애들한테 계속 말해요. 너희가 스무 살이 되면 내가 해줄 수 있는 게 아무것도 없다고. 대학 학비도 대줄 수 없고, 아무것도 도와줄 수 없다고. 그리고 저도 조금은 혼자 제 삶을 살고 싶기도 해요." 김씨의 아들은 열여섯 살이었고, 아들과 딸 모두 저녁이 되면 집 밖에 나서는 것조차 싫어한다고 했다. "미군을 무서워하나요?"라고 묻자, "아뇨. 무서워하는 게 아니라 그냥 싫어하는 거예요. 여기 있는 모두가 깡패라고 생각하거든요"라고 답했다. 김씨는 말을 이어갔다.

시댁 식구들이 아들한테 계속 그런 식으로 말해요. 영화에서 보

동맹의 풍경

면 깡패들이 온종일 클럽에 앉아 담배 피우고 침 뱉고 있잖아
요. 아들이 저보고 이렇게 말하더군요. "엄마, 엄마도 깡패지?"

60대로 보이는 햄버거 가게 주인은 왕년에 엄청난 미인이었던
데다가 배우였다고 했다. "하지만 지금 내 꼴을 봐요." 그녀는 햄
버거를 만들러 카운터로 들어가면서 웃으며 말했다. 가게는 작
고 허름했다. 거무튀튀한 가구들은 마치 1980년대에 온 듯한 느
낌을 주었다. 의자와 테이블은 더는 하루도 못 버틸 것처럼 위태
로웠고, 달랑 하나뿐인 선풍기는 열을 식혀주기는커녕 먼지를 일
으키는 것 같았다. 벽에 걸린 것 중 유일하게 장식물처럼 생긴 물
건은 야한 포즈를 취하고 있는 풍만한 미국 여배우의 흑백사진이
담긴 액자 두 개였다. 그 옆에는 아프리카계 미국인 군인의 사진
몇 장이 있었다. "재밌는 녀석이에요. 항상 가게에 왔었죠. 지금
은 이라크에 있고요." 주인은 환풍기 소음 너머로 크게 외쳤다.
   그때 스무 살쯤 돼보이는 군인이 가게에 들어섰다. 음식을 주
문하면서 주인에게 클럽 근처로 배달해달라고 했다. "알겠어." 주
인이 답했다. 가게를 나선 남자가 거리를 지나가는 필리핀 여성
에게 영어로 이렇게 외치는 소리가 똑똑히 들렸다. "야, 쌍년! 야,
너 말이야, 쌍년아!" 김씨의 10대 딸이 김씨에게 그 말뜻을 물었
다. 김씨는 나를 보고 싱긋 웃더니 한국말로 말했다. "몰라, 뭐라
고 했는지." 그녀는 딸이 알아듣지 못하게 영어로 덧붙였다. "쟤
네가 욕할 때면 전 그냥 모르쇠 해버려요……."

윤금이는 기억하고, 자매들은 망각하라?

프랑스의 역사학자 에르네스트 르낭Ernest Renan은 "망각은 민족 형성의 핵심 요소"라 했다(2001: 166). 하지만 한국 역사의 이 특수한 순간을 통해 알 수 있듯, 상상된 공동체의 비전을 지배적 내러티브로 삼으려 한 한국의 민족주의 운동에는 주변화된 목소리들을 **포섭**하는 적극적인 순간이 더 중요했다. 그러한 방식으로 신체와 성노동, 살아온 경험이 해부되고 재조립된 여성들은 갈수록 낙인찍히고 주변화되었다. 이들이 사는 곳 또한 위험을 불러일으키는 공간이라는 낙인이 이미 찍혀 있던 데 더해, 이제는 그 자체로 위험에 처한 공간이 되어버렸다.

한편 사회가 전에 없이 풍요로워지자 기지촌 공간도 크게 바뀌었다. 이제는 한국 여성 대신 외국인 여성이 미군 클럽에서 일한다. 이는 오늘날 세계 경제에서 한국이 맡은 역할이 급격하게 바뀌었음을 징후적으로 보여준다. 한국은 자본주의적 착취 영역을 더욱 확장했고, 한국을 매력적 정착지로 여기는 이주민들의 잉여 노동을 뽑아내고 있다. 그리하여 기지촌에서는 이제 필리핀을 비롯한 여러 나라에서 온 여성 이주노동자들이 다양한 인종과 사회적 배경을 가진 미군과 어울린다. 미군들은 예전에 비해 소비력이 줄어든 데다가 1990년대 민주화 이후 새로운 상징성이 부여되면서 자신들이 '제3세계' 접대부만큼이나 한국에서 소외되고 있다고 생각한다. 이 역학에 대해서는 다음 장에서 살펴볼 것이다.

전성기였던 1960~1970년대에 비하면 기지촌 여성의 수는 확실히 급감했다. 2009년에는 대략 2300명의 여성이 E-6 엔터테인먼트 비자(이하 'E-6 비자')로 한국에 입국해 대부분 기지촌 클럽이나 술집으로 향했다. 이 새로운 여성들의 목소리는 그리 놀랍지 않게도 한국의 공적 담론에서 거의 들리지 않고, 기지촌은 점차 잊히고 있으며, 윤금이 시대 때 이곳의 사회적 환경에 울분을 토했던 민족주의자들도 이제는 신경 쓰지 않는다. 기존의 한국인 '양공주'와는 달리, 이 여성 이방인들은 한민족의 일원이 될 자격 여부로 그 경계가 정해지는 상상된 도덕 집단moral circle의 바깥에 존재하는 이들이다. 이들이 성매매로 힘겹게 번 돈 대부분이 한국인 클럽 사장과 마담의 주머니로 들어간다는 사실은 사람들의 분노를 그리 유발하지 않는 것 같다.

한국의 시계視界에서 자꾸만 지워지는 공간을 두고 상징적 투쟁이 벌어진 뒤 관심을 한 몸에 받은 기지촌은 아이러니하게도 갈수록 주변화되었다. 또한 한미관계를 묘사할 때 흔히 등장하던 형제애의 이미지는 미국인이 한국 여성을 넘본다는 고통스러운 깨달음으로 인해 퇴색되어갔다. 민족의 (남성) 시민에게 혈통적 긴장감과 성적 긴장감을 불러일으킨다는 이유로, 좌파 민족주의 활동가들이 기지촌 여성의 형상을 억압받는 민족의 상징으로 활용했을 가능성도 고려해야 한다. 민족을 유린당한 여성이라는 육체적 이미지에 비유하는 데는 감정적 장점이 있는데, 정치적 격동기에 그에 따라 생각하고 행동하기 쉬운 지침이 될 수 있다는 것이다.

기지촌 사람들의 목소리

주변화된 초국적 군사 유흥지에서의 위험과 몰두

기지의 그늘 아래에서

로즈는 자기 식당 앞에 친구들과 함께 앉아 있다. 그녀는 같이 커피나 마시자며 나를 초대했다. 30대 한국 여성 로즈는 전에 일하던 미군 클럽에서 술을 너무 많이 마신 탓인지 실제 나이보다 족히 열 살은 더 들어 보인다. 그녀가 기지촌에서 운영하는 식당은 장사가 그리 잘되지는 않는다. 최근에 군인들이 평택으로 재배치되면서 주민들은 꽤나 타격을 입었다. 로즈도 3년 전까지는 그럭저럭 꾸려가던 작은 클럽을 닫아야 했다. 지금 운영하는 식당 사정이 더 낫다고 할 순 없지만, 로즈는 그래도 한국인보다 미군 손님을 받고 싶다고 한다. "한국 사람들은 지가 왕인 줄 알아요. 우리를 노예 부려 먹듯 하죠. 미군들은 호들갑도 안 떨고, 뭘 해달라고 하지도 않고, 헛소리도 안 하고, 그냥 와서 푸지게 한 끼 먹고 가거든요."

이곳 미군기지가 영구 폐쇄된다면 로즈는 다른 기회를 잡을 거라고 했다. "여길 뜨고 미국으로 가야죠." 그녀는 아들을 위해서라도 이주를 고려하고 있다. 사업이 기울면서 열여섯 살 아들의 장래를 더욱 걱정하게 된다. 아들은 아버지가 미군이라 인생 대부분을 미군 학교에서 보냈다. 한국어를 읽고 쓰고 말할 순 있어도 한국 대학 입시를 치른다면 같은 나이대 학생들에 비해 크게 뒤처질 것이다. 로즈는 요즘 아들이 "온갖 사고를 치고 다녀서" 골치 아프지만, 미국에 있는 아이 할아버지와 종종 전화 통화를 할 수 있어 안도한다. 할아버지는 계속해서 "애라서 그래. 시간이 지나면 괜찮아질 거야"라고 말한다. 아이 아버지와는 연락이 거의 닿질 않는다. 아들 생일이나 크리스마스에 선물도, 카드 한 장도 보내지 않는다. 그녀는 "재수 없는 놈"이라며 이렇게 이야기를 맺었다. "그놈은 나보다 돈도 훨씬 많으면서 자기 아들한테는 아무것도 안 해줘요……. 한번은 우리 애가 저한테 뭐라고 한 줄 알아요? '난 아빠가 없는 거지?'라고 했다니까요."

클럽 접대부인 30대 초반 여성 유씨는 자신이 무슨 일을 하는지 말해줬다. 그녀는 같이 일하는 젊은 필리핀 여자들을 보면 짜증이 난다고 했다. 유씨에게 거의 말을 걸지 않고, 인사할 때조차 조롱 섞인 투여서 모욕감을 느끼게 한다는 것이다. 유씨는 이들

동맹의 풍경

이 뒤에서 자기 욕을 하는 게 틀림없다고 했다. 자기들끼리 타갈로그어를 써가면서 기분 나쁘게 낄낄거리기 때문이다. 그래도 스물두 살의 러시아 여성 나탈리아가 있어서 다행이라고 했다. 하지만 그녀는 과음할 때면 매우 공격적으로 변하고 러시아어로 모두에게 욕을 퍼부어대며 자기가 싫어하는 여자들을 막 대한다. 한번은 몽골인 접대부와 대판 싸워 머리카락을 한 움큼 뜯어낸 적도 있다. "나탈리아가 과음할 때면 정신이 돌아올 수 있게 푹 재워요. 그래야 나중에 다시 일하죠." 클럽 여성들 간에 긴장감이 감도는 것은 최근 들어 돈 때문에 스트레스를 받기 때문이라고 했다. 지난 몇 주간 클럽에는 손님이 거의 없었고, 매출은 나날이 떨어지는 듯했다.

지난 장에서는 1990년대에 한국에서 더욱 뚜렷해진 상징적 투쟁이 어떻게 기지촌을 민족적 관심의 대상으로 만들었는지 살펴보았다. 정치적 격동기에 기지촌은 상상력에 활기를 불어넣었다. 기지촌을 무서운 곳으로 묘사해 폭력적인 상상을 불러일으키는 사회적 관행이 늘어났고, 개인의 폭력 행위는 한민족과 연관된 문제로 재정립되었다. 하지만 거시적인 한미관계를 바꾸려는 정치적 기획을 통해 축적된 이 이미지들은 내가 2000년대 후반에 목도한 기지촌의 현실을 온전히 담아내지 못하고 있다. 내가 본 기지촌은 1980~1990년대의 민족적 상상에 스며든 이미지처럼 미군이 한국 여성을 학대하는 곳이 아니라, 다양한 행위자들이 특별한 풍경에서 서로 조우하는 주변화된 초국적 공간이었다.

이러한 만남에는 무한한 가능성이 잠재되어 있겠지만, 실제로는 성매매를 부추기는 미시적 경제 시스템 안에서 군인, 외국인 접대부, 한국 여성이 서로 대립하는 경우가 많다. 특히 한국인 클럽 사장은 이윤이 남지 않는, 남녀 간에 금전이 오가지 않는 관계는 배제하려 든다. 성애화된 접대가 모든 경제활동의 정중앙에 놓이는 기지촌에서 젊은 외국 여성만큼 경쟁력을 갖기는 힘든 나이든 한국 여성은 주변부로 밀려난다. 여성의 가치는 클럽에 들르는 미국인 고객의 관심을 얼마나 끄는지에 따라 결정된다. 젊고 매력적인 여성은 나이가 많은 여성보다 밥벌이에 훨씬 유리하다.

내가 기지촌에 들렀던 2009년,[1] 벌이가 좋으리라 짐작되는 젊은 접대부와 부실한 벌이에 만족해야 하는 나이 든 접대부는 대개 국적이 달랐다. 젊은 접대부는 필리핀이나 중앙아시아 출신이고, 30~40대 이상의 한국 여성은 접대 일에서 밀려나 클럽의 일상 업무를 관리하거나 바텐딩, 서빙, 청소 등을 하는 경우가 많았다. 한국 여성이 더 나이가 들어 이런 저임금 노동조차 할 수 없게 된다면 정부가 주는 최소한의 생계 지원금이나 기독교 단체 또는 NGO가 모은 기부금에 의존해 살게 될지도 모른다.

외국인 접대부가 성관계를 한다고 해서 수완이 꼭 좋은 것은 아니다. 이들은 매달 400달러 정도의 기본급을 받으며, 군인에게 비싼 음료를 팔면 그 수수료를 받는다. 추가로 돈을 벌 수 있

---

1 나는 2009년에 5개월간 두레방에서 자원활동을 하면서 의정부, 동두천, 송탄, 안정리, 파주 근방의 여러 기지촌을 방문했다.

동맹의 풍경

는 또 다른 방법은 '바 파인bar fine'을 내고 고객과 함께 클럽 밖으로 나가는 것이다. 바 파인은 손님이 저녁 시간 동안 접대부를 술집 밖으로 데리고 나가기 위해 클럽 사장에게 주는 돈을 말하며, 비용은 최소 100달러다. 일반적으로 접대부는 그 금액의 일부만 받기 때문에 클럽 사장 몰래 고객과 만나고 싶어 한다. 사실상 바 파인은 성매매 비용과 동의어다. 하지만 바 파인의 의미나 그 만남의 조건이 모호해서 클럽 사장은 성매매 조장 혐의를 피할 수 있는 한편 모든 불법 거래의 대가는 접대부가 지게 된다. 고객을 어느 선까지 접대할지는 접대부가 스스로 결정한다는 것이다. 하지만 실제로는 여성과 함께하기 위해 거금을 지불한 군인이나 클럽 매니저가 은근하게든 직접적으로든 하룻밤 성 접대를 요구하는 경우가 흔하다.

이러한 금전적·성적 활동이 펼쳐지는 동안, 기지촌의 수많은 일상은 군인과의 짧은 만남을 비금전적 영역, 즉 사회적 의무, 장기적 헌신, 어쩌면 사랑이라는 영역으로 재구성하려는 여성들의 노력을 중심으로 돌아간다. 여성들은 클럽에 오는 남성과 맺는 순전히 거래에 기반한 관계를 깨부수기 위해 다양한 전략을 동원한다. 그런 점에서 이들은 클럽에서 일했던 전임자, 즉 미국인 남편을 찾겠다는 명확한 목표가 있던 한국 여성들과 닮아 있다.

기지촌의 나이 든 한국 여성과 젊은 외국 여성 간에 긴장이 감도는 데는 또 다른 이유가 있다. 시간이 지날수록 '좋은 사람'을 찾을 기회가 급격하게 줄어드는 한국인들은 군인과의 관계 맺기에 실패했던 숱한 과거를 돌아보며 아쉬워하는 한편, 젊은 외국인들에게는 여전히 희망이 있기 때문이다. 만날 때마다 취해 있던 30대 중반의 한국 여성 수지는 여러 술집을 드나들며 필리핀 여성들에 대해 큰소리로 불평했는데, 거기에는 그녀 인생의 핵심적인 딜레마가 잘 담겨 있다. "맞아요. 한때는 저도 이 남자 저 남자 다 만나고 다녔죠. 하지만 남자들은 저한테 못되게 굴었어요. 이젠 진절머리가 나요. 이젠 남편을 원해요. 그냥 사랑받고 싶을 뿐이에요."

희망과 몰두의 이중주

기지촌의 필리핀 여성들은 자기 직업에 새겨진 사회적 낙인을 뒤로한 채 기회를 거머쥐기 위해 군인 고객에게 인생을 걸기도 한다. 2002~2003년에 한국에서 필리핀 접대부들과 수차례 인터뷰를 진행한 샐리 예는 여성들이 자기 일을 이해하는 낭만적 토대를 일종의 "사랑의 노동"이라고 불렀다. 그녀는 삶을 낭만적으로 프레이밍하는 행위가 무척 불쾌한 환경에서 일하는 와중에도 이주여성에게 어느 정도 행위 주체성을 부여하고, 일시적으로나마 성매매에 따라붙는 낙인을 극복하게 해준다고 보았다(Yea 2005: 457). 실링 쳉은 「사랑을 위한 이주에 대하여」에서 "희망은 (……) 그녀들의 초국적 움직임을 추동한다"라며 그와 비슷한 주장을 펼친다(Cheng 2010: 222). 밝은 미래를 상상하며 기지촌에서의 현재 삶을 의미 있게 만들려는 외국 여성들의 노력에서 미군 남자 친구는 중요한 역할을 한다. 쳉에 따르면, 군인은 여성들의 "가장 중요한 관심사이자 가장 선호하는 지원군"이다(2010: 6).

> 필리핀 여성과 미군 사이의 기이한 친밀감은 기지촌에서의 핵심 주제다. (……) 정치적·경제적·역사적 지배/피지배 관계라는 이들 간의 구조적 관계가 미군과 위안 시설 여성에 관한 담론을 지배해왔기에 그 관계는 '기이하다'.(2010: 6)

이처럼 희망에 초점을 맞추는 시각은 최근 많은 인기를 끌고 있는 사회인류학의 추세를 반영하는 것이기도 하다. 예를 들면 미야자키 히로카즈(2004, 2006)는 희망이 다양한 지식 생산에 등장하는 방식들을 탐구해야 한다고 주장했다. 빈센트 크라판자노(2004)는 정보원의 '상상적 지평선imaginative horizons'이 유용한 문화기술지 연구가 이루어질 수 있는 잠재적 영역이라고 보았고, 아르준 아파두라이(2013)는 불확실성을 관리 가능한 위험으로 바꾸기 위한 "희망의 정치학"을 옹호했다. 또한 이주 경로와 희망의 관계를 분명하게 밝혀낸 프랜시스 파인(2014)은 "희망은 상상력, 시간과 그 진행 감각, 더 나은 미래 혹은 변화의 가능성을 믿고자 하는 욕망에 기초한 복잡하고 다층적인 개념"이라고 했다. 더 나은 미래에 대한 희망을 품고 기지촌에서의 일상을 관리하는 능력에 이주여성들의 행위 주체성을 위치시키는 분석적 접근은 의심할 여지 없이 수십 년간 성매매/성노동 관련 연구의 지배 담론이었던 '피해자성 대 행위 주체성' 논쟁에 크게 이바지했다.[2] 성매매는 세계적으로 엄청나게 다양한 행위와 체제를 수반하는 것으로 악명 높은데, 한국 기지촌의 사례는 이에 대한 포괄적 논의를 하는 데 기여하는 바가 크다. 하지만 여기서 내 목표는 이러한 논의를 이어가는 것이라기보다는, 기지촌 시스템의 독특한 특징을 잘 분별해내는 데 있다. 즉 고도로 군사화된 환경에서 만나게 된 접대부와 군인 고객이 지구 절반에 분포하는 미국의 안보체제를 위해 그들의 노동을 전유하는 시스템에 휘말리게 된다는 점 말이다. 나는 성노동자들의 행위 주체성을 강조하는 운동을 전적으로 지지하는 한편, 이 행위자들이 타협해야 하는 더 큰 구조적 힘에 관심을 기울이는 것도 중요하다고 본다.

한국의 미군기지 근처에 홍등가가 등장한 더 큰 역사적 원동력들을 염두에 둔 뒤 기지촌에서 조우하는 남녀를 생각해보면 또 다른 질문이 떠오른다. 기지촌 여성들을 단순히 피해자로 묘사하는 위험을 피하면서 군사주의를 다시금 적극적으로 이 문제에 적용해볼 수 있을까? 또한 한국의 민족주의자들이 주장하는 것보다 기지촌 시스템을 유지하는 데 노골적인 폭력이 기여하는 바가

---

2 샐리 예와 실링 쳉의 발견은 다른 연구자들이 발견한 사실과도 흡사하다. 인류학자 리바 파이어(Faier 2006)는 일본의 필리핀인 접대부 연구에서 일본 시골의 이주여성들이 주요 담론적 도구로서 낭만적 사랑 개념을 사용한다는 사실을 보여준다.

동맹의 풍경

적다면, 기지촌 행위자들을 그 자리에 있게 만드는 조금 더 부드러운 힘은 무엇일까? 다소 일반적인 '희망'이라는 말은 만족스러운 답을 주지 못할 수도 있지만, 우리를 흥미로운 방향으로 이끌어준다. 개인적 열망, 집단적 상상력, 다양한 시간적 지향점이 전 세계의 미군 기반 시설과 관련한 현지의 구조물(가령 기지촌 세계)에 대항하는 곳으로 우리를 이끌어줄 것이다.

1장에서 살펴본 것처럼, 군사주의는 군사적 관행을 이해하는 방식과 연관된 이데올로기의 문제가 아니라 실제 사회관계에 중요하면서도 잘 알려지지 않은 영향을 미치는 현상이다. 이는 노골적이든 아니든 간에 다양한 방식으로 시민들의 일상에 스며든 경우가 많다. 한국의 기지촌 지역은 미군이라는 특정 군대의 자장 안에서 벌어지는 성적·낭만적 조우의 영향을 살펴볼 수 있는 풍부한 자료를 제공해준다.

스리랑카 군인과 그 애인에 관해 연구한 산디아 히와만(2013)은 '몰두'라는 개념을 활용해 고도로 군사화된 환경에서 성적·낭만적 관계를 유지하는 데 투입되는 엄청난 감정적 작업을 포착한다. 그녀의 연구 현장에서 군사주의는 민족주의 이데올로기라는 담론에 머물지 않고, 하층민 군인과 성적으로 접촉하는 스리랑카 남부 노동계급 여성들이 "평화로운 영역으로 여기는 친밀한 일상 공간"에 배어 있다. 히와만은 자신이 만난 여성 공장노동자들을 "전쟁에서 아군의 총격에 사망한 사람들"로 묘사하면서 **점령** occupation이 어떻게 고통, 두려움, 폭력과 함께 때때로 기쁨, 자부심, 희망, 기회와 같은 다양한 정동affect을 수반하는지"에 대해 살펴본다. 이들은 실제로 군인 애인을 위해 엄청난 감정노동을 하지만 성공 사례는 극히 적다. "군인이 (……) 노동자 애인과 결혼했다는 얘기가 가끔 들렸지만, 대부분은 바람피우고 애인을 학대하고 그들을 버렸다."

'몰두preoccupation'는 기지촌 여성이 미군과의 강렬한 감정적·성적 만남을 만들어내고 유지하려는 모습을 탁월하게 포착해낸 개념이다. 오늘날 이 말은 완전히 몰입한 정신 상태라는 의미로 쓰이지만, '먼저 점령하다'라는 뜻의 라틴어 'praeoccupare'에서 파생되어 군사적 의미 또한 함축하고 있다. 미래에 대한 사람들의 적극적 관여를 가리키기도 하는데, 가령 16세기까지만 해도 이 단어는 '반대에 미리 반박하는 것'이라는 의미로 사용되었다.[3] '몰두'의 이러한 두 가지 오래된 의미를 참조해, 여성들의 성애화된 노동에 투입되는 폭넓은 감정적 스펙트럼을 다뤄볼 수 있을 것이다. '희망'은 주로 개인의 선택, 열망과 굳게 연결된 정서와 감정을 가리키는 한편, 내가 이해하기에 '몰두'는 정동과 훨씬 밀접하게 연결되어 있다. 즉 우리와 같거나 같지 않은 사람들과의 조우에서 사람들의 감정적 동요가 어떻게 깊이 체현된 경험이자 중요하게는 집단에 관여하는 현상이 될 수 있는지를 강조한다(Mazzarella 2009, 2015).

3 『옥스퍼드 영어 사전』(www.oed.com)에서 'preoccupation'의 뜻을 참고하라.

매일 밤 기지촌에서 펼쳐지는 군인과 여성 간의 무수한 감각적·감정적 상호작용은 궁극적으로는 이곳의 불공정한 시스템을 유지시키는 '부드러운' 힘일 수 있다. 기지촌이 군인들에게는 일과를 마친 뒤 자유 시간에 들러 '스트레스를 풀 수 있는'[4] 압력 밸브 역할을 해준다면, 여성들에게는 욕망, 불확실성, 괴로움, 희망의 공간이기도 하다. 윌리엄 마자렐라(2009)에 따르면, 정동은 권력 구조의 핵심 요소다. "물리력만으로 강제되지 않는 모든 사회적 기획이 효력을 발휘하려면 반드시 정동적이어야 한다."[5] 만약 이 엄청난 주장을 진지하게 받아들인다면 기지촌은 냉전의 불안에서 비롯된 역사적 기획이자 수많은 젊은 외국 남성이 한 장소에서 불러일으키는 위험을 관리하는 경제적·정치적 해결책이며, 사람들이 일시적으로 살아내야 하는 현실이라는 점에서 마자렐라가 말한 의미의 정동적인 사회적 기획으로 이해할 수 있다.

[4] 이는 나와 대화를 나눴던 이들이 반복해서 쓰는 표현이었고, 온라인 커뮤니티나 주한미군에게 인기 있는 블로그의 댓글에서도 발견할 수 있었다. 비무장지대 근처에 주둔했던 한 사람은 'rokdrop'이라는 블로그에 "스트레스를 풀 수 있어서 그곳이 좋았다", "그때만 해도 여자들은 시키는 건 뭐든 했고 지금처럼 욕심이 많지도 않았다"라고 썼다(GI Korea 2009). 같은 블로그에서 또 다른 누리꾼은 "열심히 일하는 육군이나 해군이 즐거운 시간 보내고 스트레스 좀 풀려는데 왜 그렇게 공격을 해대느냐?"라며 미군기지 근처 홍등가를 둘러싼 논란에 반기를 들고 이렇게 말했다. "그런 곳[성판매처]을 전부 출입 금지시켜라. 그러면 통금 시간에 묶여 있는 이 혈기 왕성한 젊은 남자들이 뭘 할까? 맞아, 동료 육군, 해군, 공군과 섹스하겠지. 잘해봐, 결과 알려주고."(GI Korea 2010)

[5] 이 책에서 깊이 다루진 않지만, 마자렐라는 정동(affect)과 감정(emotion)을 비교적 명확히 구분한다. 그의 분석에 따르면 느낌과 감정은 확실히 개인적 경험이다. 반면 질 들뢰즈와 브라이언 마수미를 인류학적으로 독해하면서 정동은 우리가 세상을 이해하는 방식에 중요한 영향을 미치는 전(前)언어적·비의식적·전(前)사회적 경험 속에서 체현되고 고정되는 것이라 설명한다.

그렇다면 군인들은 어떨까? 이들 역시 기지촌에서 만나는 접대부들에게 '몰두'하고 있을까? 밤에는 성노동을, 낮에는 치장을 하면서 (잠재적) 고객에게 끊임없이 문자를 보내는 젊은 여성들은 군인과의 관계를 만드는 데 열중한다. 내가 이야기를 나눠본 군인들 또한 기지촌에서 관계를 맺는 데 꽤 많은 감정노동을 하고 있었다. 기지촌은 군인들의 스트레스를 푸는 임시 대피처이기에 확실히 정서적으로 충만한 공간이다. 하지만 군인과 접대부의 금전적 이해가 본질적으로 상반된다는 사실을 고려하면 군인들의 '몰두'와 여성들의 '몰두'는 질적으로 다르다.

군인과 여성이 클럽에서 처음 만날 때 돈이 중요한 역할을 한다는 사실은 낭만적 관계의 출현을 어렵게 만든다. 젊은 접대부가 지워버리려고 애쓰는 '창녀'라는 낙인 역시 영향을 미친다. 몇몇 여성들이 내게 토로했듯, 어떤 군인들은 접대부가 자신이 힘들게 번 돈을 노린다고 생각한다. 하지만 또 다른 군인들은 자신과 마찬가지로 서울 외곽에 사는 노동계급의 이방인인 이 여성들의 존재를 충분히 이해하면서 이들과 (일시적) 관계를 맺는다. 그러면서 일부 군인은 접대부를 부지불식간에 악랄한 성매매 시스템에 갇힌 피해자로 보기도 한다.

4년째 한국에 주둔 중인 26세 군인 토니는 주한미군에 대한 나쁜 평판은 대개 기지촌에 "특정 목적 때문에 들어오게 된" 여성들이 존재한다는 사실에서 기인한다고 말했다. 그는 고향인 뉴멕시코에도 필리핀 여성들이 많이 산다고 했다. "정말 너무 예쁜 여

동맹의 풍경

자들이에요. 좋아할 수밖에 없죠." 최근 토니는 오랜만에 동두천 기지촌에 다시 들렀다. "클럽에서 아주 멋진 필리핀 여자를 만났어요." 토니는 바 파인을 내고 그녀와 함께 밤을 보내는 대신 데이트를 신청했다. 하지만 여성은 클럽 사장이 허락하지 않을 거라고 했다. "그게 무슨 뜻인 줄 알죠? 그 여자는 클럽에 노예처럼 매여 있는 거예요. 그런 여자들이 많아요. 안됐죠."

성 산업에 유입되는 이주여성과 인신매매 논쟁

라나는 돈 벌러 한국에 왔다. 고향인 키르기즈공화국에서는 신발 공장에서 힘들게 일하며 한 달에 20달러를 벌었다. 아파트를 사고 싶었지만 5000달러라는 가격은 턱없이 높아 보였다. 그러다가 한국 나이트클럽에서 미군과 대화하고 춤출 여성을 찾는다는 신문 광고를 봤다. 첫 6개월 동안 2000달러를 주겠다고 적혀 있었다. 그녀로서는 믿기 어려운 금액이었다. 밝고 매력적인 금발의 라나는 그 일을 하기로 했다.

지금의 라나는 그러지 않았으면 좋았을 텐데, 라고 생각한다.

(McMichael 2002)

2000년대 초, 미국의 여러 언론에서 구소련 지역과 필리핀 출신 여성들이 한국 기지촌에서 성판매하는 문제를 다뤘다.[6] 폭스

TV 계열 방송국 WJW의 기자 톰 메리먼은 클리블랜드의 안마 시술소에서 많은 한국인 성노동자를 만난 뒤 보도했다. 이들은 주로 미군을 따라 미국으로 왔다가 둘의 관계가 끝난 뒤 그곳에서 다시 성 산업에 종사하고 있었다. 이 여성들이 어떻게 여기에 오게 됐는지 항상 궁금했다고 다른 기자들에게 말했던 메리먼은 결국 심층 취재를 위해 한국의 기지촌으로 향한다(Jacoby 2002). 그는 미군기지 근처에서 한국 여성을 만나리라 기대했지만, 러시아와 필리핀 출신 접대부가 대다수였다. 그리하여 외국인 접대부를 따라다니는 미군을 비밀리에 촬영한 영상을 내보냈고, 후속 보도에서는 접대부들이 거짓말에 넘어가 한국에 오게 된 뒤 압력을 받거나 강요당해 성매매의 길에 들어섰다는 점에 집중했다. "성노예"(McMichael 2002)라는 제목의 이 보도는 미군 클럽에서 일하기 위해 E-6 비자로 한국에 들어온 이주여성 노동자를 언론이 어떻게 다루는지 잘 보여준다.

러시아 여성을 한국에 데려오는 데는 불법 알선자들이 중요한 역할을 한다. 한편 한국에 있는 꽤 큰 러시아인 커뮤니티에서 이야기를 듣고 오게 된 경우도 있다. 이태원에서 현장 조사를 할 때 만난 두 명의 러시아 여성은 돈을 빨리 벌려면 한국 클럽에서 일하는 게 좋겠다는 말을 친구들끼리 나눈 적 있다고 했다. 24세의 알렉산드라는 고향인 블라디보스토크의 실업률이 믿을 수 없을

---

6 데믹(Demick 2002), 저코비(Jacoby 2002), 매킨타이어(Macintyre 2002)를 참고하라.

만큼 높다고 했다. 많은 젊은이들은 일본이나 한국에서 일자리 찾기를 꿈꾼다. 이곳들은 고향에서 멀리 떨어진 다른 러시아 도시보다 훨씬 매력적이다. 같은 블라디보스토크 출신으로 이태원에 사는 26세 율리아나는 스물한 살 때 처음 한국에 왔다. 그녀는 최근 한국 남자와 결혼했지만 이태원 클럽에서 계속 아르바이트를 하고 있다. 율리아나의 꿈은 작은 무역 회사를 차리는 것이다. 그러면 상품들을 고향으로 보낼 수 있을 것이다. 이는 1980년대 후반부터 러시아인들이 해온 일이다. 한국에서 오랫동안 의류업을 이어온 서울 동대문 지역은 동아시아 저가 의류 무역의 중심지이다. 이에 끌린 많은 러시아인들이 한국으로 와서 소규모 소매업을 벌이며 자신의 운을 시험한다.

2003년 말에서 2004년 초에 미등록 이주민에 대한 대대적인 단속을 벌이기 전까지 대략 1만 명의 러시아인이 한국에 살고 있었고, 이들 중 상당수는 밀입국자였다(Chun 2004). 2013년을 기준으로는 1만 2800여 명의 러시아인이 합법적으로 거주 중이며(그중 5000여 명은 러시아 시민권을 가진 한국인이다), 밀입국한 러시아인은 수천 명에 달할 것으로 추정된다.[7]

미등록 러시아인이 단속당하던 시기에 한국의 NGO와 여성 인권 단체는 성매매 문제를 예의 주시해야 한다고 정부를 압박했다. 그런데 흥미롭게도 예상치 못한 아군이 반성매매 입장을 지

---

7 한국 통계청 홈페이지(http:// www.index.go.kr) 자료를 참고하라.

지하고 나섰다. 바로 미국 정부였다. 이미 2000년에 미국 정부는 인신매매 피해자 보호법을 제정했고, 다양한 수단과 방법을 동원해 인신매매의 흔한 종착지였던 성매매를 퇴치하려 했다. 이에 매년 발행하는 「인신매매 보고서」Trafficking in Persons Report를 활용했다. 여러 나라의 반인신매매 정책을 3개 등급으로 분류해 평가한 이 보고서는 타 국가에 수치심을 안겨주며 미국의 반성매매 정책을 따르게 하는 데 중요한 역할을 했다.

한국은 2001년에 이 보고서에서 '3등급'으로 분류됐다. 정부가 최소한의 기준도 준수하지 않고 의미 있는 노력도 하지 않았다고 본 것이다. 또한 2001년 보고서에서 한국은 인신매매 시장의 공급처 또는 중개국에 불과했지만, 2002년 보고서에서는 "필리핀, 중국, 동남아시아 국가, 러시아 및 기타 구소련 출신 사람들"이 인신매매되어 주로 향하는 최종 도착국에 이름을 올렸다.[8] 이러한 폭로가 이어지자 한국은 2004년에 재빨리 성매매특별법('성매매알선 등 행위의 처벌에 관한 법률'과 '성매매방지 및 피해자보호 등에 관한 법률')을 제정한다.

달갑지 않은 국제적 관심이 쏟아지자 한국 정부는 법 제정 1년 전부터 행동에 나섰다. 러시아 및 구소련 출신 여성들에게 E-6 비자 발급을 중단한 것이다. 실제로 한국 기지촌에서 벌어지는 외국 여성의 성 착취 인신매매와 같은 예민한 주제를 둘러싼 논

8　자세한 사항은 2001년과 2002년에 발행된 「인신매매 보고서」를 참고하라. http://www.state.gov/j/tip/rls/tiprpt/

쟁에서 접대부들에게 발급되는 E-6 비자는 상당히 첨예한 사안이었다. E-6 비자는 1993년에 처음 만들어졌다. 1996년에는 문화체육부가 특수관광협회(기지촌 클럽 사장들로 구성된 강력한 단체)에 미군 클럽에서 일할 접대부를 해외에서 초청할 수 있는 권리를 공식적으로 부여했다. 처음에는 세계 각지에서 여성들을 모집했으나, 결국 클럽 사장들은 "필리핀과 러시아 여성이 사업에 가장 적합하다"고 판단했다. 2001년에는 역대 가장 많은 외국 여성들이 E-6 비자를 발급받아 한국에 입국했다. 8586명이 한국에 들어왔고, 그중 81.2퍼센트가 여성이었다(Moon 2010a). 이후 미군 관련 유흥업에 유입되는 여성을 줄여야 한다는 여론이 거세져서인지 2009년에는 E-6 비자로 입국한 필리핀인이 2300명에 불과했다(Rabiroff 2009). 하지만 그 수는 다시 증가하는 추세다. 2013년에는 4940명의 이주노동자가 E-6 비자로 한국에 들어왔다. 정부 추정치에 따르면, 이 시기에 E-6 비자를 받은 이들 중 70퍼센트가 필리핀 출신이다(Lee C. 2015).

지난 20년간 미군 클럽에 새로 유입된 접대부 중 러시아인과 함께 대다수를 차지했던 필리핀 이주여성은 1990년대 중반부터 그 수가 비교적 많아졌다.[9] 이전 장에서 살펴봤듯 윤금이 사건으로 이목이 집중됐던 1990년대 초에 기지촌 지역은 궁핍해졌고, 복합적 요인으로 미군 클럽에서 일하는 한국 여성의 수도 급감했

---

9 문승숙에 따르면 1980년대 후반부터 이미 소수의 필리핀인 접대부가 기지촌에서 일하고 있었다(Moon 2010a: 341).

4장 | 기지촌 사람들의 목소리

다. 바로 그 시기에 미국의 또 다른 주요 군사 동맹국인 필리핀에서 역사적 변화가 일어났다. 1991년 9월 16일의 상원 의원 투표에서 미군 주둔을 규정하는 기지 협정이 갱신되지 않자, 그때까지 필리핀 땅에 군사 시설을 두고 상당 규모의 군대를 주둔시켰던 미군이 필리핀을 떠난 것이다(Simbulan 2009). 그리하여 한때 미군의 해외 기지 중 가장 규모가 컸던 수비크만 해군기지와 근처 클라크 공군기지가 모두 버려졌다. 그때까지 기지 근처의 지역 경제는 젊은 군인의 유입에 크게 의존해왔는데, 특히 성인 유흥업이 번창했다. 필리핀에서 미군이 한창 활동하던 시절에는 수비크와 클라크에 5만 5000여 명의 성매매 여성이 있었던 것으로 추정된다(Santos 1992: 37). 1990년대 초의 한국 기지촌은 미군 부대가 주둔하는 필리핀, 한국 간의 역사적 괴리로 인해 위기를 돌파할 수 있었다. 필리핀의 넘쳐나는 잠재적 성노동자들이 한국의 미군 클럽 사장들에게 매우 유용해진 것이다.

하지만 이후 몇 년간 한국의 미군 클럽으로 향하는 초국적 이주 노선이 불안해지기 시작했다. 클럽 사장들은 원치 않은 언론 및 NGO의 관심과 미군 측의 압박으로 경제난에 시달렸다. 미국 군대는 미군 클럽을 '출입 금지' 구역으로 정했으며, 해당 시설에서 적발된 군 복무자는 주한미군 규정 위반으로 징계했다.[10] 이 극단적 조치는 2003년 9월 미 국방부가 인신매매와 관련해 실시

---

10 '출입 금지'로 지정된 지역과 시설 목록은 다음을 참고하라. http:// www.usfk.mil/usfk/off-limits

한 '무관용 정책^{zero tolerance}'의 직접적인 결과다. 문승숙이 비판한 바와 같이, 한국에서 이 정책을 향한 우려가 쏟아진 이유는 다음과 같다.

인신매매로 얼룩진 기지촌 성매매에서 군대와 군인들이 멀어졌다. 하지만 이 정책은 강압이나 인신매매가 개입되지 않은 (가난한) 여성의 성노동을 활용해 남성 군인들을 유순하고 쓸모 있게 만드는 것에 대해서는 모호한 태도를 취한다. 계속해서 주변화된 여성을 희생시키면서 남성 군인의 이성애적 특권을 정상화하는 것이다.(Moon 2010a: 350)

기지촌에서 결연하게 단속이 진행되자 클럽 사장과 알선자들이 젊은 필리핀 여성을 기지촌으로 끌어들이기 위해 쓰는 수법이 더욱 파렴치해졌다. 2004년 성매매특별법이 시행된 결과, E-6 비자 신청자는 노래와 춤 실력을 증명해야만 했다. 보통 자신의 퍼포먼스를 담은 영상을 알선자에게 제출하며, 이 단계를 통과하더라도 한국 영사관 관계자 앞에서 춤과 노래를 보여주고 자신이 실제로 '엔터테이너'임을 증명해 보여야만 했다. 이런 지난한 과정 때문에 필리핀인 알선자들은 조건에 딱 들어맞는 여성, 즉 검증을 통과할 수 있으면서 실제로 성인 유흥업에서 어떤 일을 하게 될지 잘 아는 여성을 찾기가 어려워졌다.

이와 같은 세세한 관료적 절차는 자신이 하려는 일의 본질을 정확히 알지 못하는 여성을 비롯한 많은 이들에게 언뜻 보기에 합법적이라는 **인상**을 줄 수 있다. 하지만 이러한 채용은 필리핀 법으로는 엄연한 불법이다. 일자리에 지원한 미래의 접대부 중 일부는 그러한 사실조차 제대로 알지 못한다. 필리핀인 알선자는 합법적으로 여성을 모집하기 위해 필리핀 해외고용청에서 발급하는 해외고용인증서를 받아야 하는데, 이는 필리핀 당국이 근로지의 안전성과 합법성을 검증하고 난 뒤에야 발급된다. 미군 클럽은 이러한 검증 절차를 통과할 가능성이 희박하니, 최근에는 이를 우회하기 위해 많은 알선자들이 관광 비자를 이용해 여성들을 빼오려 한다. 이때 의심을 부를 수 있는 마닐라-서울 직항은 피하고, 여권 낱장 두 장을 풀칠해 E-6 비자가 출입국 관리 직원에게 적발되지 않게 한다(Lee C. 2015).

한국에서 유흥업에 종사하는 여성을 단속하려는 움직임이 늘어났지만, 위와 같은 수법으로 사업은 지속되고 있다. 반면에 필리핀에서는 이러한 일이 불법이라는 인식이 조금씩 그러나 확실히 커져갔다. 필리핀 수비크만에 머물던 2014년에 나는 택시에서 현지 라디오를 들은 적이 있다.[11] 필리핀 여성들은 '엔터테인먼트'와 관련한 한국의 일자리를 조심해야 한다는 방송이 경고하듯 흘러나오고 있었다. 이러한 인식 개선 캠페인이 정말 효과적인

---

11 유럽연구회 우수연구자 지원 프로젝트 '과열 양상: 세계화의 세 가지 위기'의 일원으로 나는 2013년 9월에서 2014년 4월까지 7개월간 수비크만에서 현장 연구를 진행한 바 있는데, 옛 미 해군기지 땅에 세워진 한국 조선소가 해당 지역에 어떤 영향을 미쳤는지 조사했다.

동맹의 풍경

지는 모르겠다. 수비크 곳곳에 미래의 이민자를 위한 한국어 초급반이 개설되어 있었고, 상당히 큰 한국인 커뮤니티도 있었으며, 필리핀의 다른 곳에도 한국이 부유한 나라라는 이미지는 확실히 확산되어 있었다. 게다가 필리핀 정부가 보수적으로 산정한 추정치에 따르면 빈곤선 이하 인구가 대략 25퍼센트에 달하며(ABS-CBN News 2015),[12] 특히 미혼모들은 동아시아 성 산업 및 유흥업에 종사할 사람을 찾는 알선자들의 주요 대상이 되고 있다.

그 의문스러운 라디오 방송을 들었을 때 내가 탄 택시는 홍등가인 바리오 바레토를 가로질러 달리고 있었다. 이 자그마한 유흥가는 과거에 필리핀을 경유하는 수많은 선원들을 접대했고, 심지어 지금도 현지 클럽 사장들은 별다른 어려움 없이 필리핀의 외딴 지방에서 성노동자를 데려온다. 그렇게 모집된 이들은 전세계에서 온 성매매 관광객과 은퇴한 미군 관계자들을 접대할 것이다. 미군은 공식적으로 1991년에 철수했지만, 필리핀의 성 사업은 여전히 활발하게 운영된다. 또한 그곳에서 한국인들은 한국의 기지촌 클럽 사장인 동시에 고객이라는 중요한 역할을 도맡고 있다.[13]

---

12 다른 비정부 자료들은 빈곤층 인구 비율을 훨씬 높게 잡는다. 예를 들어 이본 재단(Ibon Foundation)에서는 하루에 2300원보다 적은 돈으로 생활하는 인구를 5600만 명으로 보고 있는데, 이는 필리핀 인구의 절반 이상에 해당하는 수치다(Ibon News 2014).

13 성매매에 대한 경각심을 높이기 위해 애쓰는 수비크만의 여성 단체 버클로드 센터(Buklod Center)와 성 착취 아동을 지원하는 프레다 재단(Preda Foundation) 모두 지난 몇 년간 필리핀 성 산업에 한국이 관련된 경우가 눈에 띄게 늘었다는 사실을 내게 알려주었다.

기지촌에 온 외국인 여성들의 이야기

세 아이의 엄마인 31세 라켈은 평택 근처의 여성 쉼터에서 만났다.[14] 그녀는 가수로 일하기 위해 필리핀 루손에서 이곳 서울까지 왔다. 라켈과 몇몇 여성들에게 이 일을 소개해준 필리핀 알선소는 한때 한국 클럽에서 일했던 여성이 운영하던 곳이었다. 이들은 부를 줄 아는 노래를 모아 포트폴리오를 만들고, 여러 단계의 인터뷰를 하고, 한국 영사관 직원 앞에서 최종 공연을 펼치는 등 복잡한 선발 과정을 거쳤다. 결국 라켈은 29세의 에밀리, 21세의 오드리와 함께 최종 발탁됐다. "소문도 들었고, 온라인에서 글도 몇 개 봤어요. 그 일은 노래 부르는 게 전부가 아니라는 거죠." 그럼에도 한국으로 떠나기 전까지 희망을 품었다. 라켈의 자매는 가사 도우미를 하러 싱가포르로 떠나 일이 잘 풀렸다고 한다. 에밀리와 그녀의 가족은 이 일이 성매매 일인 것 같다고 의심했고, 에밀리가 한국으로 떠나기 며칠 전 친척들이 알선소로 찾아가 한번 더 확인했다. "특별히 신경 써서 보살펴드릴게요." 알선소에서는 에밀리의 가족을 안심시켰고, 에밀리도 떠나기로 마음먹었다.

라켈, 에밀리, 오드리는 한국에 도착한 뒤 인천공항에서 뿔뿔이 흩어졌다. 라켈은 안정리로, 에밀리는 평택 근처의 또 다른 기지촌인 송탄으로 보내졌다. 송탄은 주로 오산 공군기지에 주둔하

14 이곳은 근처 클럽에서 구조된 여성을 위한 특별 임시 거처로, 대부분 필리핀인이 온다.

동맹의 풍경

는 공군을 상대하는 곳이었다. 셋 중 가장 경험이 적었던 오드리 (에밀리와 라켈은 오드리가 한 번도 애인을 사귀어본 적이 없다고 했다) 는 제3의 장소로 보내졌는데, 에밀리와 라켈은 이후 그녀를 만나 지 못했다.

라켈은 클럽에서의 첫날 밤을 눈이 휘둥그레지는 경험이라고 표현했다. 그날 무대에 올라가 봉을 잡고 '섹시 댄스'를 추었다. "제가 그랬다니까요!" 그날 밤을 떠올리며 웃으면서 말했다. "애 셋 딸린 아줌마인데요! 제 엉덩이 좀 봐요!" 그날 밤 클럽의 다른 여성들은 라켈에게 일에 대해 설명해주었다. 이들은 바 파인만이 짭짤하게 돈을 벌 수 있는 유일한 방법이라며, 이 동네에서 성공 하려면 최대한 빨리 성노동에 대한 두려움을 떨쳐버려야 한다고 했다. 그중 한 여성은 이렇게 말했다. "첫 남자를 생각하면 이제 는 필리핀에서 나중에 지을 새집의 대문이 떠올라. 두 번째 남자 는 창문이고. 그렇게 이어지는 거야. 집 전체가 완성될 때까지."

클럽에서의 둘째 날 밤, 라켈은 첫 고객으로 아프리카계 미군을 만났다. 그는 밤새도록 옆에 앉아 술을 사주면서 라켈을 구슬려 자기 무릎에 앉히려 했다. "저한테 그러더군요. '자기, 내일 다시 보러 올게. 내일은 우리 같이 자는 거야!'" 하지만 내일은 없었다. 왜냐하면 근처 송탄에 있는 에밀리가 첫날 밤에 클럽 구석에서 밤 새 울었기 때문이다. 에밀리는 마음을 다잡고 이 상황에 대처하기 위해 많이 애썼다고 했다. 그녀가 도움을 청하는 데 주저한 결정 적 이유는 필리핀에 있는 가족 때문이었다. "제가 이런 일에 뛰어든 걸 알면 가족들이 뭐라고 하겠어요?" 하지만 결국 에밀리는 클럽에 있을 수 없다며 이메일로 도움을 청했다. 그 메일을 받은 필리핀인 친구는 한국인 친구에게 에밀리의 이름과 클럽 이름을 전달했고, 이후 그 한국인 친구가 두레방 활동가에게 연락했다.

두레방 활동가들은 반나절 만에 경찰을 대동하고서 클럽에 나타났다. 에밀리가 떠날 수 있도록 클럽 사장에게 그녀의 여권을 돌려달라고 했다. 그러고서 에밀리는 개소한 지 얼마 안 된, 두레방이 운영하는 쉼터로 갔다. 내가 그녀를 만난 곳도 그곳이다. 다음 날 아침, 에밀리는 안정리의 다른 필리핀인들에게 전단을 나눠주러 활동가들과 함께 나섰다. 그때 우연히 라켈을 만났다. 라켈은 에밀리를 다시 만나 무척 기뻤다. 둘은 두레방이 무료로 제공해준 항공권으로 고향에 돌아가기로 마음먹었다. 이들이 클럽을 떠났다는 얘기를 들은 필리핀의 대행인은 에밀리의 가족에게 곧장 전화를 걸어 그녀를 해외로 보내는 데 들었던 비용을 전부 돌려달라고 했다. 하지만 에밀리의 친척들이 경찰에 신고하겠다고 대행인을 협박했고, 이후 빗발치던 전화가 뚝 끊겼다. 한국을 떠나기 전날 밤 이들을 마지막으로 만났을 때 에밀리가 말했다. "여성들이 이 일에 어떻게 휘말리게 되는지 너무 잘 알 것 같아요. 상황이 어려워지더라도 머무는 이유도 잘 알겠고요. 우리처럼 빈손으로 고향에 돌아가는 것보다 여기 남는 게 더 쉬운 선택일지도 몰라요."[15]

사기당해 한국으로 인신매매된 라켈과 에밀리 이야기(Schober

동맹의 풍경

2007)는 여성이 한국에 머물면서 미군에게 접대하도록 만드는 복합적 상황과 사회적 압력을 돌아보게 한다. 가족으로서의 의무(고향에 돈을 송금해야 한다는 압박), 인천공항으로 오는 길에 진 많은 빚, 승산이 거의 없음에도 불구하고 돈을 벌고 싶다는 욕망은 모두 수많은 필리핀인이 미군 클럽에 있게 만드는 요인이다. 여성들이 클럽 사장과 맺은 계약 의무를 다하려 클럽에 남게 되면, 얼마 안 가 밀실 공포증을 불러일으키는 환경을 맞닥뜨리게 된다. 이들은 기지촌을 거의 떠나지 않는다. 일주일에 6~7일을 클럽에서 일하다 보니 다른 곳을 둘러볼 시간이 없기 때문이다. 클럽 사장과 클럽에서 사람을 관리하는 나이 든 여성 외에 다른 한국인은 거의 만날 수 없다. 이들이 주로 사회적 관계를 맺는 대상은 미군 관계자나 다른 이주노동자이며, 더 나은 삶을 위한 이들의 비전과 희망은 클럽 근무시간에 만나는 미군에 달린 경우가 많다.

40대 중반의 빌과 연인 사이인 34세의 필리핀인 앤지는 자기 연인에게 모든 것을 건 이주여성 노동자의 좋은 예다. 앤지를 처음 만난 건 응급 상황에서였다. 일주일 전 앤지는 사고를 당해 팔이 부러졌는데, 곧바로 치료받기를 거부했다. 합법적인 이주 증명 서류도, 보험도 없이 한국에서 살고 있던 데다, 그녀가 경제적으로 완전히 의존하는 빌은 월급날이 얼마 남지 않아 현금이 다 떨어진 상태였기 때문이다. 두레방 활동가들과 나는 앤지를 병

---

15 이후 라켈은 자매가 알아봐준 덕분에 싱가포르에서 가정부로 일하게 되었다. 에밀리는 필리핀 시골의 커뮤니티 센터에서 아르바이트를 하며 중동으로 이주해 일할 계획을 세우고 있다.

원으로 데려갔고, 몇 시간 뒤 빌도 만날 수 있었다. "죄송해요. 전 한국어를 몰라요. 제가 어울릴 수 있는 사람은 동두천에 있는 다른 미국인이나 필리핀인뿐이거든요." 빌과 앤지는 만난 지 몇 달 안 된 사이였다. 빌을 만나면서 앤지는 비로소 클럽에서 도망치기로 마음먹었다. 그녀는 줄곧 임금을 받지 못했고, 클럽의 근무 환경 때문에 극심한 스트레스를 받고 있었으며, 남자 친구가 자기를 보기 위해 클럽 사장에게 엄청난 돈을 줘야 한다는 사실이 기분 나빴다.

8남매의 맏이이자 소작농 집안 출신인 앤지는 필리핀의 비사야에서 한국으로 왔다. 아버지가 작은 농지를 잃자 어머니가 시장에서 생선을 팔아 근근이 생계를 이어왔다. 앤지의 두 아이는 어머니와 함께 살고 있었고, 아이들의 아버지인 필리핀인 전 애인이 얼마 전 세상을 떠난 뒤로 앤지는 아이들의 주 양육자가 됐다. 그녀는 어머니의 생선 장사를 도왔지만 돈은 항상 모자랐다. 그래서 한국의 노래방에서 일할 가수를 모집한다는 얘길 듣고 그 일에 지원했다. 막상 해보니 생각보다 훨씬 힘든 일이었다. 한 달에 800달러를 벌게 해준다고 약속했는데, 실상은 노래하는 일은 거의 없고 매일 밤 미군 고객과 술을 마시면서 그를 구슬려 자신과 20분을 더 보내는 대신 비싼 음료를 사 마시게 해야 했다.

남성들이 술 한 잔당 10달러를 내면 앤지는 그중 1달러를 받았다. 앤지가 팔아야 할 술의 할당량은 일주일에 100잔이었는데, 당시에는 사업 경기가 좋지 않아 목표량을 채워본 적이 거의 없었다. 그래서 앤지는 술을 팔아 벌려고 했던 것보다 훨씬 적은 돈을 벌었다. 게다가 클럽 사장은 매주 앤지에게 고정 급여로 주기로 했던 100달러를 계약이 만료될 때 한꺼번에 주겠다는 핑계를 대며 지급하지 않았다. 이럴 때 앤지가 아는 많은 여성들은 수입을 늘리기 위해 어쩔 수 없이 성판매를 하거나 클럽 사장 또는 고객들에게 성판매를 강요받았다.

앤지가 여기까지 이야기를 풀어놓자 빌이 넌더리 치듯 고개를 저으며 내게 물었다. "바 파인이 뭔지 알죠? 앤지가 일하던 클럽은 운 좋게도 그런 게 없었어요." 그때 앤지가 끼어들어 "여자들은 너무 가난해서 그러는 거예요. 알죠?"라고 말했다. 성매매를 선택지로 고려해본 적이 없기에 앤지는 배를 곯고 빈털터리일 때가 많았다. 그녀가 번 돈 대부분은 일하는 데 필요한 야한 옷과 먹거리를 사는 데 쓰였다. 계약 조건에 따르면 클럽 사장은 여성들에게 하루 세 끼를 제공해야 했지만, 보통 한 끼만 주었다.

앤지는 빌을 만나고 상황이 나아졌다. 빌은 앤지에게 클럽에서 도망치라고 했고, 앤지는 일한 지 3개월 만에 그렇게 했다. 클럽에서 실종 신고를 한 직후 앤지의 비자가 만료되자,[16] 빌은 앤지에게 아파트를 구해주고 결혼을 약속했다. 그는 합법적으로 결혼

---

16 E-6 비자 규정에는 여성이 계약을 맺은 클럽을 떠나면 비자가 즉시 만료된다고 명시되어 있다. 노동자가 합법적으로 체류하기 위해 열악한 환경도 견디리라는 것을 아는 클럽 사장들은 수많은 학대를 일삼는다. 이와 비슷한 규정은 한국의 다른 노동 부문 이주노동자에게도 적용되어서 근무 환경을 바꾸려는 노력을 무색하게 만든다. 이러한 상황은 한편으로는 수많은 인권침해를 가져왔고, 다른 한편으로는 위태로운 상황에서 살아가는 미등록 이주노동자를 양산해냈다(이에 대해서는 Kim A.E. 2008; Park W. 2002를 참고하라).

하는 데 필요한 모든 서류에 서명을 마쳤다. 하지만 두 나라의 대사관과 미군까지 얽혀 있다 보니 서류 처리가 더뎠다. 빌은 미국으로 돌아가고 싶진 않았고, 한국이든 어디든 앞으로 군에서 발령하는 곳에 갈 생각이었다. 앤지는 결혼한 뒤 군인 가족 신분을 얻게 되면 다시 아이들을 만나고 싶어 했다. 이는 빌에게 다소 복잡한 문제였지만, 그래도 빌은 국제 가족으로서의 새 삶이 잘 풀리리라 확신했다.

착한 미군을 찾아 나서는 분투

30세의 필리핀 여성 앤젤리나는 자신이 정확히 어디에 살았는지 알려줄 수 없다고 했다. 그녀는 출입국 관리 당국을 극도로 두려워했다. 아이와 함께 한국에서 4년째 불법체류 중이던 앤젤리나는 추방당하지 않기 위해 클럽에서 일해야 하는 밤에만 집을 나섰다. 그녀는 미군인 전 남자 친구가 아이를 위한 위자료를 지급할 때까지 한국에 머물 생각이었다. 그를 상대로 소송을 진행 중이었는데, 그날 아침 변호사가 이 사건은 가망이 없다고 했다. 문제의 남자가 이미 미국으로 돌아가 법원의 명령에 응하는 것조차 거부했기 때문이다.

나와 얘기를 나눈 날 아침, 그녀는 불안해 보이면서도 단단히 마음먹은 것 같았다. "아침에 커피만 마시고 곧바로 법원 심리에 가려고 했어요." 이를 위해 앤젤리나는 전날 밤 클럽 일을 쉬었다. 그녀는 5년 전 마닐라에 있는 알선소를 통해 한국에 오게 됐다. 당시에 만나던 유럽인 남자 친구는 자주 마약을 해서 잠시 그에게서 벗어나 세상을 구경하고 싶었다. 앤젤리나는 전에 일본 클럽에서 일한 적이 있는데, 지금 하는 일과는 완전히 다른 일이었다고 내게 말했다. 하지만 그곳에서도 성판매를 권했고, 일이 잘 풀리지 않아 여러 가게를 전전했다고 나중에 털어놓았다.

앤젤리나가 한국으로 향하기 전에 알선소는 어떤 클럽에서 일하고 싶은지, 즉 미군만 접대하는 클럽을 원하는지 아니면 보통의 아시아인도 드나드는 클럽을 원하는지 물었다. 그녀는 "당연히" 미군 전용 클럽을 골랐고, 3주 뒤 한국에서 6개월간 일할 수 있는 비자를 받았다. 하지만 클럽에 도착한 지 얼마 되지 않아 성관계 문제를 둘러싸고 사장과 갈등이 불거졌다.

전 여기 오고 나서야 이곳에서 원하는 일이 뭔지 알게 됐어요. (……) 클럽은 우리가 고객들과 2차를 나가길 바라죠. '바 파인' 있잖아요. 그래서 제가 필리핀에서 서명한 서류에는 그런 내용이 없었다고 했어요. 다시 필리핀으로 보내달라고, 전 이 일 안 할 거라고 했습니다.

앤젤리나는 여성이 돈을 더 벌기 위해 미군을 상대하기로 스스로 결정하는 것과 클럽 사장이 이를 명령하는 것은 완전히 다르다고 했다. "강요하지 않는 게 중요해요. 어떤 여자가 돈을 더 벌기 위해 그런 일을 하기로 한다면 전 그 사람을 말릴 수 없어요. 하지만 하기 싫다는데 강요하면 안 되는 거죠!" 한국에 온 지 2주 만에 클럽에 경찰이 나타났다. 얼마 전 한 여성이 근무 조건 때문에 도망쳤는데, 그녀가 도망칠 수 있게 도와준 신부가 경찰에 신고했기 때문이다. 여성들은 구금됐지만, 며칠 뒤 모두 클럽으로 돌아가겠다고 했다. 한국에서 벌어 먹고살 수 있는 일자리를 원한다는 여성들의 바람은 경찰도, 신부도 들어즐 수 없었기 때문이다.

이후 몇 달은 앤젤리나에게 끝없는 투쟁의 시간이었다. 근무 조건을 개선하기 위해 클럽 사장, 미군 고객, 다른 여성들과 협상하고 노력하던 와중에 그녀는 수차례 근무지에서 도망쳤다. 한번은 미군 고객이 저녁 동안 기지 안에 있는 자기 집에 앤젤리나를 숨겨주며 그곳에서 지내라고 하기도 했지만, 클럽 사장이 경찰에 신고하겠다고 협박하자 그는 제안을 거둬들였다.

제 친구, 그러니까 제 남자 친구[17]가 같이 부대로 가자고, 필요한 건 다 사주겠다고 했죠. 부대로 가니까 우리한테 옷만 빌려줬고 거기서 샤워를 할 수 있었어요. 샴푸도 뭐도 없었죠. 대략

---

17 실링 쳉은 필리핀인 접대부 사이에서 널리 쓰이는 '남자 친구'라는 단어에 대해 이렇게 썼다. "'남자 친구'라는 말에 따옴표를 친 이유는, 기지촌에서 이 단어가 어쩌다 들른 고객, 정기적으로 찾아오는 단골, '남자 친구'라 여겨지는 많은 고객 중 한 명, 혹은 감정적 애착을 느끼는 '진짜 남자 친구' 등 수많은 뜻으로 쓰이기 때문이다."(Cheng 2010: 33)

11시까지 부대에 있었던 것 같아요. 클럽 사장이 전화를 걸어오니 군인들이 겁을 먹더라고요. 사장이 한국 경찰에 전화하겠다느니 뭐니 해서 겁먹은 거예요. 군인들이 그러더군요. "도망쳐야 해. [너희가 여기 있으면] 우리가 곤란해져"라고. 그래서 우리한테 아파트를 구해주더라고요.

앤젤리나는 클럽을 옮기고, 직업과 애인도 바꿨다. 이후 '기지 안에서' 민간인이 하는 일자리를 제안받았다. PX 카운터 업무였는데, 그 일을 하다가 앤젤리나가 클럽에서 일하던 시절을 기억하는 한 남성을 만났다. 둘은 금세 사귀게 됐다. 상대는 이미 러시아 여성과 결혼했지만, 그 결혼은 기지에서 일하기 위한 구실일 뿐이라고 했다. 둘은 동거를 시작했는데, 오래 가지 않아 앤젤리나는 남자가 여기저기 바람을 피우고 다닌다는 사실을 알게 됐다. 그녀는 헤어지자고 했고, 둘은 결국 헤어졌다. 다시 클럽으로 돌아간 앤젤리나는 임신 사실을 알게 되었다. 남자는 중절 수술 비용을 대주겠다고 했지만, 그녀는 초음파 검사 때 아기 심장이 뛰는 걸 보고 가톨릭 신자로서 아이를 낳기로 했다.

남자는 대화를 거부했다가도 도와주겠다고 했고, 도와준다면서도 다시금 입을 닫았다. 수없이 전화를 해도 받지 않다가 이따금 전화를 걸어오기도 했다. 앤젤리나는 빈털터리였고, 일하기에는 배가 너무 불렀다. 친구의 소개로 식당에서 일하며 보수를 받지 않는 대신 굶어 죽지 않을 정도의 음식만 받았다. 종종 그 남자와 마주치면 끔찍하게 싸워댔고, 스트레스로 아이를 잃을까 두려워했다. 앤젤리나가 출산하자 남자는 병원비를 내고 아이가 미국 여권을 받을 수 있게 해주었지만, 이후 또다시 연락이 끊겼다.

그녀는 미국 군사법원에 고소장을 제출했다. 남자가 상관과 얘기를 나눈 게 분명했지만 돌아오는 건 아무것도 없었다. 그는 이후 한 푼의 돈도 주지 않은 채 다른 필리핀 여성과 만났다. 친구들 앞에서는 앤젤리나를 험담했고, 앤젤리나에게는 아이를 미국으로 데려가겠다고 엄포를 놓았다. 그는 다른 미군의 아이를 가진 필리핀 여성과 결혼한 뒤 두 아이를 미국에서 키우고 싶어 했다. 앤젤리나는 남자가 아이를 데려가기 위해 출입국 사무소에 자신을 신고할까 봐 숨어 지냈다. 계속해서 사는 곳과 직업을 바꾸고, 자꾸만 공황에 빠지며, 남자가 미국으로 떠날 날만을 손꼽아 기다렸다.

앤젤리나에게 필리핀으로 돌아가고 싶은지 물었더니 나중에는 그러고 싶다고 답했다. 하지만 지금은 양육 문제를 우선 해결해야 한다고 했다. 아들의 장래가 밝았으면 하는 그녀는 적어도 아직은 포기할 수 없다며, 두 사람이 필리핀에서 어떻게 살 수 있겠냐고 물었다. 아들은 미국 시민이어서 주기적으로 미국에 가야 하는데, "돈이 어디서 나서 미국엘 가나요?"라고 했다. 앤젤리나가 아이 아버지와 마지막으로 얘기한 건 6개월 전이다. 당시 아들은 무척 아팠다. "네가 아이를 나한테 넘겼으면 이런 일은 일어나지도 않았을 거야." 남자는 통화하면서 이렇게 말했다. 이후에

동맹의 풍경

그와 결혼한 필리핀인 아내가 앤젤리나에게 이메일을 보냈는데, 제목은 "한국에서 밤일은 잘하고 있나요?"였다. "클럽이 어떤 데 인지 자기는 본 적도 없다는 듯 말하더군요." 앤젤리나는 씁쓸하게 웃었다. 앞으로 어떻게 할지 묻자 "착한 미군과 결혼해야죠"라고 답했다. 잠자코 지켜보다가 괜찮은 사람을 고른 뒤, 그와 함께 미국으로 가서 다시 소송을 진행할 거라고 했다. "아직 착한 사람 못 만났어요?"라고 물으니, "네, 한 명도 없어요"라고 했다. 그녀의 눈가에는 눈물이 맺혀 있었다. 고된 하루였을 것이다.

두 시간 뒤 우리는 앤젤리나가 사는 마을로 향하는 버스에 올라탔다. 아들은 버스에 타자 신이 나서 자그마한 손가락을 창문에 갖다댔다. 버스 창밖으로 캠프 스탠리가 스쳐 지나갔다. 기지의 수많은 건물, 차량, 군용 건축물이 잠깐이나마 선명하게 눈에 들어왔다. "엄마, 저것 봐!" 아이가 손으로 기지 안쪽을 가리키자 둘은 함께 그곳을 바라봤다. 하지만 미군기지와 내부의 모든 것들이 재빠르게 시야에서 사라져갔다.

기지촌, 포획하면서도 포획당하는 공간

이번 장에서는 기지촌에서의 담론과 관행, 그리고 상상과 실제 경험 사이에 엿보이는 차이에 주목했다. 21세기의 기지촌은 민족의 운명과 결부된 전면적 지배의 공간이라기보다는, 그곳에서 일하는 여성과 미군의 비대칭적 만남이 펼쳐지는 초국적 공간에 가깝다. 의심할 여지 없이, 폭력이 고조되는 상황은 이 지역 사람들에게 어느 정도 일반화된 경험이다. 하지만 이야기는 여기서 끝날 수도 없고, 끝나서도 안 된다. 살인과 강간은 기지촌 여성에게 매일 일어나는 일이 아니지만, 여러 국가의 법체계에 발 붙이지 못한 채 부유하는 데서 오는 두려움은 이들에게 일상적이다. 이는 금전적·감정적 어려움과 머나먼 타지에서 곤경에 처한 상황 때문에 심화된다.

기지촌은 위험하면서도 위태로운 공간으로, 그곳에서 살고 일하고 즐기는 사람들이 조율하고 설계하고 전략을 세워야 하는 곳이다. 기지촌에서의 동맹은 단지 성적인 것이든 낭만적인 것이든 간에 매일매일 만들어지지만, 이 덧없는 공간에서 그 약속은 쉽게 무너지고 만다. 더 나은 미래를 위한 희망은 언제든 물거품이 될 수 있고, 군인들의 돈은 자기 몫을 챙기려는 사람들의 손가락 사이로 끊임없이 빠져나간다. 미군 클럽이라는 캄캄한 공간에서 젊은 육체들이 만나는 동안, 카운터를 치우고 술잔을 채우고 바닥을 닦는 나이 든 사람들은 쉽게 간과된다. 이러한 한국 여성은 같은 민족과 미국인 전 애인에게 이중으로 버림받은 존재로, 기지촌의 모든 행위자 중 유일하게 그곳에 남게 된 이들이기도 하다.

이들의 친구 몇몇은 일이 잘 풀려 기지촌에서 번 돈으로 새 삶을 살거나 군인 애인과 국제 가족이 되기도 했다. 성공과 실패, 희망과 버려짐 사이에서 정체되고 유예된 것처럼 보이는 필리핀 여성들도 이와 비슷한 성공 사례를 마음에 품은 채 일한다. 기지촌은 이들이 일시적으로 발 묶인 **정동적인** 공간이며, 이들에게 새로운 삶의 궤적을 선사할 잠재력이 있다는 점에서 꽤 **유효한** 공간이기도 하다. 그렇기에 외국인 남녀를 일시적으로 포획하는 곳이자, 기지 가까이에 있어 한국의 일부로 보이지 않는, 포획되고 점령된 지형이라는 점이 매우 중요하다. 여성들의 실제 "사랑의 노동" 또한 이러한 공간을 군사적으로 전유하는 시선으로 읽어낼 수 있다. 즉 접대부들이 군인 고객에게 열렬히 몰두하는 것은 이들의 만남이 군사화된 환경에서 이루어진다는 사실과 떼려야 뗄 수 없다.

미국 프롤레타리아 계급의 군대 노동자를 위한 외국인의 성노동이 이뤄지면서 한국과 더욱 멀어진 기지촌은 실제로도 서울 시내와 떨어져 있다. 교외라는 위치, 이로 인한 사회적·지리적 이동의 어려움은 그곳에 거주하는 이들에게 매우 현실적인 삶이다. 나이 든 여성은 갈 곳이 없다고 느끼는 반면, 젊은 여성은 미군 클럽에서 벌어지는 밤의 게임에서 자신이 쥔 패를 얼마나 잘 운용하는지에 따라 한국이든 미국이든 갈 수 있다고 생각한다.

한편 미군은 근무 외 시간에는 비교적 쉽게 수도권 안에서 이동할 수 있다. 과거에는 병력 감축 및 이전이 기지촌에 큰 영향을 미쳤다면, 오늘날에는 대중교통의 발달이 기지촌 경제를 위협하는 요인이다. 미군들은 한두 시간이면 화려한 유흥지에 갈 수 있다. 그곳에서는 아무런 금전 지출도, 치열한 감정노동도 없이 성

관계를 맺을 수 있다. 이태원과 홍대에 관한 다음 두 장에서 살펴보겠지만, 차츰 기지촌의 가치가 떨어지자 군인들은 점점 더 바깥으로 나갈 전략을 세운다. 이제 이들은 자유 시간에 도심 유흥가를 찾으며, 그곳에서 유흥을 즐길 권리를 달라는 미군들의 요구가 주한미군에 관한 오래된 논쟁을 변위시키고 해체한다. 또한 미군 접대를 위해 이곳에 온 여성들은 자신들이 다시 한번 버려졌다는 사실을 깨닫게 된다.

5장

이태원 서스펜스

도심 속 경계 공간의 이질성과 코뮤니타스

군사화된 남성성의 표출

"아시아의 파라다이스, 이태원[1]에 오신 것을 환영합니다." 지하철 출구로 나서자, 버거킹 옆에서 그림을 파는 나이 든 한국 남자가 내게 영어로 말을 건다. 거기서 나를 기다리던 23세의 학생 주황이 내게 다가오며 말한다. "제 놀이터에 온 걸 환영해요." 치킨, 만두, 케밥을 파는 노점을 지나 북적거리는 큰길에 몸을 욱여넣은 채 클럽 쪽으로 걸어가는데, 벌써 조금 취한 주황이 소매를

---

1 이 책에서 지칭하는 이태원은 행정동과 일치하지 않는다. 일반적으로 사람들에게 통용되는 이태원 지역은 용산구에 속해 있으며, 행정동인 이태원 1동과 이태원 2동의 범주를 넘어선다. 두 동의 인구는 1만 9316명으로, 용산구 전체 인구인 24만 1818명의 8퍼센트에도 미치지 못한다(용산구청 홈페이지의 2013년 6월 인구 통계 참조).

걷어 그날 여기저기서 팔에 찍어준 도장을 보여준다. "짠, 저 오늘 문신 좀 많지 않아요?" 때마침 지나가던 미군이 그 말을 들었는지, 웃으며 내게 윙크한 뒤 말한다. "나도 문신 좀 보여줄 수 있는데. 진짜 문신 말이야. 보고 싶어?"

용산 미군기지[2]에서 걸어갈 만한 동네인 이태원은 미군들이 '휴식 시간'에 가장 많이 찾는 유흥지다. 앞서 묘사했듯, 내 관심을 두고 벌어지는 자그마한 모의 전투 한가운데에 문신(그리고 문신이 상징하는 초남성성)이 등장했다. 한국에서 만난 미군들은 몸에 있는 문신을 자랑스레 뽐냈지만, 문신을 한 한국인은 거의 찾아볼 수 없었다. 주황 또한 문신을 할 생각이 없었고, 이태원을 돌아다닐 때 손에 도장 받는 것을 즐기는 정도였다. 주황을 비롯한 많은 이들에게 이태원은 '한국 영토'의 사회적·지리적·시간적 기준을 벗어난, 늘 가공의 축제가 벌어지는 듯한 곳이다. 이 특별한 곳에서 주황은 외국 여성과 동행하고 있었다. 이때 미군과의 우연한 만남은 그를 매우 짜증나게 했다. 그 이방인은 주황에게 미군의 영역을 넘보지 말라는 듯, 자신이야말로 주황이 가진 척했던 것의 '진짜'를 가진 사람이며 주황은 가짜일 뿐이라고 말했기 때문이다.

주황은 미군과의 껄끄러운 만남은 그때가 처음이 아니라고 했다. 지난 2년간 그는 용산 기지의 미군 부대에서 카투사[3]로 근무

---

2 이곳에는 (현장 조사 당시 기준으로) 약 1만 7000명의 군인, 고용된 민간인, 그들의 가족이 거주하고 있었다(Powers n.d.).

동맹의 풍경

했다. "운이 좋았죠." 의무복무 기간을 주한미군 본부에서 보내는 사람은 극소수인데, 거기 뽑힌 것이다. 그래서 영어 실력이 늘었다고 했다. 이는 경쟁이 극심한 한국 취업 시장에서 무척 중요한 자원이다. 또한 자신이 이용한 용산 기지의 오락 시설이 한국 장병을 위한 그것보다 훨씬 좋았다고 했다.

하지만 용산에서 지내는 동안 함께 일한 미국인에게 그는 양가 감정을 느꼈다. 일부 군인과는 근무 후 이태원에서 함께 술도 마시고 파티도 즐기며 친구가 됐지만, 다른 이들은 자신을 경멸할 뿐이었다. 미군에게 반감이 드는 것은 남성성 문제 때문이라고 했다. "미군은 우리를 자기네들 같은 진짜 남자가 아니라고 생각해요." 2009년 초에 주황을 처음 만났을 때, 그는 당시 한국에서 인기 있던 '꽃미남 외모'[4]를 만들려 노력하고 있었다. 머리를 멋있게 자르고, 좋은 옷과 액세서리를 사는 데 대부분의 돈을 썼다. 오늘도 젊은 남성에게 인기 있는 거라며 비싸 보이는 남성용 가방을 들고 왔다. 가방을 가리킨 뒤 웃으며 말한다. "미군들은 이런 걸 절대 이해 못할걸요."

1장에서 살펴보았듯이 군사주의와 젠더의 관점으로 미군을 다

3　카투사는 미 육군에 증원된 한국군 보충 부대(Korean Augmentation Troops to the United States Army)다. 1950년에 한미 군사동맹이 강화되며 신설된 카투사는 미군과 한국인의 비공식적 '중개자' 역할을 하기도 했다(Moon 2010b 참고).

4　꽃미남은 특출하게 잘생긴 이성애자 남성을 뜻한다. 이런 유형의 남성은 군부독재 시절에 성장한 비교적 거칠고 강인한 유형의 중년 남성과 뚜렷이 대비된다. '꽃미남'에 관한 논의는 턴불(Turnbull 2009)을 참고하라.

론 많은 연구들은 여성의 신체를 통해 현지 주민에 대한 지배를 확인하는 작업을 미 제국주의라고 본다. 이는 미군기지 근처 유흥지에서 군인들이 수행하는 유해한 남성성을 통해 선보여진다. 서울에서 미군이 자유 시간에 주로 방문하는 유흥지는 확실히 초 남성적 정체성을 창조하고 유지하는 곳이 되었다. 그렇다 보니 미군기지를 **오직** 폭력으로 가득한, 파괴적 젠더 관계를 생성하는 곳으로만 여기면 미군과 한국 민간인의 오래되고도 불평등한 만남이 가져온 또 다른 결과를 보지 못하게 된다. 특히나 이태원은 놀라움이 가득한 곳이다.

이번 장에서는 주한미군이 만들어낸 복잡한 안보(혹은 불안) 문제의 두 가지 요인을 살펴볼 것이다. 첫째, 한국 남성과 미국 군인의 당혹스러운 얽힘을 분석할 것이다. 2년간 전우로 여겼던 미국인에 대해 주황이 느끼는 풀리지 않는 긴장감은 "제국의 긴장"(Cooper and Stoler 1997)이 젊은 현지 남성에게 어떻게 발현되는지를 징후적으로 보여준다. "제국주의를 문화적으로 구성된 감정, 양가성, 모호함을 수반하는 구체적 사회관계의 복합체로 볼 수 있다"(Lutz 2006: 595)라고 말한 캐서린 러츠의 유용한 접근법을 따라 한미 간의 회색 지대에서 벌어지는 남성성의 다양한 수행을 탐구한다면 여러 통찰을 얻을 수 있을 것이다.

둘째, 해외에서 미국 군사주의의 공간이 어떻게 구성되고 논쟁을 일으키는지 서울 도심을 사례로 살피고자 한다. 어떻게 미군과 한국 민간인의 실제 접촉 지역이 3, 4장에서 살펴봤던 교외 변두리가 아닌 고도로 도시화한 대도시 중심에서 (재)형성되는지 알아볼 것이다. 더 큰 외부 세력과 현지 행위 주체 간의 상호작용으로 특정 장소가 생성되는 데 주목하는 연구 방법은 세계화에 대한 논쟁에서 전 세계와 현지를 유의미하게 연결하는 난제에 대한 해결책으로 제시되었다. 그러한 분석에서 장소는 "네트워크 외부로 나가고, 역사로 회귀하고, 궁극적으로는 공간의 정치학으로 들어가는 도약대"가 된다. 이때 문화기술지 연구자는 "자명한 공간을 기록하는 존재라기보다는 공간을 형성하는 다양한 작업에 질문을 던지는 존재"다(Gille and ÓRiain 2002: 287). 이러한 이해를 바탕으로 한다면, 세계 유수의 강력한 군대가 어떻게 이 공동체에 '자리를 차지하게' 됐는지, 어떤 역사적 우발 상황이 이처럼 독특한 지역을 만들어냈는지, 이곳을 자기 이익에 맞게 빚어내려는 민간인 행위자의 이해관계는 무엇인지 좀 더 분명히 알 수 있을 것이다.

이태원을 구성하는 이질성을 탐색한 뒤, 그다음 도약을 위해 다시 한번 과거로 돌아가 이곳이 배태된 사회적·역사적·지정학적 변수를 살펴본다. 특히 냉전 시기에는 미국의 영향력을 가둬두기 위해 이태원에 일종의 봉쇄 전략이 펼쳐졌다. 또한 다양한 민족, 종교, 인종, 성 정체성이 갈수록 소비에 적합한 상품으로 변하고 있는 오늘날의 상황과 더불어 민주화가 시작된 이후 어떠한 맥락에서 이태원에 성적·인종적 소수자가 유입됐는지 살펴볼 것이다. 이어서 이 지역의 두드러지는 특징인 모호함에 주목해본다.

이는 내가 '이태원 서스펜스'라고 부르는 현상이자, 많은 이들의 상상력을 지배하고 있는 매혹과 거부감 사이의 불안정한 위상을 일컫는다. 이곳의 소란은 때때로 위험하고도 창의적이며, 사회적 의미 및 질서를 파괴하는 동시에 생성하기도 한다. 이태원을 둘러싸고 여러 주권이 경합하는 현상은 고도의 젠더화된 방식으로 표현되며, 미군기지의 그늘 아래에서 일부 집단에게 의외의 자유를 선사하기도 한다.

이태원 특구, 그 봉쇄와 숙성

낮에는 주로 관광객이 방문하는 옷 가게, 기념품 가게, 외국 요리 식당, 커피숍이 자리한 이태원의 큰길을 밤의 인파에 떠밀려 올라가다 보면, 매우 논쟁적이고 악명 높은 곳에 다다른다. 이태원 소방서 옆으로 작게 난 길을 따라가면 오래된 건물이 많은 언덕진 데가 나온다. 그 건물들에는 다양한 바와 클럽이 꽉 들어차 있고, 입구에 젊은 필리핀 혹은 러시아 여성이 서성거리는 곳도 몇몇 있다. 몇 발짝 더 가면 길을 가로지르는 어두운 골목이 나온다. '베스트 클럽', '타이거 타번', '텍사스 클럽' 같이 거창한 이름을 단 술집들이 희미하게 형광등을 밝힌 채 죽 늘어서 있는 이곳은 '후커 힐Hooker Hill'로 불린다. 한국어로 적힌 미성년자 출입 금지 표지판을 지나면 몸이 드러나는 옷을 입은 한국 여성들이 거리에서 외로운 남성에게 자기 가게에 들어오라고 호객하고 있다.

몇 걸음 더 내려가면 후커 힐과 나란히 뻗은 '호모 힐'이라는 이상한 이름의 또 다른 작은 골목이 나온다. 후커 힐은 지독하리만치 조용한 반면, 호모 힐은 토요일 밤이면 게이 및 트랜스젠더 바에 모여 술 마시고 춤추고 놀고 성관계하려는 젊은 남성들의 웃음소리로 가득하다. 토끼 복장을 한 드랙 퀸들이 한쪽 길가에서 어울려 놀며 방문객들과 유창하게 영어로 대화를 나누기도 하고, 오가는 사람들과 사진도 찍는다. 이태원의 다른 술집들과 마찬가지로 이곳에서도 웨이터는 영어와 한국어를 완벽하게 구사하고, 미국 달러가 제2의 화폐로 통용되며, 한국인과 외국인이 자유롭게 어울린다. 이 동네에서는 여성이 별난 존재다.

이 활기찬 구역에서 2분만 걸으면 이태원성당이 나온다. 조금 더 지나면 호모 힐과 나란히 있는 이른바 '이슬람 거리'로, 할랄 가게, 웨스턴 유니온 은행, 다양한 중동 음식점, 히잡을 파는 옷 가게 등이 있다. 그 길을 따라가면 한국에서 가장 큰 이슬람 사원인 서울중앙성원이 보인다. 언덕 맨꼭대기에 있는 서울중앙성원은 논란이 들끓는 지역을 아래로 굽어보고 있다. 이슬람 거리는 특히 금요일과 주말에 장사가 잘된다. 남성 무슬림 이주민이 이곳에 많이 드나드는데, 이들은 근처에 살지 않고 휴일에만 여기 와서 쇼핑하고 사원에 들르고 사람들을 만나기 때문이다. 이처럼 이태원의 좁은 공간에는 섹스와 관련한 업소가 다양한 종교 시설과 함께 있다.

이태원梨泰院의 강렬한 이국적 특징에는 오랜 역사가 있는데, 이는 전쟁, 식민주의, 외세 착취와 관련된다. 16세기에 한반도를 침략한 일본군이 오늘날의 이태원 지역에서 비구니들을 강간해 임신하게 했다는 이야기는 설화처럼 들리기도 한다. 일본군이 떠난 뒤 비구니들은 절 근처에서 아이를 낳아 길렀고, 조선 조정에서는 투항한 왜적을 이곳에 보내기도 했다. 혹자는 이러한 이야기에 근거해 '외국 땅에서 온 사람'이라는 뜻의 한자어 '이타인異他人'에서 이태원이라는 지명이 유래했다고 주장하기도 한다. 배나무가 많은 지역이라는 뜻으로 보는 게 정설이지만 말이다.

비구니 이야기가 사실인지 허구인지와 무관하게, 한 지역에 외세의 영향을 엄격하게 가둬두려는 전략을 보여주는 이 이야기의 특징은 조선의 은둔 정치와도 잘 맞아떨어진다(Cumings 1997: 87). 2장에서 잠깐 살펴봤듯, 동아시아 영토 쟁탈전에서 서구 열강보다 앞서 나가려는 이웃 나라 일본이 조선의 굳게 닫힌 문을 강제로 열어젖히면서 조선의 이 전략은 19세기 말과 20세기 초에 처참하게 실패하게 된다. 그런데 가는 곳마다 낯선 유혹을 퍼뜨릴 가능성이 있어 보이는 신체들을 한 지역에 몰아넣고 봉쇄하는 것이 최선이라는 생각을 군부독재자 박정희도 품고 있었다.

일본의 식민주의에 의해 강제로 전 세계적 근대화의 질서에 포섭되기 일보 직전이었던 1904년, 당시의 서울과 수 킬로미터 떨어져 있던 이태원은 점령군의 군사 거점이 되었다. 1945년까지 조선을 통치한 일본은 태평양전쟁에서 패한 뒤 군 사령부를 그대

동맹의 풍경

로 둔 채 퇴각했고, 이후 미군 제24군단이 이곳을 점거했다. 미국과 소련에 의해 나라가 분단되고 한국전쟁이 발발한 뒤, 미군은 오늘날까지 2.5제곱킬로미터에 이르는 용산 미군기지를 점령하고 있다. 이는 남한과 미군의 복잡하고도 불평등한 관계를 잘 드러내는 공간적 표징일 것이다.

전쟁 직후 아시아 전역에 있던 다른 미군 기지촌과 유사하게 당시 이태원에도 미군의 욕구를 충족시키는 데 필요한 어설픈 건물들이 성급하게 지어졌다. 이에 가난한 한국인들이 외국 군인을 이용해 돈을 벌고자 이곳에 모여들었다. 1947년에 임시 미군정이 성매매를 금지했음에도 가장 악명 높은 성매매가 시행됐으며, 동시에 성매매 여성를 범죄화하고 규제하는 "비공식적이지만 일관된 정책"이 탄생했다(Moon 2010c: 46). 미국과 한국 당국 모두 미군기지 근처의 성 산업 근절에는 관심이 없었다. 특히 한국은 경제적 이해타산을 따졌다. 2장에서 살펴봤듯이 박정희는 파탄 난 나라 경제를 일으켜 세우는 데 필요한 외화를 빠르게 모을 방법을 찾고 있었고, 이태원 같은 기지촌에서 미군을 상대로 성매매를 하는 여성들은 금광이나 다름없었다.

냉전 시대에 국가가 기지촌을 승인한 가장 큰 이유는 경제적 이익 때문이었지만, 그 외에 미군을 명확히 구획된 공간에 격리할 수 있다는 이점도 있었다(Moon 1997: 39). 미군을 접대하는 성 산업은 보호받았지만, 모순적이게도 박정희는 주민들의 도덕성을 우려했다. 당시에 그는 "미국 것, 서양 것, 일본 것"이 유입되면서 나라에 "무시무시한 만성질환"이 들끓고 있으며, 이 때문에 민족정신이 부패한다고 봤다. 그러면서 해결책으로 미국의 영향력을 억지하기 위한 일종의 국지적 봉쇄 정책을 채택했다.

처음에는 이 전략이 효과적인 듯 보였다. 사회학자 이나영에 따르면 "한국 정부는 [기지촌 지역을] 성공적으로 게토화해 미군이 한국 사회에 진입하는 것을 막고 평범한 한국인, 특히 '정숙한' 한국 여성이 미군 남성과 접촉하지 못하게 완충지대로 만들었다"(Lee N.Y. 2007: 454). 기지촌 여성 대부분은 성매매 외에 대안적 삶의 가능성을 박탈당했다. 하지만 많은 이들에게 이태원은 미국에서 펼쳐질 더 나은 미래로 향하는 매력적인 도약대거나, 최소한 한국에서 '서구식' 삶을 맛볼 수 있는 창구로 여겨졌다. 성매매 관련 상담소 사랑방의 활동가 김씨는 여성들을 기지촌으로 끌어모으는 주요 요인 하나를 지적한다. "이태원 언니들의 행위 주체성과 욕망은 아메리칸드림에서 나오는 거 같아요. 이건 이태원에서 중요한 말이죠. 지금도 마찬가지입니다." 여기서 '아메리칸드림'은 미국 시민과의 결혼이라는 여성들의 목표를 상징할 뿐만 아니라, 번 돈을 하룻밤에 탕진하는 것과 같은 과시적 소비를 뜻하기도 한다(이태원에서 일하는 많은 한국 여성은 처음에 파티를 즐기러 이곳에 들렀다가, 이후 그런 삶을 유지하기 위해 성 산업에 뛰어드는 경우가 많았다).

한국전쟁 이후 이태원에 모여든 또 다른 집단은 서양 팝과 록 음악에 관심 있는 음악가들이었는데, 이들은 군인의 흥을 돋우기 위해 다양한 곳에 고용되었다. 그러한 모험 정신을 좇아 클럽에서 새로운 음악을 접하고 싶어 하는 평범한 대학생이나 청년들이 속속들이 이태원에 모여들었다. 서구 세계를 향한 창구로서 새로운 감각을 선사하는 이 불법적 지역에서 분명 무언가가 태동하고 있었다. 이태원과 이곳의 하위문화는 1961년부터 1980년대 후반까지 군사정권하에 만연한 보수주의에 반발하는 이들의 숨통을 틔워주기도 했다.

1970년 여름, 이 '자유의 감각'이 도시 전체로 퍼질 것을 우려한 경찰은 이태원이 낳은 이 청년들을 표적으로 삼았다. 머리카락이 긴 남성은 그 자리에서 이발을 당했고, 치마 길이가 짧은 여성은 단속을 당했다. "서울 거리는 자를 든 경찰관이 운 나쁜 행인에게 '신체의 규율'을 요구하는 한 편의 부조리극으로 변했다"(Kim P. and Shin 2010: 216). 이와 같은 문화적 숙청에 대한 반발로 서울의 음악가와 팬들은 이태원의 쾌락주의적 라이프스타일로 도피해 들어갔다. 마약을 하고, 성적 실험에 뛰어들고, 당시 전 국민에게 강제됐던 야간 통행금지 시간을 의도적으로 어기기도 했다. 이태원이 외국의 영향을 가둬두는 그릇이라는 개념과, 이태원의 분위기는 받아들이기에 너무 가볍다는 생각이 엄혹한 군부독재 시기에 만나 단단히 결속됐다. 이태원 탄생 초기에 한국의 지도자들에게 무척 중요했던 영토 봉쇄 전략은 그 지역에 붙들려 있을 수밖에 없던 문화적 영향력을 강렬하게 숙성시킨 뒤 결국 이를 유출했다는 점에서 오히려 역효과를 낳았다.

이곳은 누구를 해방하는 거리일까

진수는 28세 남성으로, 이태원 게이 바에서 웨이터로 일하면서 거기서 조금 떨어진 자그마한 아파트에 살고 있다. 세 명의 트랜스젠더 여성 성노동자와 함께 사는데, 모두 진수가 일하는 게이 바 맞은편 클럽에서 일한다. 진수의 동료이자 친구인 봉희는 이들이 좀 시끄러운 편이라고 했다. "솔직히 말하면, 만나보기 전까지 무척 안 좋게 봤어요." 하지만 지금은 생각이 바뀌었다. "그건 그냥 일인 거죠. 걔들이 한국에서 구할 수 있는 유일한 일이기도 하고요." 그럼에도 그들의 말이 때론 너무 부담스럽다. "걔넨 섹스 얘기를 너무 좋아해요. 섹스 얘기만 해요. 진짜 그런다니까요!" 이 트랜스젠더 여성들은 진수의 미국인 게이 친구를 그야말로 줄행랑치게 하기도 했다. 어설픈 영어와 한국어 단어를 섞어 쓰는 '이태원식 영어'로 진수 친구의 성적 취향을 드세게 취조하다시피 한 것이다. 봉희는 "주중엔 평범하게 일하다가 주말에 여기 와서 이렇게 미친 짓을 보면 진짜 문화 충격 받죠"라고 말한다.

봉희와 진수는 가족, 이성애자 친구, 동료, 지인에게 자신의 동성애자 정체성을 감추기 위해 이태원 바깥에서의 삶을 매우 조심스레 관리한다. 진수는 부모님에게 1년간 외국에서 지낸다고 말해두었다. 교외에 사시는 데다가 이태원에 올 일도 없는 부모님을 우연히 마주칠 일은 결코 없을 것이다. 부모님은 곧 서른 살이 되는 진수에게 그 나이쯤 됐으면 좋은 여자 만나 결혼하라고 계속

동맹의 풍경

닭달한다. 이를 피하려고 진수는 여행 간다는 거짓말을 한다. 가족에게 커밍아웃하는 것은 그에게 선택 사항조차 아니다. 그래서 봉희는 내가 이태원에서 만난 많은 한국인 청년들이 흔히 쓰는 전략을 택한다. 자기 삶을 둘로 나눈 뒤 자신을 이성애자로 생각하는 이들과 절대로 이태원에서 마주치지 않기를 바라는 것이다.

앞서 살펴봤듯, 미국 군대와 민간 도시 지역 사이의 팽팽한 긴장감 때문에 사실상 이태원은 잠재적 위험성이 있는 외국의 영향을 흡수할 완충 지대로 발탁됐지만, 결국 달갑지 않은 문화적 세력을 숙성시키는 그릇 역할을 했다. 이태원이 서울의 다른 곳보다 어느 정도 자유롭고 진보적이라는 생각이 널리 퍼지면서, 다른 데서 억압받는 새로운 집단이 모여든 것이다. 1990년대 중반부터 이태원에 속속 게이 및 트랜스젠더 클럽이 개업했고, 지금은 20여 개의 퀴어 업소가 있다.[5]

호모 힐은 민주화라는 대대적 변화 가운데 동성애자들에게 벌어진 사회적 변화를 보여주는 공간적 지표다. "이성애를 한국 사회·윤리의 핵심 규범"으로 보는 유교 사상의 영향으로), 동성애와 트랜스베스티즘transvestism[6]이 오랫동안 한국 사회에 (미미하게나마) 존재해왔다는 역사적 증거를 무시한 채 많은 한국인들은 동성애를 순전히 최근에 유입된 외국발 질병으로 여겨왔다(Kim

---

5 레즈비언은 이태원에 훨씬 덜 드나든다. 이들은 대개 대학가인 홍대에서 만나기 때문이다. 한국 레즈비언의 사회적 상황에 대해서는 박김수진 외(Park-Kim et al. 2007)를 참고하라.
6 [옮긴이] 생물학적 남성이 여성 옷을, 생물학적 여성이 남성 옷을 입는 것을 말한다.

Y. and Hahn 2006). 하지만 1990년대 이후, 커밍아웃한 소수의 동성애자 학생 단체가 대중에게 조심스레 동성애를 소개하기 시작했다. 2000년에 배우 홍석천의 공개 선언으로 더 많은 대중들이 동성애를 알게 되었다. 이태원의 어느 바에서 네덜란드인 첫 애인을 만난 그는 이후 유럽에 몇 년간 거주하면서 퀴어 운동을 접했다. 홍석천을 중심에 두고 동성애를 둘러싼 최초의 대중적 논의가 펼쳐졌지만, 동시에 그의 배우 커리어도 거의 막을 내리게 됐다. 일거리가 떨어진 홍석천은 결국 이태원에서 가게 몇 개를 열어 운영했다.

전봉호는 "이태원은 지리적 특징 덕분에 이토록 개방적인 게이 타운이 될 수 있었다. (······) 한국인의 마음속에서 이태원은 항상 이국적 향취를 풍기는, 외국을 모방한 장소였고, 그 개방성 덕에 게이 커뮤니티가 둥지를 틀 수 있었다"라고 보았다(Jeon 2005). 일탈적 소비의 전형을 보여주는 이태원의 호모 힐에는 미군 병사들이 자주 드나들었다. 이들은 영어 강사 다음으로 이태원에 많이 들르는 외국인 방문객이었다. 미 육군의 동성애 금지 원칙이 최근에야 폐지되면서 군인들은 조심스럽게 호모 힐을 방문했다. 이성애자 동료가 즐겨 찾는 클럽과 바를 코앞에 둔 채, 많은 장병들은 여전히 호모 힐에서 파티를 즐길 기회를 엿본다. "게이로 커밍아웃한 적 없다면 이곳이 커밍아웃하기에 제일 좋은 장소예요." 한 주한미군 위생병이 《성조지》*Stars and Stripes*와의 인터뷰에서 이렇게 말하며 "여기는 외국이고, 미국에 돌아가면 아무도 모르니까요"라고 덧붙였다(Rowland 2010).

게이와 더불어 지난 20년간 이태원에 많은 영향을 미친 또 다른 집단이 있다. 최근 경제적으로 풍요로워진 한국에 매혹되어 들어온 아시아, 라틴아메리카, 아프리카 출신 이주노동자다. 특히 무슬림에게 이태원은 제2의 고향이 되었다. 1976년 서울중앙성원이 개원하면서 이태원은 주로 '3D' 업종에 종사하는 남아시아 이주노동자들의 중심지가 되었다.

지난 몇 년간 아프리카인도 급증했다. 2004년 이태원 주민으로 등록한 아프리카인이 385명이었는데, 2009년에는 706명으로 늘었다. 당시 이태원에 거주하던 2388명의 외국인 중 16퍼센트에 해당하는 수치다.[7] 국적을 보면 나이지리아 출신이 가장 많고 가나, 이집트 출신이 그 뒤를 이었으며, 젊은 미혼 남성이 대부분이다(Han 2003: 163, 166). 아프리카인들은 이태원을 사회 및 상업 활동의 중심지로 삼았다. 아프리카계 미군이 그곳에 많았기 때문이다. 인류학자 한건수는 이미 흑인이 자리 잡은 이태원에서 이들이 친근감을 느꼈으리라고 본다. 그는 한 나이지리아 출신 이민자가 처음 한국에 도착했을 때 택시를 타고 자신과 비슷한 사람이 있는 곳으로 가달라고 부탁했다는 말을 들었다고 한다. "택시가 어딘가 멈춰서자, 흑인들이 거리에서 어울리는 모습

---

7 2010년 《코리아 타임스》의 「서울 이태원의 아프리카인 인구 증가」African population in Seoul's Itaewon rises라는 기사에 나온 수치인데, 이태원에 거주하는 외국인 중 용산 기지에 주둔하는 미군 수는 제외한 것이다. 또한 이태원의 아프리카 이주민 중 상당수는 미등록 이주노동자로 통계에 잡히지 않는 점을 염두에 둔 뒤 이 수치를 살펴야 한다.

을 봤다. 그는 아프리카인 형제들을 보고 기뻐하며 택시에서 내렸지만, 알고 보니 그들은 흑인 미군이었다"(Han 2003: 166).

최근 이주민의 유입이 늘어난 정황은 이태원에 갈수록 외국 요리 식당이 늘어나는 추세를 통해서도 알 수 있다. 한국관광공사는 이를 활용해 "독특한 맛, 이국적 인테리어, 다양한 민족이 있는 이태원은 '서울의 지구촌'이라 불릴 만하다"라고 홍보한다. 이는 보편적 추세를 드러내는 징후로, 오늘날 서울에서는 이태원의 다채로운 민족, 종교, 인종, 성 정체성이 소비에 적합한 상품으로 빠르게 변하고 있다. 이태원에서 발흥하기도 하고 이태원에 영향을 주기도 한 정치적·사회적 민주화는 아이러니하게도 이곳에 걷잡을 수 없는 경제적 자유를 가져왔다.

서울 중심의 금싸라기 땅에 자리한 2.5제곱킬로미터의 용산 기지를 미군이 한국 당국에 넘겨주고 나면 이를 거대한 공원으로 바꾸겠다는 계획은 그 실현이 늦어지고 있다. 용산 주둔군 대부분을 평택과 대구로 이전하려는 계획은 2004년에 처음 발표됐지만, 미국 당국은 수천 명가량의 소규모 군대를 계속해서 서울 도심에 남겨두고 싶어 하기에 협상이 지연되고 있다(Park B. 2014).[8] 이러한 이전 계획과 함께 향후 이태원의 시장 가치가 상승할 것이라는 추측이 무성해졌다. 경제적으로 열악한 주민들은 자기 동

---

8 [옮긴이] 이 책이 출간된 다음 해인 2017년에 용산 미군기지 내 미8군 사령부가 평택 캠프 험프리스로 이전했고, 2022년 11월에 남아 있던 한미 연합군사령부까지 캠프 험프리스로 이전하면서 대부분의 용산 주둔군이 평택으로 옮겨갔다. 미군 이전에 따라 용산공원도 구역을 확대하고 일부 부지를 임시 개방하는 등 점차 조성이 이루어지고 있다.

네이자 집인 이태원을 떠나지 않으려 필사적이다. 수년 혹은 수십 년간 이곳에 살면서 후커 힐에서 작은 가게를 운영해온 많은 한국인 성판매 업소 사람들은 기지 근처라는 이유로 신고당하지 않을 수 있었던 일종의 보호막이 갈수록 무너져 내린다고 느꼈다. 사랑방의 한 활동가는 "가난한 자들의 역사는 없다"고 말한다.[9] "재개발이 시작되면 가장 먼저 쫓겨나는 것은 그들"이라는 것이다. 이처럼 급격한 변화가 다가오면서, 수십 년간 당국의 골머리를 앓게 했던 규제 구역은 하룻밤 만에 전 세계를 맛보고 실험할 수 있는, 성인을 위한 고급 놀이터로 재탄생했다. 이후 살펴보겠지만, 이태원을 둘러싼 모순적 감정은 여전히 크고, 이태원에 관한 폭력적 상상은 이곳의 매력을 구성하는 서스펜스의 일부다.

매혹과 거부감 사이에서

50대 백인 남자가 자기 나이의 절반쯤 되어 보이는 한국 여자의 어깨에 손을 올린 채 거리에 줄지어 선 작은 성판매 업소 중 한 곳으로 들어가고 있다. 나는 전직 카투사인 주황과 함께 후커 힐의 F 술집 맞은편에서 이 모습을 지켜본다. 주황은 이들이 보이

---

9 내가 이태원 관광안내소에서 받은 지도에는, 작은 골목까지 세세하게 담겨 있었지만 어째서인지 후커 힐이 보이지 않았다. 이러한 예에서 후커 힐이 사라질 위기에 처해 있다는 것을 조금이나마 감지할 수 있다.

지 않을 때까지 기다렸다가 가볍게 어깨를 으쓱거리고는 다시 움직인다. 오늘 밤 F는 비교적 한산하다. 젊은 남성 여럿, 그리고 미니스커트를 입은 여성 몇몇이 있다. 모두들 지루해 보이지만, 우리 테이블 건너편에 앉은 사람들은 그렇지 않은 듯하다. 한 미군은 함께 있는 금발 여성의 가슴골에 작은 양주잔을 조심스레 올리느라 바빠 보인다. 그러더니 자기 얼굴을 여성의 가슴에 비비고, 유리잔 가장자리를 이로 문 뒤, 데킬라 한 잔을 목구멍으로 털어 넘긴다. 마침 도착한 주황의 나이지리아인 친구 제이슨이 여기서 몇 걸음 떨어진 C 클럽으로 자리를 옮기자고 재촉한다.

C에서는 한국인 디제이가 힙합 음악을 연달아 틀고 래퍼는 마이크를 아무렇게나 집어든 채 음악에 맞춰 랩을 한다. 짧은 원피스를 입은 한국 여성이 혼자서 계속 춤을 추고, 덩치 큰 대머리 남자 무리들이 댄스 플로어를 깔보듯 바라본다. 이들은 금발의 젊은 러시아 여성들과 함께 앉아 있다. 제이슨은 우리에게 술을 한 잔씩 산다. 그는 오늘 밤 미군기지 안에 있는 카지노에서 파티를 하다가 1000달러도 넘게 도박으로 날렸다고 한다. 그러니 술값으로 몇 푼 더 쓴다고 해서 달라질 건 없단다. 신나는 그 말에 맞춰 우리는 건배를 한다. 제이슨이 미국인 카지노에서 좋은 시간을 보냈다고 계속해서 자랑해댈 때 주황은 약간 씁쓸해 보인다. 그는 언젠가 한국인이 드나들 수 없는 그 카지노에 몰래 들어가려 했다가 보안 요원에게 쫓겨난 적이 있다. 나는 제이슨에 대해 사전에 들은 바가 거의 없어서 그를 관찰하고 있다. 제이슨은

동맹의 풍경

이태원에서 파티하는 것 말고는 한국에서 딱히 할 일이 없단다. 한국에 왜 오게 됐느냐는 내 질문에 그는 "좋은 시간 보내려고 왔죠. 당신은 왜 왔어요?"라며 노련하게 받아넘긴다. 직업이나 생활환경에 대해서는 질문해봤자 대개 답을 듣기 어렵다는 점은 이태원에서 배워야 할 중요한 교훈이다. 이태원 외국인에게 들을 수 있는 대답이란 "일 때문에 왔어요" 정도이고, 이에 만족해야 한다.

30분 뒤, U 클럽으로 향한다. 필리핀인과 러시아인 접대부들이 비싼 음료를 사줄 남성 고객을 기다리는 곳이다. 댄스 플로어에는 '케이로K-Lo'(아프리카계 미국인 스타일을 따라 하는 한국 여성을 가리키는 속어)와 제이슨 같은 아프리카인이 몇몇 있고, 그 외에는 흑인 또는 라틴계 미군 남성으로 가득하다. 클럽 U는 피 터지는 싸움으로 유명해서 입구의 보안 요원은 방탄조끼를 입고 총도 소지하고 있다. 아니나 다를까, 댄스 플로어에서 20분쯤 즐기고 나니 지옥문이 열린다. 춤추던 몇몇의 주먹다짐이 시작되고, 잠시 음악이 꺼진다. 여자들은 비명을 지르며, 근처의 거의 모든 남자들은 싸움에 끼어들려 한다. 보안 요원들이 잽싸고 거칠게 댄스 플로어로 들어오고, 마지막 순간까지 싸움을 벌이는 소동의 주범인 덩치 큰 남자가 금세 밖으로 끌려 나간다. 제이슨과 주황도 이제는 떠날 채비를 한다. "젠장, 싸움 때문에 기분 다 망치네. 여기야 매번 똑같지." 제이슨이 불만을 토로하며 나가자고 한다. 그렇게 우리의 밤은 계속 이어진다.

오늘날 이태원은 더 이상 단순한 기지촌도 아니고 도시의 홍등가도 아니다. 무척 다양한 사람들, 주로 남성들 사이에서 제한된 물리적 공간을 두고서 영토 싸움을 벌이는 곳이자 잠재적 섹스 파트너를 구하기 위한 다툼이 가득한 곳이다. 이곳에는 많은 한국 경찰, 미국 헌병과 함께 항시 무기가 있다 보니 긴장감이 배가된다. 이러한 무기는 이태원에서 두 국가의 주권이 어떻게 부딪히는지 상기시켜주는 일상적인 유형有形의 존재로, 이태원 방문객이라면 타협해야 하는, 끊임없이 변화하는 마찰의 층위를 만들어낸다(Tsing 2005 참고). 게다가 대부분의 클럽은 잠재적 범죄자로부터 사람들을 보호하기 위해 온갖 무기를 갖춘 사설 보안 요원을 별도로 고용한다. 이는 안전 제공이라는 국가의 할 일을 떠맡는 일종의 신자유주의적 아웃소싱이며, 앞서 짧게 언급했던 최근의 상품화와 젠트리피케이션 국면을 보여주기도 한다.

이태원을 막 드나들기 시작하던 무렵의 어느 날 밤, 제복을 갖춰 입고 기관총으로 무장한 미군 헌병 둘이 술집에 들어오는 모습을 보고 깜짝 놀랐다. 미군들에게 인기 많은 이태원 중심가의 '웨스턴 스타일' 술집을 헌병들이 순찰하는 동안, 나는 앞서 소개한, 주중에는 사무실에서 일하다가 주말이면 호모 힐에서 파티를 즐기는 봉희와 이야기를 나누고 있었다. 30분 뒤, 봉희가 제일 좋아하는 게이 클럽으로 자리를 옮겼다. 여기서도 헌병이 나타날까 물었더니 봉희는 웃으면서 이쪽 동네로는 거의 오지 않는다고 했다. "제복 입고 총 찬 남자들이 여기 쳐들어온다고 생각해

동맹의 풍경

봐요. 뭐, 머릿속에 그려지네요. '너희 게이들, 모두 손 들어!'"

봉희는 그날 같이 지하철을 타기 전에 내게 "참고로, 나이 든 사람들은 이태원을 두려워해요"라고 말했다. 이에 내가 "여기 발 들이기 싫어하는 청년들도 서울에서 많이 봤어요"라고 답했다. 봉희가 이어 말했다. "고등학교 때 한 친구가 이태원에서는 게이들이 거리에서 섹스를 한다고 하더라고요. 당연히 저는 가서 확인해봐야 했죠!" 이태원에 대한 사람들의 생각에서 반복적으로 발견할 수 있었던 중요한 모순은 봉희의 말에서 잘 드러난다. 다른 곳에서는 찾아볼 수 없는 특정 사회악을 격리하는 공간으로서의 이태원에 관한 묘사와 함께, 내가 **이태원 서스펜스**라고 부르는 의외의 논리가 떠오른다. 이토록 악명 높은 곳이건만, 다른 데서 찾아볼 수 없는 많은 행위가 용인되고 다양한 사람들이 자신을 위한 공간을 찾으려는 희망을 품고 발 들인다. 많은 이들의 상상에서 이태원은 매혹과 거부감 사이의 어딘가에 있다. 이러한 불안한 위상은 이곳에서 벌어지는 일에 대한 통제권을 두고 다양한 주권들이 경합하는 가운데 만들어지는 정동적 측면이다.

미군과 한국 당국은 강력한 권한으로 이태원에 질서를 부여할 수도 있음에도 문제는 매일매일 복잡해진다. 이태원에서는 밤마다 미국 헌병, 한국 경찰, 사설 보안 요원을 심심찮게 볼 수 있지만, 어떤 방문자에게 누가 권한을 행사할지를 결정하는 관할권이 불분명한 경우가 많아서 실제로 무력 개입은 상황이 격할 때만 일어난다. 또한 일부 방문객들은 이들을 어떻게 대해야 하는지 잘 알고 있어서 민간인인 척하는 미군이 있는 한편, 나이지리아인 이주민은 여차하면 주저 없이 흑인 미군인 척한다. 이처럼 경쟁하는 의미들로 가득 찬 이태원은 방문객이 상황을 효과적으로 처리할 수 있는 여지가 많고, 행위자들은 계속해서 내부적·암묵적 규칙을 제공받는다.

안드레아 브리겐티Andrea Brighenti (2010)가 「영토학에 관하여」On Territorology에서 제안한, 환경을 영토로서 사고하는 관점은 이태원을 분석할 때 상당히 유용하다. "과거의 지식을 현재 상황과 연결하는 이 관점은 기호를 암호화하거나 해독할 수 있게 해주고, 유의미한 환경을 공유하게 해준다. 즉 환경을 영토화territorialization 하는 것이다." 브리겐티는 집단적 "상상 행위, 즉 물질을 비물질로 연장하는 행위"로 형성된 특정 영토와 장소는 다양한 행위자들이 품은 잠재적으로 어울리지 않는 비전, 꿈, 욕망이 새겨진 물리적 영역으로 이해될 수 있다고 본다.

호모 힐이라는 '자신의' 영토에 미군이 들어올 때 봉희가 느끼는 꺼림칙함은 제한된 공간에서 서로 엄청나게 다른 개인들이 자신을 배치해야만 하는 상황을 보여주는 좋은 예다. 이태원 바깥에서의 평범한 삶이 봉희에게 줄 수 **없는** 무언가가 이태원에는 있다는 점이 중요하다. 봉희의 친구, 가족, 동료는 모두들 그의 성적 지향을 모르고, 봉희는 자신이 동성애자라는 사실이 알려지면 직업, 우정, 부모와의 관계가 어그러질까 봐 두려워한다. 따라서 그에게 이태원은 다른 남성과의 성애적 조우를 할 수 있는 공간일 뿐만 아니라, 더 중요하게는 자기 삶에서 게이임을 공개적으로 드러낼 수 있는 유일한 공간이다. 봉희는 "이태원이 없었으면 전 미쳐버렸을 거예요"라며, 이곳이 바쁜 주중에 쌓인 스트레스를 풀 수 있는 안전 밸브 역할을 해준다고 말한다. 이는 이전 장에서 살펴본 일부 미군이 기지촌을 이해하는 방식과 놀랍도록 유사하지만, 봉희는 이태원에서 만날 수 있는 잠재적 동료에 꼭 군인을 포함시키지는 않는다. 사실 그는 '자신의' 이태원을 불안하게 만드는 요소 중 하나가 호모 힐을 침범하는 '이성애자' 군인이라고 거듭 내게 말했다.

때로는 후커 힐을 찾는 술 취한 군인이 호모 힐로 잘못 들어와 문제가 생기기도 한다. 또 꽤 많은 이성애자 미군이 음악을 즐기러 호모 힐에 오기도 한다. 봉희에게는 설상가상으로, 알앤비나 힙합을 주로 트는 '이성애자' 클럽이 아니라 테크노 음악을 트는 게이 바와 클럽에 여성 애인을 데려오는 군인들도 있다. 한국계 미국인과 사귀면서 빠른 시일 내에 미국이나 유럽으로 떠나기를 바라던 봉희는 '자신의' 클럽에 드나드는 군인들 때문에 매우 심기가 불편했다. "걔넨 여기 와서 술 마시곤 목소리가 커지고 공격적이 돼요. 자기들이 이 공간을 지배하는 줄 알죠."

봉희는 대학생 때 미군기지에 반대하는 학생 모임에서 활동했고, 미군 시설 앞에서 여러 차례 미군 철수 시위도 벌였다. 비무장지대 근처 작은 마을에 있던 봉희의 부모님 집은 미군들이 드나들던 홍등가 가까이 있었는데, 봉희는 거기서 처음으로 미군에 대한 두려움을 배웠다고 한다. 어린 시절 목격한 그 모든 음주와 방탕에서 벗어나고 싶었던 봉희는 아이러니하게도 어릴 때 그토록 두려워했던 이들과 현재 자신이 가장 사랑하는 공간을 마지못해 공유해야 하는 처지다.

초남성적 폭력과 쾌락주의적 즐거움 사이의 때로는 불편한 상징적 위상을 나타내는 이태원 서스펜스는 봉희의 이야기가 암시하는 또 다른 부유 상태도 가져온다. 이는 평범한 일상으로부터의 '짧은 휴식time-out'이라는 일종의 시간적 부유 상태로, 예기치 못한 형제간의 유대를 가능케 하는 시간이다. 이태원은 그곳에 발 들이는 이들에게 뜻밖의 기회를 만들어내는 경계 공간 liminal space이다. 결과적으로 이곳을 드나드는 군인 남성과 민간인 남성 사이에 피어나는 고도로 불안정하고 즉흥적인 **코뮤니타스** communitas[10](Turner 1967, 1969)는 이러한 경계성의 결과로 해석될 수 있다. 가령 전직 카투사였던 주황은 때때로 이태원의 미군들에 대한 우려를 스스럼없이 털어놓기도 했지만, 여기저기 술 마시러 다니다가 만난 흥분한 사람들이나 미군과 함께 파티를 즐기며 보냈던 밤들을 즐겁게 회상하기도 했다.

---

10 『의례의 과정』*The Ritual Process*에서 터너는 **코뮤니타스**에 대해 이렇게 말한다.
  "경계적 현상은 천박함과 신성함이, 동질성과 동료애가 뒤섞인다는 점에서 흥미롭다. 이행의 의례에서는 (그것이 덧없이 짧을지라도) '시간 안팎에 존재하는 순간'과 세속적 사회구조 안팎에 존재하는 순간을 만나게 된다. 이 순간은, 이미 사라져 다양한 구조적 매듭으로 조각나 있는 일반화된 사회적 유대에 관한 인식을 (언어가 아닌 경우 상징을 통해) 드러내준다."
  (Turner 1969: 96)

동맹의 풍경

이들은 과연 폭력적인 사람일까

"폭력과 무관한 얘기도 있어요. 그렇다고 좋은 얘기는 아니지만요." 25세의 미군 에릭이 술집에서 벌어진 싸움 얘기, 한국 여성과 보낸 하룻밤 얘기, 돈이나 서비스 때문에 스트리퍼, 접대부, 포주와 옥신각신한 얘기, 혹은 군인끼리 싸우다가 멍들거나 뼈가 부러진 얘기 등을 마무리 지으면서 내게 한 말이다. 피비린내 나지 않는 얘기 중 하나는 에릭이 기지촌이나 이태원이 아닌 시내 술집에 처음 가게 된 경위였다. 그는 친구와 함께 화려한 강남 지역에서 요즘 유행한다는 어느 술집에 갔다. 들어가자마자 술집 전체가 조용해지며 사람들의 이목이 쏠렸다. 헤어스타일과 체격 때문에 이들은 한눈에 미군처럼 보였다. 알고 보니 미국인을 거침없이 비판하는 어느 평화운동가 집단도 그날 거기에 있었고, '그들의' 술집에 미군이 들어서자 적대감을 내비쳤던 듯하다. 이들은 문제를 일으키지 않으려고 재빨리 맥주를 한 잔 비운 뒤 술집에서 나왔다. 에릭은 불만 가득한 투로 말했다.

문을 열고 들어서면 모두가 우리 정체를 알아요. 헤어스타일만 봐도 금세 알죠……. 모두에게 항상 내가 누군지 소개하고 다니는 기분이에요. "난 미국에서 온 에릭이야. 고등학교도 못 마쳤지만 어쨌든 한국에 오게 됐네. 근데 나랑 친구 할래?"[11]

비 오는 어느 날 밤, 나는 이태원에서 에릭과 그의 친구 파울로를 처음 만났다. 이들은 내 영국인 지인 캐런과 같이 있었다. 캐런은 이태원에서 밤에 파티를 즐기다가 에릭을 알게 됐다고 했다. "한국에서 처음 보내는 주말이었는데, 친구와 이태원에 갔어요." 캐런은 나중에 내게 말했다.

거기서 저는 한국에 얼마나 다양한 부류의 사람들이 있는지 처음 알게 됐어요. 이전에는 한국인만 있는 데서 지냈거든요. (……) 그날 독일인 친구랑 이태원에 갔는데, 한곳에 그렇게 많은 외국인이 있는 광경은 정말 엄청나더군요. 친구가 자기 친구를 몇 명 더 데려왔는데…… 여자는 영어 강사였고, 남자는 군인이었어요. 그때 여기가 어떤 곳인지 알게 됐죠.

얼마 뒤 지하철에서 한 미군이 불쑥 캐런 옆에 앉아 자신은 일주일 전에 한국에 도착한 에릭이라고 소개했다. 캐런은 에릭이 너무 거칠어 보였고, 핸드폰 번호를 알려주는 게 조금 걱정이 되어 대신 이메일 주소를 건네주었다. 이메일을 몇 번 주고받은 뒤 캐런은 에릭과 커피를 마시러 나갔고, 에릭이 생각보다 괜찮은 남자라는 것을 알게 됐다. 에릭은 자신을 만나기 두려워했던 캐

---

11 에릭은 미군들이 제대로 교육받지 못했다는 널리 퍼진 생각을 언급했다. 내가 한국어학당을 다녔을 때 그곳의 강사 박씨에게 주한미군에 대해 어떻게 생각하느냐고 물어본 적이 있는데, 그녀는 "미군들은 교육을 많이 못 받았어요. 주한미군의 제일 큰 문제는 바로 그거죠"라고 말했다.

런을 놀려댔다. "너 그때 진짜 무례했어!"

나는 이태원 대로의 한 카페 앞에서 캐런과 에릭, 파울로를 만나기로 했다. 그들이 지내는 기지가 서울에서 남쪽으로 한 시간 정도 떨어진 곳에 있어서 차를 몰고 온다고 들었다. 길가에서 기다리는데 큰 키에 근육질인 라틴계 미국인이 빠르게 다가와 내 어깨를 잡았고, "저랑 같이 가시죠"라고 말하며 근처의 차량 쪽으로 나를 가볍게 밀었다. "넌 납치 실력 좀 키워야겠다." 우리가 차에 타자마자 에릭이 파울로에게 말했다. 캐런은 앞좌석에 앉아 나를 향해 뒤돌아 활짝 웃으며 "별로 안 놀란 것 같은데"라고 말했다. 그러자 파울로가 "힘을 써서 납치할 수도 있었지만 이제 한국에서 지낼 날이 6개월밖에 남지 않아서. 사람들이 사방팔방 미군 사고에 대해 떠들고 다닐 건수는 만들어주고 싶진 않아"라고 답했다.

이들이 우리를 데려간 클럽은 화려한 라틴 스타일 술집으로, 고급 레스토랑 거리에 있었다. 기발하게 꾸며놓은 계단을 따라 가짜 야자수가 늘어서 있었고, 이내 우리는 상냥한 직원의 안내에 따라 멋진 테이블에 앉았다. 그곳으로 가는 길에, 우리는 비교적 허름하지만 미군 사이에서 인기 많은 H 가게 앞에서 에릭과 파울로의 친구를 여럿 만났다. 파울로는 우리가 얼른 친구들을 지나칠 수 있게 안내했다. "저분들과 어울리고 싶진 않나 보네요." 내 말에 파울로는 고개를 흔들며 "오늘 밤은 아니에요"라고 답했다. "방금 본 짐은 술만 안 마시면 정말 괜찮은 친구인데, 술만 들어갔다 하면 신 콤플렉스$^{\text{God-complex}}$가 도져요." 그게 무슨 뜻인지 물었다. "그러니까 차가 많은 도로 한복판에 서 있는 짓 같은 걸 한다는 말이에요." 파울로는 요즘 들어 이태원의 악명 높은 술집이나 클럽보다 조금 더 조용한 곳에서 노는 걸 좋아하게 됐다고 했다.

에릭과 파울로 모두 열여덟 살에 입대했기에 군대에서 성인이 됐다고 해도 무방하다. 파울로는 말했다.

> 군대에 대해 알아야 할 게 하나 있어요. 옳은 행동을 하고, 열심히 하고, 적응하려고 노력한다면 그건 전부 형제애 때문이에요. 진짜로요. 하지만 가끔 문제를 일으키고, 사람들을 괴롭히고, 게으름 피우려는 놈이 꼭 있죠. 그러면 벌이 따르고요. 사람들이 그놈을 알아서 처리하는데, 상관은 못 본 체 고개를 돌려버립니다. 항상 그런 식이에요.

주장을 증명하려는 듯 파울로와 에릭은 여러 이야기를 들려주었다. 일부러 던진 돌에 맞아 어깨가 탈구된 이도 있었고, 계단 아래로 내동댕이쳐지기도 했으며, 샤워 중 누군가가 밀어 벽에 머리를 부딪친 이도 있었다. 이 모든 폭력은 그를 징계해 교정할 필요가 있다는 집단적 동의하에 벌어졌다.

그러한 사건을 비롯해서 어쩌다 벌어진 싸움으로 상처 입는 일은 군대에서 일상인 듯했다. 하지만 입대 전부터 폭력은 이미 삶

동맹의 풍경

에 스며들어 있었다고 이들은 말했다. 사우스캐롤라이나의 군인 집안 출신인 에릭은 "처음 칼싸움을 한 게 2학년 때였어요. 물론 입대하고 나서도 상황은 비슷하게 흘러갔죠"라고 말했다. 그러고 나서 근심 가득한 말투로 덧붙였다.

우린 폭력적인 사람들이에요. 한국에 와서야 비로소 깨달은 것 같아요. 평상시에 우리는 평화롭고 재밌는 사람이지만 갑자기 확 돌아버리는 순간이 있어요. 그때 싸움이 시작되죠.

내가 "누구랑 싸워요? 한국인들이랑?"이라고 묻자, "아뇨, 우리끼리 더 자주 싸우죠. 하지만 미국 욕을 들으면 그땐 나도 돌아버려요"라고 에릭이 답했다. 파울로는 미국이 아닌 타지에서 자랐지만, 에릭은 해외에 나온 게 처음이었다. 그는 종종 맞닥뜨리는 노골적인 한국의 반미주의에 대해 다소 거친 반응을 보였다.

한국이요? 처음 왔을 땐 너무 아름답고 재미있고 사람들도 다들 친절해서 정말 놀랐어요. 하지만 시간이 지나니 그 놀라움이 점차 사라지더군요. 사람들이 저를 꽤 쌀쌀맞게 대한다는 게 보이기 시작했죠. 나이 든 한국인들은 괜찮아요. 그들은 우리가 왜 아직 한국에 있는지 이해하고, 여기 와준 걸 고마워하기도 하거든요. 하지만 젊은 사람들은 달라요. 우리가 여기 있는 걸 삐딱하게 보죠. 젊은 한국인들은 우리와 7월 4일(미국의 독립기

넘일)을 함께 축하하고, 우리 돈을 받고 물건을 팔 때는 아무런 불만도 표하지 않으면서, 며칠 뒤에는 미국산 쇠고기에 반대하는 시위에 나가는 식이에요. 엿이나 먹으라고 해요. 미국산 쇠고기 욕할 시간에 작년에 있었던 조류인플루엔자 문제나 먼저 신경 쓰는 게 맞지 않아요? 정말 이해가 안 돼요.

당시에 에릭은 이태원에서 알게 된 한국 여성과 사귀었고, 대부분의 여가를 애인이나 친구들과 술을 마시며 보냈다. 에릭과 파울로는 강남이나 이태원의 조용한 구석에서 노는 걸 좋아했다. 때론 대학가인 신촌에 가기도 했다. 하지만 에릭은 홍대에는 가고 싶어 하지 않았는데, 2007년에 미군이 한국 여성 노인을 성폭행한 사건 이후로 홍대 전체가 미군에게 출입 금지 구역처럼 되어버렸기 때문이다.

1년 반 전에 일어난 일이죠. 하지만 여기 언론에서는 아직도 그 얘기를 해요. 진짜 끔찍하고 나쁜 일이었어요. 하지만 그건 한 사람이 저지른 일이잖아요. 근데 한국 사람들은 그 사건으로 우리 전체를 판단해요……. 한국인 한 명이 미국에서 수십 명을 총으로 쏜 일이 있었죠. 그렇다고 제가 한국인을 전부 싸잡아 적대시하나요?[12]

12 에릭은 버지니아공대 총기 난사 사건을 언급하고 있다. 2007년 4월, 한 한국계 미국인 학생이 버지니아폴리테크닉주립대학교에서 32명을 무차별 살해한 뒤 자살한 사건이다.

반면에 파울로는 홍대를 좋아했고, 상황만 맞으면 흔쾌히 홍대에서 보자고 했다. 그는 홍대의 과격하고 불량한 몇몇 곳을 특히 좋아했고, 예전에 거기서 멋진 밤을 보내기도 했다. 5년 전 처음 한국에 왔을 때 파울로는 의정부 근처의 기지에 있었는데, 가장 끔찍한 시절이었다고 한다. 키가 큰 말라깽이였던 그는 군대 생활이 처음이었고, 어색했으며, 놀 데라고는 사람들이 항상 술에 취해 필리핀인 접대부 뒤꽁무니를 쫓아다니는 자그마한 기지촌밖에 없었다. "처음에는 저도 다른 사람들처럼 매일 밤 술이나 마셨어요. 그러다가 대신 체육관에 가기 시작했죠. 그게 정신 건강에 좋았어요." 파울로는 서울 근방으로 재배치된 뒤 상황이 훨씬 나아졌다고 했다. 자유 시간이면 군대와 관련한 모든 것에서 벗어나기 위해 지하철에 올라탄 뒤 아무 정거장에나 내려서 한국이 어떤 곳인지 둘러봤다.

에릭과 마찬가지로 파울로도 6개월 뒤에는 한국을 떠난다. 그는 한국에 거의 6년간 있었지만, 이제는 떠날 때라고 했다. 파울로가 내게 물었다. "지하철에서 아무도 내 옆에 앉고 싶어 하지 않을 때 어떤 느낌인지 아세요?" 그러자 캐런이 끼어들어 "진짜예요. 말만 들어선 안 믿었을 텐데, 파울로랑 같이 다니면서 너무 많이 봤어요"라고 했다. 파울로는 택시 잡기도 힘들어서 대개 캐런이 대신 잡아준다고 했다. 길거리에 손들고 서 있는 외국인 여성을 보고 차를 세운 택시 기사는 부루퉁한 채로 군인을 태운다. "이제 우린 떠날 시간이죠." 에릭이 쓴웃음을 지으며 말했다.

이태원 프리덤, 위험과 기쁨의 자유

다 알려주겠어 다 말해주겠어
새로운 세상 그곳을 말해봐
-U.V.의 〈이태원 프리덤〉 중에서

〈강남스타일〉이라는 노래가 전 세계 클럽을 휩쓸며 케이팝의 세계적인 열풍을 불러오기 전, 서울의 한 지역을 미화하는 다른 노래가 한국에서 큰 성공을 거두었다. 바로 〈이태원 프리덤〉이다. 그 유명한 뮤직비디오에서는 세 명의 가수(듀오 U.V.와 박진영)가 검은 가죽옷을 입고 아프로Afro[13] 가발을 쓴 채 유흥가를 묘사한 스튜디오 세트에서 춤추고 있다. 더 인기 있는 유흥지인 강남과 홍대는 사람이 너무 많고 흥미가 떨어지며, 이태원에 오는 사람들만이 새로운 세상을 맛볼 수 있다고 노래한다.

세 주인공 외에 짙게 화장한 젊은 백인 여성과 흑인 남성도 등장하는데, 이 남성은 아프리카인 이주민, 관광객, 미군을 차례대로 연기한다. 이 뮤직비디오에서는 한 여성이 한국 남성 세 명의 접근을 연달아 거절하는 데서 웃음을 유발하려 한다. 한편 외국 남성 캐릭터는 한국 남성들이 행사하는 남성성을 약화하는 것처럼 보인다. 한국 가수들은 강한 척 연기하지만 외국 남성의 육체

---

13 [옮긴이] 흑인의 둥그스름하게 부풀린 곱슬머리를 말한다.

동맹의 풍경

적 존재감과 몸집에 놀란다. 뮤직비디오의 마지막 장면은 실제 이태원 거리를 배경으로 하는데, 세 주인공이 리무진을 타고 동네를 돌다가 거리에서 술에 취해 흥이 넘치는 외국인이 대다수인 무리와 춤판을 벌인다.

뮤직비디오에서는 이태원의 전통적 이미지가 재사용된다. 미국의 완전한 지배를 받았던 과거사와 역설적으로 그로 인해 탄생한 자유 및 해방의 개념을 다시금 돌이켜보면, 20세기 후반부터 이태원이 여러 권력 사이에서 부유해온 중요한 정황들이 떠오른다. 한국 지도자들은 이태원과 같은 창구를 통해 민족정신을 좀먹는 '미국적인 것'이 확산할 가능성을 우려했기에 서양의 감각을 촉진할 것처럼 보이는 곳은 '게토화'했다. 나는 이러한 비공식적 봉쇄 정책이 오랜 긴장감을 낳았고, 지도자들이 통제하려 했던 그 세력을 오히려 빠르게 숙성시켰으며, 이는 오늘날에도 선연히 느껴진다고 본다. 2010년 〈이태원 프리덤〉의 가사가 서울 전역의 댄스홀에서 울려 퍼졌던 것처럼, 현재까지도 새로운 형태의 사회적·성적·정치적 관계가 이따금 이태원에서 흘러나와 한국의 다른 지역으로 퍼진다.

한국의 한 유흥지를 분석한 이번 장의 목표는 두 가지였다. 첫째, 이태원에서 한국 남성과 미군 간에 벌어지는 복잡한 상호작용을 살펴보았다. 이곳에서 다양한 방식으로 수행되는 남성성은 종종 예기치 못한 방식으로 상호작용하고, 경쟁하고, 모순된다. 에릭과 파울로라는 두 미군의 경험, 이태원을 좋아하는 전직 카투사 주황과 게이 직장인 봉희라는 두 한국 남성의 경험은 미군과 한국 남성이 이태원에서 만났을 때 나타나는 고도로 불안정한 남성성의 예시다. 페미니스트 작가들이 미군과 한국 여성 간의 논쟁적 성적 조우에 먼저 집중한 덕에 한국 내 미군기지가 양산한 위험한 유산들을 살펴볼 수 있었지만, 미군 복무자들의 목소리와 이들과 부딪쳤던 독특한 경험을 들려주는 한국 남성들의 목소리를 고려하지 않는 한 이러한 시도는 불완전할 수밖에 없다.

둘째, 나는 이태원을 장소 형성place-making이 계속 이뤄지는 곳으로 이해하고자 했다. 이곳에서는 현지인과 외지인 행위자들이 항해할 새로운 영역이 만들어진다. 미군기지는 이태원을 문화적·사회적 교환 혹은 변화를 끌어내는 "예상 밖의 부화기"로 바꿔놓았다(Kim P. and Shin 2010: 203). 이태원의 상징성을 두고 치열한 경쟁이 벌어진다면, 이태원을 상상된 지형으로 유지해주는 유일한 요소는 모든 행위자가 공통으로 가진 '좋은 시간'이라는 모호한 개념일 것이다. 하지만 이태원 서스펜스는 사람들이 일상적 삶에서 떨어져 부유하게 하는 지형을 만들고, 남성성을 겨룰 뿐만 아니라 일시적으로 형제애가 움트는 여지도 마련한다.

결국 이태원이라는 이름에 종종 들러붙는 꿈, 비전, 자유는 아메리칸드림이라는 개념과의 연관성이 약해졌고, 대신 모든 종류의 낯선 에로티시즘을 이곳에서 소비할 수 있다는 생각과 더욱 단단히 연결됐다. 때로는 장난스럽게, 때로는 진지하게 정체성이 은폐되고, 충돌하고, 섞이면서 일시적으로 차이가 지워지는 이태

동맹의 풍경

원은 일상에서 절대 만날 수 없는 이들과 관계 맺기를 원하는 사람들을 위한 기대치 못한 입구이자 출구가 된다. 또한 방문객들은 미군과 함께 파티를 즐기고 싶다는 기대를 안고 이태원에 오지만, 대신 콜롬비아인 이주노동자, 한국인 트랜스젠더 성노동자, 나이지리아인 상인과 어울리게 되는 경우가 많다는 사실에서도 이태원 서스펜스가 발생한다. 오늘날 이태원은 먼 곳에서 위세를 떨치는 미국으로 희망과 욕망을 이관하기보다, 찰나와 같은 현재 서울의 특정 지형 내에서 성애적 소비와 성취를 이룰 수 있다고 약속한다. 이태원의 악명 높은 평판을 상품화하겠다고 위협하는 신흥 체제 내에서(동시에 그러한 악명을 빚어낸 '평판이 좋지 않은 여성'에 대한 숙청이 늘어나는 와중에) 미군이 가져오는 위험과 기쁨의 상상력은 이상하게도 여전히 긴밀하게 연결되어 있다.

6장

스캔들의 온상이 된 홍대

대안 지대의 미군과 반군사주의 펑크족

대안적 지역을 해체한 미군?

[홍대에는] 외국인이 정말 많아요. 일부는 정말 나쁜 사람들이
죠. 미군 말이에요. 그 사람들은 행실이 나빠요. 여자들한테는 밤
에 위험해서 저는 거기 잘 안 가요. 물론 착한 외국인도 있지만
나쁜 외국인이 전체 이미지를 망치는 법이죠.(25세 학생 효진)

홍대 한복판에 있는 커다란 인디 공연장 O 클럽에 친구와 지인
열 명이 모여 있었다. 그날 밤, 긴장감 도는 사건이 일어날 것만
같았다. 영국에서 온 영어 강사 캐런은 내게 군인 몇 명과 함께
공연장으로 오고 있다고 문자를 보내왔다. 나는 주위를 둘러보며

클럽에 모인 한국인, 외국인, 활동가, 좌파, 펑크족의 수를 가늠해 보았다. 해외 '위안부' 생존자를 위한 모금 콘서트가 막 시작하려 던 참이었다. 친구들은 내 연구에 대해 알고 있었고 이를 지지했 다. 하지만 이들은 시간 날 때면 미군과 어울렸다. 누군가에게는 내 연구를 지지하는 것과 자신이 미군과 어울리는 것이 별개의 문제로 다가왔을 것이다.

캐런이 O 클럽에 도착했을 때, 함께 온 지인 가운데 칼이 있어 서 나는 안도했다. 아시아계 미군인 칼은 거기 모인 사람들에게 익숙한 친구로, 처음에는 환영받지 못했지만 이내 모두 친해졌 다. 20대 중반의 백인 미군 토니와 스티브가 이들과 함께 왔는데, 토니는 불안해 보였고 스티브는 흥분한 듯했다. "정말 멋진 곳이 네요." 짧은 머리를 숨기기 위해 스티브와 마찬가지로 야구 모자 를 쓴 토니가 탄성을 질렀다. 칼은 홍대에서 밤을 보낼 때 정체를 숨기려고 애쓰는 군인들을 보면 항상 히죽거렸다. 한국인들은 칼 을 단번에 군인이라고 알아보지 못했다. 반면에 토니와 스티브는 야구 모자를 썼지만 소용없었다. 조금 전까지만 해도 우리 근방 에 앉아 있던 이들 중 세 명이 자리를 옮겨갔다.

덩치가 크고 활기 넘치는 토니가 작년에 이라크 파병 근무를 마치고 온 칼과 큰소리로 떠들기 시작했다. 부드러운 말투로 내 한국인 친구에게 자신들은 모두 영어 강사라고 소개한 스티브 는 이들의 대화를 듣고 조금 당황한 기색이었다. 스티브는 토니 와 칼에게 조용히 하라고 했고, 공식 행사가 시작된 뒤에는 결국 토니에게 "야, 너 지금 실수하고 있어"라고 말하기까지 했다. 실제로 젊은 군인들이 우리와 함께 앉은 순간, 한 한국계 미국인 여성이 마이크를 잡고 '위안부' 여성 문제와 관련한 글을 크게 읽기 시작했고, 마지막에는 우레와 같은 목소리로 "모든 전쟁을 끝냅시다!"라고 외쳤다. 토니가 잠깐 나를 쳐다보더니 웃으며 말했다. "자, 이제 맥주 한잔 마실 시간이네요."

이태원이 바로 옆의 미군기지 때문에 유흥가로 부상했다면, 서울 도심에 있는 이른바 '홍대'의 역사는 교육 기관인 홍익대학교와 연관이 깊다. 1946년에 설립된 뒤 미술학부가 매우 유명한 이 대학은 1980년대 이후 교육 과정과 시설을 확장했고, 원래는 조용한 주택가였던 이 지역의 성격을 완전히 바꿔놓았다.

1990년대 초, 몇몇 사설 미술학원이 동네에 들어오면서 가게와 술집, 라이브 클럽이 문을 열었다. 특히 라이브 공연장의 등장은 놀라웠다. 1960~1970년대에 이태원에서 라이브 음악의 전성기가 펼쳐졌지만, 1980년대쯤에는 관객 앞에서 공연하는 록밴드의 유행이 꺾였다. 1990년대에 들어서야 홍대에서 이러한 콘셉트가 다시금 인기를 얻기 시작했다. 라이브 공연에 대한 관심이 되살아난 데는 1994년에 문을 연 클럽 '드럭Drug'의 공이 컸다. 이곳은 홍대에서 얼터너티브 밴드들의 자생적 음악을 처음으로 홍보한 공연장 중 하나다(Cho 2007: 47).[1]

---

1 '드럭'은 이곳에서 정기 공연을 펼친 크라잉넛의 성공으로 유명해졌다. 1993년에 결성한 크라잉넛은 두말할 것 없이 한국에서 가장 크게 성공한 펑크 밴드다. 밴드명과 동명의 데뷔 앨

6장 | 스캔들의 온상이 된 홍대

1990년대 후반과 2000년대 초반에는 라이브 음악에 환호하는 이들이 경멸하던 댄스 클럽이 홍대에 등장했다. 힙합, 테크노 등 여러 댄스 음악을 트는 클럽이 하나 생기더니 이내 또 하나 생겼고, 새로운 사람들이 홍대에 발 들이기 시작했다. "순수예술이나 음악뿐 아니라 영화, 출판, 디자인, 광고, 인터넷 개발 종사자도 늘어나" 이들도 홍대에 발자취를 남겼다(Lee M. 2004: 70). 새로운 클럽들이 개장하자 홍대는 확실히 많은 사람에게 더 매력적인 장소가 되었다. 주로 사업가들이 돈을 내고 젊은 여성과 동석해 서비스를 받는 값비싼 업소이자 서울의 다른 곳에서 볼 수 있는 전통적인 '나이트클럽'과 달리, 새로운 부류의 클럽은 부가 요금이 비교적 적었고, 업소에 고용된 여성 접대부가 없었기에 클럽 방문객들이 직접 끈적한 분위기를 만들어내야 했다. 그러면서 홍대 클럽에서는 단시간에 무료로 쉽게 성적 모험을 할 수 있다는 생각이 생겨났다.

10~20년간 빠르게 일어난 이 지역의 젠트리피케이션[2]은 내가 홍대에 처음 왔던 2007년에 거의 끝난 듯 보였다. 동시에 '옛날 홍대' 이미지가 계속 남아 있어, '진짜 홍대'가 '완전히 망가졌다'는 얘기가 많이 회자되었다. 하지만 홍대에 새로운 자본, 라이프스타일, 사람이 유입됐다고 해서 대안적 관객이 그곳을 완전히

범인 《크라잉넛》은 10만 장 이상 팔렸는데, 크라잉넛이 등장하기 전에 한국에 팬층이 거의 없던 스타일의 음악이었기에 그 성공은 경이로웠다.

2 이에 대해서는 스미스(Smith 1982, 1986, 2002)를 참고하라.

떠난 것은 아니라는 사실을 머지않아 알게 되었다. 젊은 예술가, 음악가, 대안적 라이프스타일의 지지자들은 실질적으로 홍대에서 밀려나기를 거부했다. 지금도 이들은 완전히 상업화된 지역을 비집고 자리한 인디 카페, 술집, 클럽에 들르거나, 날씨만 괜찮다면 홍대 거리를 그저 돌아다니기도 한다.[3]

서울의 파티 중심지라는 명성이 커졌을 무렵, 여전히 홍대를 젊은 좌파들의 안식처로 보는 이들 앞에 시시한 클럽 애호가보다 더 큰 문제를 일으킬 새로운 부류의 사람들이 등장했다. 이제 수도권에 거주하는 외국인들도 주말이면 홍대에 들르기 시작했는데, 이들이 골치 아픈 대상으로 떠오른 것이다. 종종 만났던 30세의 평화운동가 유나는 20대 대부분을 홍대에서 보냈는데, 홍대의 종말을 가져온 주범을 외국인이라고 보았다. 분명 그녀만 그리 생각하는 게 아니었다. 유나는 10년 전만 해도 홍대가 서울 대안 음악계의 중심이었을 뿐만 아니라 반체제적 사유와 활동을 위한 공간이었다고 했다. "이런 말 하기는 좀 그렇지만, 갑자기 외국인들이 들어오기 시작했어요. 그러고 나서 독립 문화가 완전히 파괴되어 홍대는 그저 클럽 있는 곳으로 변질됐고, 기업이 운영하는 가게나 식당이 들어섰죠."

대부분 서양인인, 요즘 홍대를 드나드는 외국인 중 특히 한 집

---

3 홍대 인근을 주기적으로 들르는 사람들은 꼭 거기 살아야 한다고 생각지 않았기에 홍대의 임대료 상승은 경제적 여유가 없는 청년들이 홍대에 들르지 못할 이유가 되지 않았다. 결혼 전까지 주로 부모와 함께 살거나 대학 근처의 저렴한 곳에 사는 학생들은 어디든 재빨리 데려다주는 서울의 값싸고 효율적인 대중교통 체계에 크게 의존한다.

단이 대안적 지역을 해체한 데 대한 근본적 책임이 있는 것으로 지목된다. 바로 미군이다. 이들은 기지촌 지역을 벗어나 **일제히** 홍대로 향하기 시작했다. 미군을 끌어당긴 홍대의 매력은 자유로운 데다가 유흥 시설이 밀집되어 있다는 점에만 있지 않았다. 외국인과 친해지고 싶어 하는 젊은 한국 여성이 클럽이나 술집에 많다는 점도 있었다. 한편 홍대의 좌파 청년들은 미군이 잠재적 범죄자라는 묘사에 수년간 노출되어온 탓인지, 이제 홍대를 파괴하는 **주범**이 미군이라고 보았다.

지금부터 드넓은 서울에서 미군과 민간인의 첨예한 갈등이 구체적으로 드러난 또 다른 사례들을 살펴볼 것이다. 반골 청년들의 영역으로 여겨졌던 홍대에 수많은 미군이 등장함으로써 어떤 파문이 일었을까? 이태원과 홍대에서 미군이 다뤄진 방식을 살펴보면, 두 동네의 놀라운 유사점과 차이점이 드러난다. 이전 장에서 살폈듯, 1980~1990년대의 정치적 작업으로 탄생한 폭력적 상상은 이태원을 영토화하는 방식에서도 나타난다. 죄악으로 가득한 이태원 땅에 새로운 한국인들을 끌어들이려 할 때, 이태원의 이해 관계자들은 어느 정도 기지촌의 나쁜 평판을 활용해야만 했다. 하지만 홍대에서는 이 지역을 이해해보려는 언론과 함께 꽤 많은 방문객들이 미군을 홍대에 드나드는 것을 막기 위해 이들에 대한 부정적 묘사를 활용했다. 그와 동시에 홍대는 외국인과 너무 많이 얽히게 되어 예전의 본질을 잃어버렸다는 도덕적 비난을 받게 된다.

동맹의 풍경

지난 장에서 살펴본 브리겐티(2010)의 주장과 궤를 같이하여, 만약 영토가 참여자들에게 과거와 현재를 연결하게 해주고, 그들이 속한 정경의 징후를 읽게 해주며, 어떤 목적 아래 특정 공간을 공유하게 해준다면, 홍대는 이태원과 마찬가지로 그곳에 개입하는 이들이 일상적으로 대응해야 하는 치열한 논쟁이 펼쳐지는 장이다. 이태원 사람들은 대부분 정치에 별 관심이 없었지만, 많은 이들에게 홍대는 내심 '좌파들의 공간'이었다. 그래서 이 무대에 미군이 등장한다는 것은 문제적이었다. 홍대에서도 폭력적 상상은 행위자들 사이에서 본질적으로 영토 (재)점령과 관련되어 있었다. 그렇지만 홍대의 장소 형성 투쟁은 서울의 도시화 과정을 둘러싼 주도권 싸움으로 변질되었다(Harvey 2008, 2012 참고).

다양한 사람들이 홍대에서의 미군을 두고 어떻게 충돌하는지 살펴보기 전에, 이곳의 다양성을 좀 더 구체적으로 밝혀보고자 한다. 홍대의 풍경을 빠르게 훑은 뒤 미군을 둘러싼 논쟁이 이곳에서 어떻게 전개되었는지 살펴볼 것이다. 그다음으로는 사실상 미군과 거의 연관되지 않지만 여전히 미군에 관한 것으로 **여겨지는** 흥미로운 사건들을 살펴본다. 첫 번째 사건은 2004년 말 외국인 영어 강사들이 벌인 파티에 관한 스캔들로, 이는 미군이 한반도에 들어온 뒤 수 세대에 걸쳐 한국인의 마음속에 자리해온 불편한 문제, 즉 한국 여성이 자발적으로 외국 남성과 성관계를 맺는 문제를 건드렸다. 두 번째 사건은 두 명의 펑크 뮤지션이 방송에서 성기를 노출한 일인데, 한국 언론은 이를 기회 삼아 청년들이 주로 시간을 보내는 홍대를 해외에서 유입된 사회악이 가득한 동네로 묘사했다. 어느 기자는 "홍대는 이제 외국인들과 뒤섞임으로써 타락해버린 청년들의 열정이 끓어오르는 곳이 됐다"고 말하기도 했다(Koehler 2005c에서 재인용).

마지막으로는 이러한 범죄자 펑크 뮤지션이 탄생하게 된 배경을 집중적으로 살펴볼 것이다. 내가 홍대에서 만난 한 젊은 펑크족은 홍대 내 미군에 대해 노골적인 반감을 드러낼 뿐만 아니라, 내가 만난 대개의 미군기지 반대운동 활동가들의 개념적 지평을 넘어선 반군사주의적 신념을 품고 있었다는 점에서 특별했다. 펑크족들은 이전에는 불가침 영역이었던 남성 의무복무와 같은 한국 고유의 군사주의 문제를 언급하는 데 거리낌이 없었다. 역설적으로 이들은 야외 공간, 음악 공연장, 술집 등의 단골 공간을 마지못해 미군과 공유해야 하는 경우가 많았다. 2006년에는 미군기지 확장을 위해 파괴된 작은 마을인 대추리를 둘러싼 기나긴 투쟁에 일부 펑크족들이 참여하면서 '홍대 미군'과 무정부주의 펑크족 청년 사이에 한미 군사동맹에 관한 설전이 벌어지기도 했다.

달콤한 열매가 있는 금단의 땅

서울시 지하철 2호선 홍대입구역 사물함은 대개 꽉 차 있다. 작은 사물함을 가득 채운 형형색색의 스타킹, 짧은 치마, 하이힐의 주인들은 주말에만 모습을 드러낸다. 이른 저녁, 평범한 청바지에 티셔츠를 입은 젊은 여성들이 지하철 개찰구에서 나와 사물함 속 옷들을 들고 근처 공중화장실로 가서 갈아입는다. 그럴 때면 많은 여성이 거울 앞을 서성이며 머리, 옷, 신발 상태를 확인하고 화장을 마무리하느라 근방을 지나다니기가 힘들 정도다. 이윽고 완전히 변신한 여성들은 계단을 올라가 밤 속으로 걸어 들어가지만, 몇 시간 뒤 화장실로 돌아와 다시 '점잖은' 옷으로 갈아입은 뒤 지하철 막차를 타고 부모님이 계시는 집으로 돌아간다.

그런 주말이면 엄청난 인파에 뒤섞여 홍대입구역 6번 출구로 나가는 일이 고역이 된다. 때로는 고작 몇백 미터를 지나 바깥으로 나가는 데 15분이 걸리기도 한다. 그런다고 해서 북적이는 인파가 사라지는 것도 아니다. 다음 도전 과제는 출구에서 친구를 기다리는 수백 명의 청년을 뚫고 나가는 것이다. 종종 기독교 단체 사람들이 예수에 관해 노래하기도 하고, 젊은 남성들이 군중을 헤집고 다니며 새롭게 개장한 클럽 전단을 나눠주기도 한다.

화장품, 휴대폰, 액세서리를 파는 자그마한 상점으로 가득한 샛길로 들어서면 수많은 학생들이 끝없이 소주를 들이부으며 고기를 구워 먹는 식당이 나오고, 그곳을 지나면 홍익대학교로 이어지는 대로가 있다. 다소 눈길을 끄는 대학 건물 근처에는 사람들을 끌어모으려고 입구에 반짝이는 네온사인 간판을 단 고급 가게, 식당, 클럽, 술집이 즐비하다. 오른쪽으로 가면 '홍대 스타일' 옷을 파는 작은 가게와 모든 음료가 6000원이 넘는 작은 카페들이 있다. 인기 많은 힙합, 댄스 클럽이 그 근처에 있고, 몇 층에 걸쳐 높이 솟은 유명 노래방 건물도 있다. 이 건물은 전면이 유리로 되어 있어서 좋아하는 노래를 부르는 사람들을 엿볼 수 있다. 젊은 한국인들은 속이 훤히 비치는 좁은 방에서 노래하고 춤춘다. 중절모를 쓰고 체크무늬 양복을 차려입은 힙스터 남자들, 징이 박힌 검은색 가죽 재킷을 입은 펑크족들, 여기저기 돌아다니는 이모Emo 힙합을 좋아하는 무리, 섹시한 경찰 코스튬을 입고서 남자 친구에게 수갑을 채운 여성 등을 바라보면서 끝없이 밀려드는 사람들 틈을 하염없이 걸어가게 된다.

다른 골목길을 따라가면 명실상부 홍대의 중심인 자그마한 홍대 놀이터가 나온다. 따뜻한 주말이면 직접 만든 장신구, 그림, 옷을 하루 동안 판매하는 이른바 벼룩시장이 열린다. 해가 지고 상인들이 서서히 사라져도 놀이터는 쉬이 조용해지지 않는다. 경찰이 도착하기 전까지 거리의 음악가들이 군중을 모아 무료 공연을 펼치고, 비보이들이 기술을 보여주면 관중이 열렬히 환호하고, 히피 무리가 모여 드럼을 치고, 때로는 따뜻한 여름밤에 지나다니는 사람들을 즐겁게 하는 연극 공연도 펼쳐진다. 하위문화에 발 들인 아이들이 보도 끄트머리를 어슬렁거리고, 어린이 그네나 미끄럼틀에 편히 앉거나 길 건너 편의점에서 산 값싼 음식을 나눠 먹으려 그냥 흙바닥에 앉기도 한다. 집에서 만든 막걸리를 가득 실은 수레를 끌고 거리를 돌아다니는 그 유명한 '막걸리 아저씨'는 하룻밤에 몇 바퀴씩 주위를 돌아다니며 사람들에게 무료로

동맹의 풍경

시끌하게 해주고 외향적인 성격으로 즐거움을 선사한다. 홍대에서 가장 값싸고 다양성 넘치는 공간인 놀이터에 오면 이 모든 것을 누릴 수 있다.

마이크는 산만 한 덩치에 문신이 많은 미군으로, 홍대 놀이터에서 종종 마주친다. 오늘 밤에는 자신과 비슷하게 위협적으로 생긴 또 다른 군인과 동행했다. 그는 인근 이탈리안 레스토랑에서 방금 식사를 했다는데, 종업원들이 내내 기분 나쁜 표정을 지었다고 큰소리로 내게 불평한다. 그들과 인사하고 이야기도 나누었지만 뭔가 엇나간 모양이다. "사람들은 누군가가 사실 그렇게 나쁘지 않다는 걸 알게 되면 생각을 조금 바꿔요. 이 사람은 그렇게 나쁜 사람이 아니구나, 하고요." 수다스러운 마이크가 자신에게 군인이냐고 묻는 사람에게 기꺼이 답을 하는 동안 마이크의 친구는 자신이 훈련 중이라고 내게 말한다. 나는 잠시 그를 뜯어보다가 말았다. 거짓말쟁이로 보이진 않았기 때문이다. 그는 요즘 한국인 애인을 열심히 구하고 있다고, 그러지 않으면 한국어를 배울 수 없을 것 같다고 말한다. 그리고 나서 우리는 유럽에 대해 이야기 나눈다. 그는 자신에게 유럽계 선조가 있다며, 내 고향 남자들이 자신과 비슷하게 생겼는지, 혹시 자기가 거기 섞일 것 같은지 묻는다. 홍대 놀이터에서 우리 근처에 앉은 사람들은 마이크와 그의 친구가 신기한지 계속 쳐다본다.

이태원과 홍대는 지하철로 30여 분 거리다. 하지만 북쪽의 동두천이나 남쪽의 평택에서 이 도심 지역까지 오려면 대중교통으로 1시간 30분은 족히 걸린다. 일단 시간을 들여 여기까지 오면, 근방의 여러 곳에 들를 수 있다. 예를 들어 서울 지하철 1호선의 거의 마지막 역인 보산역은 동두천의 논쟁적인 기지촌과 호화로운 서울 중심가를 연결한다. 2006년에 보산역이 개통된 뒤 군인들은 쉽게 서울 도심에 올 수 있게 됐다.

서울 외곽의 주변화된 지역을 수도권의 대중교통 네트워크에 통합하려는 신속하면서도 지속적인 시도는 적정가의 주거 공간이 부족한 수도권에 새로운 영토들을 통합해 서울권을 넓히려는 숨 막히는 도시 개발의 징후다. 이전 장에서 살펴보았듯이 미군 기지촌과 그 거주민에 대한 비공식적 봉쇄 정책이 실시되었지만, 한국의 북부 대부분이 이러한 도시화 과정을 거치면서 봉쇄 정책의 실효성은 부지불식간에 약화되었다. 외국 군인들의 준'게토화'는 전 지구적 자본주의 시대에 서울이 거대도시로 급부상함에 따라 완전히 실패한 전략이 되어버렸다.

2000년대 초 엄청나게 많은 미군이 홍대로 유입되면서 특히 클럽 사장들은 골머리를 앓았다. 이 새로운 고객들이 홍대 가게에 드나들게 되자 한국인 고객을 잃을까 두려웠기 때문이다. 당시 나돌았던 소문에 따르면 군인들이 동두천 같이 동떨어진 기지촌에서 홍대로 가기 위해 버스를 통째로 전세 내기 시작했고, "홍대에서 미군들이 너무 자주 보이자 한국인들이 홍대를 '홍태원'이라 부르기도 했다"(Chun 2002). 홍대의 미군에 대한 불안감이 심각하게 고조되자 2002년 10월 말 여러 클럽에 미군 출입을 금지한다는 안내문이 붙었다.

> [홍대에 있는] 클럽 열 군데를 돌아보면 입구에 가로 60센티
> 미터, 세로 45센티미터의 노란 표지판이 가장 먼저 보인다. 검
> 고 굵은 영문 대문자로 "죄송합니다. 나쁜 선례가 많아 미군은
> 더 이상 홍대 클럽에 출입할 수 없습니다"라는 말이 쓰여 있다.
> '미군'이라는 글자만 밝은 빨간색으로 강조되어 있다. 그 옆에
> 는 영어로 "홍대 클럽 내 금지 행위"라고 적힌 또 다른 빨간 표
> 지판이 있다. 마약, 싸움, 성희롱 등이 나열된 그 목록을 보면
> '나쁜 선례'가 뭔지 어렴풋이 감이 온다.(Chun 2002)

우연의 일치인지 이러한 미군 출입 금지는 그해 여름 두 명의
10대 청소년 심미선과 신효순이 미군 장갑차에 치여 사망한 지
불과 몇 달 뒤에 시작되었다. 2002년 가을에는 두 학생의 죽음에
연루된 조종수 두 명이 징역형을 받게 되리라는 기대가 한껏 높
아진 상태였다. 하지만 11월에 미군 군사법원에서 조종수들이 과
실치사 혐의에 대해 무죄 판결을 받자 시위가 빠르게 퍼져 수만
명이 서울 도심으로 모여들었다.

주한미군을 둘러싼 대중적 혼란이 한창인 가운데 그해 말에는
미군들이 홍대에 발 들일 때면 엄청난 긴장감이 감돌았고, 때로
는 히스테리에 가까운 수준이었다. 일례로 당시 미군에게 인기
있던 한 클럽에서 한국 여성이 미군의 흉기에 찔렸다는 확인되

지 않은 난폭한 소문이 여러 클럽과 술집에 퍼졌다. "소문에 따르면 여성은 즉사했고 그 군인은 미국 군대 측에 넘겨졌는데 처벌을 받았는지는 아무도 모른다"(Chun 2002). 홍대 클럽 사장들은 이 사태를 우려한 홍익대학교 활동가들과 회의를 열어 갈수록 논란이 불거지는 홍대 내 미군의 존재에 대해 논의했고, 결국 미군 출입 금지령을 내리기로 했다. "학생들은 '오만한 미군'에 질렸다고 한다. '미국 군대가 한국을 지키러 이곳에 와 있다는 사실에 한국인들은 감사해야 한다'고 생각하는 미군의 태도에도 질색했다"(Chun 2002).

홍대에서 벌어진 소동을 감지한 미국 군대는 한 달 만에 대응에 나섰고, '부대 방호 문제'를 들며 2002년 12월 2일부터 홍대 일대를 출입 금지 지역으로 지정했다. 안전을 위해서라며 오후 9시부터 오전 5시까지 미군과 그 가족들을 홍대에 드나들지 못하게 한 것이다. 이 명령은 "한국 경찰, 미군 헌병, 부대 방호 담당자가 통합 위협 평가를 진행한 뒤" 2006년 5월 1일이 되어서야 해제된다(Flack 2007). 하지만 7개월 뒤 제로니모 라미레스가 홍대에서 67세의 한국 여성을 강간하는 사건이 발생하자 대중의 분노가 치솟아 미국 군대는 다시 한번 입장을 수정해야 했다.

미군의 홍대 출입 금지령은 한 번 더 해제되기도 했으나, 내가 현장 조사를 진행한 2007~2009년에는 여전히 유효했다. 하지만 홍대를 드나드는 미군을 찾아보기란 그리 어렵지 않았다. 행동거지가 조심스러워진 미군들은 문제가 생길 법한 클럽이나 공연장을 멀리했고, 짧게 깎은 머리를 가리려고 야구 모자를 쓰는 경우가 많았다. O 클럽에서 만난 토니와 스티브처럼 누군가 직업을 물어오면 영어 강사라고 답했다. 역설적이지만 파티에 미군들이 초대되지 않은 것이 누군가에게는 이 공간을 더욱 매력적으로 느끼는 이유가 되었다. 26세의 아시아계 미군 칼은 홍대에 대한 애정을 이렇게 표현했다. "여기는 이태원이나 다른 군사 지역과 멀리 떨어져 있어요. 대학가 분위기가 물씬 풍기죠. 실제로 바로 옆에 대학도 있고요. 마치 고향에 온 것 같아요."

미국 대학에서 인문학 학위를 받은 칼은 종종 입대하기 전에 공부하며 보냈던 학창 시절을 따뜻하게 회상하곤 했다. 내가 만난 다른 미군과 마찬가지로 칼도 주한미군에 관한 숱한 논쟁을 잘 알고 있었다. 아시아계 미국인인 그는 시내에서 자신을 한국인으로 착각한 사람들이 종종 말을 걸면 영어로 답했는데, 그때 사람들이 자신을 비난하면 불편한 마음이 커진다고 했다. 이라크 파병을 마치고 한국에 온 지 얼마 되지 않은 칼은 중동 파병 생활이 끝날 무렵 나타난 외상 후 스트레스 장애의 여러 징후에 대해 종종 이야기했다. 그는 쾌활하고 원만한 친구였지만 이따금 만취하면 술 취한 한국 남성들과 맞서곤 했다. 내가 출국하고 나서 몇 달 뒤, 친구들은 칼이 홍대 놀이터에서 어느 한국 청년 무리와 심하게 싸운 이후로 다시는 홍대에 가지 않는다고 내게 말해주었다.

스캔들 속에서 재등장한 멸칭, 양공주

외국인에게 인기 있는 홍대의 한 클럽에서 32세의 회사원 민호와 우연히 이야기를 나누게 되었다. 나를 그곳에 데려간 23세의 미국인 지인 수지가 갑자기 시야에서 사라진 직후였다. 수지는 그 클럽이 "미군들에게 인기가 많다"고 했지만, 막상 와보니 한국인 청년, 민간인 외국인과 군인처럼 보이는 남성 몇 명이 한데 섞여 있었다. 1년 전 미국 중서부 대학을 졸업했고 주말은 주로 홍대에서 보내는 수지와 같은 영어 강사들은 이런 클럽에서 매우 환영받았다. 이태원의 술집과 마찬가지로 이곳 또한 활기찬 무리 사이에서 한국어보다 영어가 더 자주 들렸다.

"러시아인이세요?" 한 한국 남자가 영어로 내게 말을 걸었다. 그는 멋들어진 가죽 재킷에 물 빠진 청바지를 입고, 당시 홍대 거리에서 흔히 볼 수 있던 흑백의 중절모를 뽐내듯 쓰고 있었다. "왜요, 제가 러시아인처럼 보이나요?" 나는 이렇게 묻는 한국 남자들을 약간 경계했다. 이태원에서도 이런 질문을 몇 번 받았는데, 이건 사실 내가 성노동자인지 묻는 얄팍한 술수라는 걸 깨쳤기 때문이다. 그는 그저 웃어 보였다. "러시아 여자들은 세상에서 가장 아름답거든요, 안 그래요?" 그의 이름은 민호였다. 영어를 잘 구사하는 민호에게 나는 외국에서 살다 온 적이 있느냐고 물었다. 그는 그런 적 없다고 답한 뒤 자신이 외국 여성을 좋아한다며 이제껏 사귄 전 애인들의 국적을 죽 나열했다. 민호는 이태원 술집에서 영어를 배웠다고 했다. 몇몇 군인과 함께 밴드에서 연주도 했는데, 외국인에 관한 건 그때 전부 배웠다며 능글맞게 웃었다.

민호는 이태원에서 몇 년간 파티를 즐겼지만, 이제는 홍대가 더 좋다고 했다. "진짜 파티는 여기서 벌어지거든요. 여기 좀 보세요." 민호는 사람들로 꽉 찬 클럽에서 앞으로 거의 움직이지도 못하는 우리 주위의 외국인과 한국인을 모호하게 가리키며 말했다. 맞은편에서 머리를 짧게 민 근육질의 백인 남성에게 추파를 던지던 20대 초반의 한국 여성이 지인의 말에 너무 크게 웃는 바람에 우리의 대화가 잠시 끊겼다. 우리는 둘 다 그 커플을 힐끗 쳐다봤다. 민호가 내게 말했다. "저것 좀 봐요. 여기 오는 한국 여자들은 그저 외국 남자랑 섹스하려는 생각뿐이에요. 수치스럽네요." 그는 자신의 말에서 아무런 모순도 느끼지 못하는 듯했다.

민호의 말은 내가 현장 조사에서 나눈 많은 비슷한 대화의 핵심을 겨냥했다. 내가 만난 많은 한국인들은 홍대에서 시작된 한국 여성과 서양 남성 간의 정사에 눈살을 찌푸렸다. 젊은 한국 남성들은 '망신'이나 '수치' 같은 센 단어를 쓰곤 했다. 한 한국인 여성은 내 앞에서 자기 딸에게 홍대에 있는 무서운 외국인에게 다가가지 말라고 경고하기도 했다. 홍대 여성들이 공짜로 외국인과 성관계를 맺기 때문에 영업을 망친다고 불평하는 이태원 성노동자도 있었다. 몇몇 한국 운동가들은 미군이나 미군과 어울려 노는 '무책임한' 여성들과 같은 공간에 드나들고 싶지 않아서 홍대 일부를 출입 금지 구역으로 지정했다고 말하기도 했다.

외국 남성과 무료로 성관계를 맺는 한국 여성과 관련한 골치 아픈 문제 또한 2004년 말에 대중적 논란으로 불거졌다. 이는 2000년대 초 한국에서 일하는 영어 강사들에게 인기 있던 '잉글리시 스펙트럼'이라는, 현재는 폐쇄된 온라인 사이트에 게재된 한 '광고'에서 촉발됐다.

파티쟁이들아, 헷갈리지 말라고 쓴다. 잉글리시 스펙트럼이랑 나는 홍대 메리제인에서 14일(금요일 밤), 15일(토요일 밤) 이틀 동안 파티를 열 거야.
두 파티는 조금 다를 거다. 14일 파티는 지난번 두 파티랑 비슷할 듯. 여자 화장실에서 섹스 좀 하고 옷 입으면 몸에 두드러기가 돋는 전문가들도 게스트로 참석해 야심한 밤에 댄스 플로어에서 부비부비도 하고 옷도 좀 벗고 논다는 말이지.
15일에는 사회자를 두고 섹시 게임 나이트를 주최할 거다. 게임 시작 전에 모두 고주망태가 되도록 9시부터 12시까지 엄청나게 싼 가격에 술을 팔 거야. 12시부터 새벽 4시까지는 남녀 두 쌍이 팀을 짜서 여러 게임을 할 거고, 각각 조그마한 경품도 나눠줄 거다. 중간중간 힙합이나 다른 노래 틀면서 춤추는 휴식 시간도 꽤 있을 거고.
이틀 다 재미있겠지만 성격은 조금 다를 거야. 둘 중 하나만 오든 둘 다 오든, 와서 재밌게 놀아. 15일 파티는 새로운 사람을 만나고 재밌는 관계를 맺을 수 있는 시간이 될 거다.

동맹의 풍경

'플레이보이'라는 게시자가 작성한 이 글이 올라온 뒤, 같은 사이트에 그가 약속한 모든 것이 파티에서 이뤄졌음을 증명하는 사진 여럿이 업로드됐다. 얼마간 노출한 한국 여성과 반쯤 벗은 백인 남성이 과한 파티를 즐기는 모습, '부비부비춤'(신체 접촉이 많은 춤)을 추거나 서로 애무하는 모습이 담긴 사진들은 한국 언론과 블로그에 유출됐고, 이후 한국인 '네티즌'들이 잉글리시 스펙트럼 사이트를 뒤져 한국 여성을 성적으로 비하하는 글을 찾아냈다.

'여자랑 자기 쉽고 돈 벌기 쉽다는 것 빼고는 한국에 좋은 점이란 없다'라는 댓글이나 한국을 '여자한테 점수 따고 돈 벌기 쉬운 김치 나라'라고 하는 댓글을 포함해, 네티즌들은 앞으로 몇 주간 세간을 떠들썩하게 만들 만큼 많은 글을 찾아냈다. 언론, 블로거, 기타 인터넷 사용자들은 이런 글을 인용해가며 한국 내 남성 외국인을 잠재적 성범죄자로 그려냈다. 이들이 즐겨 찾는 홍대는 매일 밤 한국인의 정신을 타락시키고 육체를 유혹하는 악의 구렁텅이로 묘사되었다. 미군과 영어 강사는 이제 무슨 일이 있어도 한국 여성과 떨어트려놓아야 하는, 성적으로 타락했고 한국인을 타락하게 만드는 서양인을 대표하는 새로운 인물상으로 떠올랐다.[4]

피상적 수준에서 보자면 이 스캔들과 이전에 있었던 미군 범죄

---

4 이러한 공황 상태의 결과로 2005년 '안티 잉글리시 스펙트럼'이라는 단체가 설립됐다. 이들의 목표는 영어 강사의 범죄를 조사하고 대중적 토론을 끌어내는 것이었다. 게다가 2007년에 모든 외국인 영어 강사를 대상으로 HIV(인체면역결핍바이러스) 의무 검사가 도입되자 한국 내 외국인 사이에 커다란 분노가 일었고, HIV 양성으로 밝혀진 이들은 즉시 추방될 위기에 처했다(Rauhala 2010; Wagner and VanVolkenburg 2012를 참고하라).

를 둘러싼 이야기 간에는 꽤 비슷한 구석이 많은 듯했다. 잉글리시 스펙트럼 파티 또한 한국인 네티즌들이 보기에 기지촌을 둘러싼 논쟁에서 핵심으로 떠올랐던 폭력적 외국인 행위자, 현지 여성, 평판이 좋지 않은 유흥지라는 세 가지 요소가 포함되어 있었다. 실제로 이러한 유사점들은 유출된 사진 속 젊은 한국 여성을 둘러싼 온라인 논쟁을 통해 조잡한 방식으로 더욱 부각됐다. 갑자기 한국 웹사이트에 이 여성들의 이름과 주소가 유출되었으며, 이들은 이후 몇 달간 엄청난 괴롭힘과 공개적 수모를 당해야만 했다. 홍대와 기지촌의 유사성을 들먹이는 이들까지 나타났다. 스캔들에 휘말린 한 여성은 이렇게 말했다. "한 온라인 기사에서는 (……) 우리가 매춘부고 양공주고 창녀라고 하더군요"(Gusts 2009에서 재인용). 이들을 겨냥해 이런 댓글들이 달렸다. "외국인의 창녀들! 클럽은 폐쇄하지그래?" "너희 창녀들은 그냥 조용히 죽어버려." "창녀들아, 서양 놈들이 그렇게 잘해?"[5]

이런 식으로 기지촌의 미군 클럽에서 일하는 성매매 여성에게 주로 사용하던 멸칭과 홍대 유흥가를 방문해 종종 외국인과 성관계를 맺는 여성들 간의 흥미로운 연결 고리라 할 수 있는 '홍대 양공주'라는 말이 탄생했다. 사회학자 김현숙은 '양공주'라는 말에 대해 다음과 같이 설명했다.

---

5 괴롭힘에 시달린 한 여성은 이렇게 말했다. "언론의 선별적 보도와 네티즌의 집단 광기 때문에 우리는 엄청난 정신적 고통을 겪고 있고, 한 사람은 정신과 치료를 받고 있습니다"(Gusts 2009에서 재인용).

[이 단어는] 군대 근처에서 외국 남성에게 성매매하는 한국 여성을 성매매의 맨 아래 계층으로 격하한다. 한국전쟁 이후, 이러한 분류는 경멸적으로 '미군 신부GI brides'라고 불리는 미국인 군인과 결혼한 여성을 포함하는 것으로 확장됐다. 전후 한국 사회에서 '양공주'라는 멸칭은 '미군 신부'와 동의어가 됐고, 국제결혼을 한 여성 또한 '양공주'로 인식되었다.(Kim H.S. 1998: 178)

격동의 1980~1990년대에 '양공주'는 한국 좌파 민족주의자들에게 중심 인물상으로 대두되었다. 이들은 양공주를 열강의 끊임없는 침략 위험에 노출된 민족을 나타내는 강력하면서도 조용한 상징으로 삼았다. '양공주'라는 꼬리표가 달린 이 폭발물은 시공간을 초월해 운반되어 홍대의 선정적 파티로 격발된 대중적 논란 속에서 다시 활성화됐다. 와그너와 밴볼켄버그가 한국의 영어 강사에 대한 글에서 "이 여성들을 '양공주'로 낙인찍는 것은 민족주의 운동의 불을 지피는 데 중요한 역할을 했다. 이러한 꼬리표는 한국 사회에서 강력한 정의감을 불러일으킬 수 있는, 잘 알려진 '사회악'을 재생산하기 때문이다"라고 주장한 것은 이러한 맥락을 고려할 때 수긍할 만하다(Wagner and VanVolkenburg 2012: 211).

이 여성들에게 민족을 배신한 창녀라는 낙인을 찍기 위한 익명의 온라인 공격과 외국인에 의한 '여성의 성적 타락'을 주로 다루는 기자들의 조금 더 차분하고 절제된 논의가 함께 어우러져 얼마간 불안을 조성하는 형국이 펼쳐졌다. 전통적으로 기지촌 여성을 바라보는 렌즈였던 '배신자 창녀 대 오도된 피해자'라는 이분법은 원래의 맥락에서 벗어나 행위자 대부분이 금전적 이득 없이 성적 만남을 시도하는 도심 유흥가로 옮겨갔다. 이 스캔들은 반세기 넘게 이어져온 기지촌 성매매의 유산이 대중적 상상력에 얼마나 끈질기게 남아 있는지, 어떻게 기지촌 지역에서 파생된 옛 모욕이나 욕설이 위험이 감지될 때, 특히 한국 여성의 행동이 비난받을 만하게 보일 때마다 다시 수면 위로 올라올 수 있는지 보여준다.

록밴드의 성기 노출은 전국적 성희롱?

수십 년간 한국에서 외국의 영향력은 주로 미군이라는 형태로 구체화되었다. 그런데 오늘날 한국에 거주하는 외국인들은 출신 국가, 배경, 민족, 종교, 직업이 매우 다양하다.[6] "한국인의 정체성이 다양한 문화와 민족을 포용하도록 확대되면서 한국성이 점차 탈민족화de-ethnicization하는 초기 단계가 목격"되는 것이다(Lee J. 2010: 19). 하지만 민족의 단일성에 대한 자부심을 느끼던 한국인들은 '한국성'의 본질을 잃는 데 대한 두려움 또한 크게 느끼고 있다. 한국 경제의 세계화가 심화되고 그에 따라 인구가 다민족

---

6 2007년 한국 내 외국인 수는 심리학적으로 중요한 기점인 100만 명에 도달했다. 이들 외국인 거주자의 대부분은 인근 국가나 남반구 출신 이주노동자다.

화multiethnicization하는 상황에서 향락과 욕망의 **초국적** 영역이라는 기능이 갈수록 확대되는 홍대와 같은 소비 공간은 기존의 역사와 무관하게 새로운 도시 경계를 구획하는 더 광범한 자본주의적 과정의 기표가 됐다.

급속한 사회 변화에 대한 근본적인 우려는 '잉글리시 스펙트럼' 파티 문제가 불거지고 나서 불과 6개월 뒤에 터진 또 다른 스캔들에서도 똑같이 잘 드러난다. 젊은 한국 남성들이 벌인 이번 사건은 이미 홍대에 의심의 눈길을 보내던 이들이 품고 있던 심증, 즉 홍대 거리가 순진한 청년들을 타락하게 만들었다는 생각에 쐐기를 박았다. 2005년 7월 30일, MBC는 시청률이 높은 프로그램 〈생방송 음악 캠프〉를 여느 오후와 다름없이 방영했다. 여기에는 주로 10대인 시청자들에게 유망한 신진 라이브 밴드를 소개하는 코너가 있었다. 이번에는 '럭스'라는 홍대의 펑크 밴드가 초청받아 많은 10대 여성 관객을 앞에 두고 노래를 부르는 순서였고, 방송은 전국에 동시 송출됐다.

홍대 놀이터에서 알게 된 펑크족 친구인 진성에 따르면, 홍대 술집과 클럽에서 꽤 명성을 얻었던 럭스는 길거리에서 펑크 음악을 하는 이들에게 자신들과 함께 무대를 꾸미자고 제안했다. 이때 '카우치'라는 펑크 밴드의 멤버 두 명이 럭스의 제안을 받아들였다. "얘들은 엄청나게 흥분했고, 거대한 방송국 사람들에게 그들이 얼마나 형편없는 음악을 홍보하고 있는지를 보여줄 방법을 생각해냈죠"라고 진성이 설명했다. "무대에서 바지를 벗겠다

6장 | 스캔들의 온상이 된 홍대

고 했을 때, 우리는 모두 웃어넘겼어요. 솔직히 말하면 진짜로 그 럴 거라고 생각한 사람은 없었어요."

하지만 때가 되자 이들은 실제로 바지를 내리고 성기를 노출한 채 계속해서 춤을 췄다. 그 장면은 약 5초간 방영됐다. 이들은 방 송 직후 연행되었다. 두 명의 범죄자와 함께 노출하지 않은 럭스 의 리드싱어 또한 "20세, 27세의 카우치 멤버를 초청했다는 이유 로 연행되었다"(Kim T. 2005). 카우치 멤버 두 명은 그 비행으로 몇 달 뒤 법정에 섰고, 처음에는 중형이 구형됐지만(최대 2년의 징 역형) 결국 10개월의 집행유예를 선고받았다.

이 사건으로 발생한 후폭풍 속에서 언론은 많은 말들을 쏟아 냈는데, 한 신문의 헤드라인은 "펑크족 로커들의 성기 노출은 한 국 '부르주아'에 대한 모욕"이었다(Chosun Ilbo 2005b). 예를 들어 2005년 8월 1일자 《코리아 타임스》 사설은 이 "한국의 보수적 관 습에 대한 전례 없는 모욕"을 성폭력이라 비난하며 이렇게 말했 다. "독립 록밴드의 행동은 어떻게 보더라도 용납 불가한 것으로, 전국적 성희롱일 뿐이다." 보수 성향의 신문인 《중앙일보》는 사 설에서 이와 비슷하게 "모든 시청자를 대상으로 성폭력을 저지 른 것과 마찬가지"라고 주장했다.

의도치는 않았겠지만 럭스의 리드싱어 원종희가 즉흥적으로 내뱉은 발언은 불에 기름을 부어 일탈 행위를 조장하는 장소로서 의 홍대에 원치 않은 관심이 더욱 집중됐다. 한 인터뷰에서 그는 "MBC에서의 공연은 클럽 문화가 발달한 홍대에서도 흔히 볼 수

동맹의 풍경

있는 것이라며 '우리는 홍대에서 자유롭게 공연합니다. 가끔은 기타나 맥주병을 부수기도 하죠'라고 말했다"(Jin 2005). 그 결과 《조선일보》와 인터뷰한 한 경찰은 "홍대 근처의 불건전하고 타락한 공연장 및 관련 사업"까지 수사 범위를 확대하겠다고 했다.

성기 노출 사건이 벌어지기 며칠 전에는 당시 서울시장이었고 이후 대통령으로 선출될 이명박이 이미 사태에 개입해 홍대 인디계 전체에 조치를 취하겠다고 선언한 터였다. 그는 '퇴폐적' 밴드가 서울시나 관련 기관이 주최하는 행사에서 영구히 공연하지 못하도록 블랙리스트를 만들어야 한다고 주장했다. 이 제안이 있고 나서 열린우리당의 정치인 김현미는 1970년대에 대안 음악계에 보복한 것으로 유명한 박정희를 언급하며 이는 '유신의 규율'을 부활시키는 행위라고 비난했다. 그녀는 "서울시에서 주최할 공연에 초청할 수 있는 사람과 없는 사람을 정하는 것이 시장의 역할인지 물으면서, 이는 시대착오적이고 어처구니없는 지시"라고 말했다. "블랙리스트를 부활시키고, '인디' 문화를 체제 전복적이라고 딱지 붙이면서 이를 규제하는 짓은 유신 시대의 망령들이나할 짓"이라는 것이었다(Chosun Ilbo 2005c).

사건이 벌어진 10일 후, 마침내 《헤럴드 비즈니스 뉴스》 기사는 지저분한 펑크 공연 외에도 홍대에서 볼 수 있는 또 다른 사회악을 언급할 기회를 잡았다. 한국 여성과 외국 남성이 성적으로 친밀한 관계를 맺는 사안을 거론한 것이다. 기사에 따르면 홍대 근처 클럽들은 외국인들에게 '여자 사냥하기 좋은 천국'으로 빠르게 변하고 있었다. 또한 폐지된 지 얼마 되지 않은 미군 클럽 출입 금지 조치를 다시 들먹이면서 외국인이 홍대에서 환영받지 못했던 좋은 시절은 애석하게도 지나가버렸다고 했다. 그 기사는 다음과 같이 마무리된다.

> 홍대는 이제 외국인과 뒤섞임으로써 타락해버린 청년들의 열정이 끓어오르는 곳이 되었다. TV 생방송 도중 한 펑크 밴드가 성기를 노출한 사건에서 알 수 있듯, 홍대라는 지역이 갖는 다양성과 개성은 어디에서도 찾아볼 수 없다. 음악보다 원 나잇 스탠드에 관심 있는 (……) 외국인이 늘어남에 따라 '파란 눈의 남자'를 찾으러 클럽에 오는 여성도 늘어났다.(Koehler 2005c에서 재인용)[7]

7 극도로 성적이거나 성애화된 서양 남성의 위험성과 이들이 한국 청년에게 미칠 유해한 영향에 관한 논의는 그 자체로 주목할 만하지만, 이 논의에서 외국 여성은 거의 다루지 않았다. 물론 이들의 섹슈얼리티도 대중적 관심을 받았지만, 이는 외국 남성과는 다른 방식이었다. 서양의 외국 남성은 주로 잠재적 성범죄자로 묘사되는 반면, 민호와의 만남에서 알 수 있듯 서양의 외국 여성은 아름답고 섹시한 이상형으로 비춰진다. 이러한 인식이 형성된 것은 2006년 11월부터 2010년 5월까지 KBS2 채널에서 방영된 〈미녀들의 수다〉라는 프로그램에서 젊은 외국 여성이 (과도하게) 노출된 탓이 크다. 이 프로그램은 젊고 매력적인 외국 여성들과 이들에게 한국에서의 사랑과 삶에 관한 질문을 던지는, 매회 다른 젊은 한국 남성들로 패널을 구성했다. 인종과 출신국이 다양한 외국 여성들이 출연했지만, 이 쇼의 '스타'는 분명 백인이나 반백인 여성이었다. 그중 일부는 고액의 광고나 음반 계약을 맺었고, 연기자로서의 커리어를 시작하기도 했다.
예를 들어 우즈베키스탄 출신 여성 자밀라는 이 프로그램에 잠시 얼굴을 비춘 뒤 〈색시몽 리턴즈〉라는 프로그램의 주연으로 출연하면서 더 유명해졌다. 짧은 치마를 입고 하이힐을 신은 채 성범죄자를 추적하는 그녀의 트레이드마크는 에피소드마다 악당을 쫓으며 빨고 있는 막대 사탕이었다. 2008년 봄 방영했던 은근한 소프트 포르노를 빙자한 첫 번째 에피소드는 자밀라와 한국인 친구가 홍대 클럽에서 술 취한 한국 여성들을 자주 꾀는 영어 강사 집단

반군사주의 펑크족의 등장

홍대의 평범한 주말 밤에 젊은 펑크족을 보기란 그리 어렵지 않다. 대부분 문신과 피어싱을 많이 했고, 거의 검은색 옷을 입고 있다. 여자들은 찢어진 스타킹, 검정 가죽 치마에 워커를 신고, 남자들은 검정 청바지에 후드티를 입는다. 그 후드티에는 직접 꿰맨 천 조각이 덮여 있다. 몇몇은 총알 장식이 달린 벨트를 허리에 찼고, 또 다른 이들은 야외에서 징 박힌 가죽 재킷을 뽐낸다. 이들을 홍대 놀이터에서 목격할 때면 대부분 막걸리나 가장 싼 맥주를 병째 돌려 마시고 있다.

무리 중 어린 여성들은 대개 고등학교를 다니거나 근처 술집 또는 가게에서 아르바이트를 한다. 남성들은 편의점에서 일하거나 바텐더로 일하거나 동네의 여러 식당에서 음식 배달을 한다. 시급은 낮아도 일과가 끝나면 현금으로 일당을 받기에 그 돈을 들고 곧장 홍대 놀이터나 근처의 값싼 술집으로 향해 친구들과 어울려 놀 수 있다. 돈을 번 사람이 모인 사람들과 다 함께 나눠 마실 술을 책임지고 사는 것이 이들 사이의 원칙이다.

을 재판에 회부하는 모습을 그렸다. 강사 중 한 명이 "한국 여자들은 착해요. 참 쉽거든요"라고 말했다. 그러자 또 다른 강사가 "제가 아는 건 김치와 한국 여자밖에 없어요"라고 거들었다. 에피소드가 끝날 무렵 자밀라와 친구들은 '섹시 파티 스캔들에 휘말린 영어 강사들'이라는 제목의 기사가 실린 신문 쪽으로 몸을 굽혔다. 이는 분명 몇 년 전 홍대 클럽에서 찍혔던 논란의 '섹시 파티' 사진을 언급한 것이었다. 이렇게 서양 여성의 이미지는 서울 유흥가를 오염시킨다고 여겨지는 서양 남성을 상징적으로 숙청하는 데 공모하게 되었고, 동시에 자밀라는 한국 남성 시청자의 성적 대상이 되었다.

야망과 노력을 최고의 사회적 가치로 여기는 한국에서 철저히 이탈한 이 청년들은 친목을 쌓을 시간이 많다. 그중 꽤 많은 이들이 고등학교를 자퇴했거나 자퇴를 고려하고 있다. 극소수가 대학 입학을 시도하지만 성공하는 이는 거의 없다. 하지만 이들이 공교육에서 이탈하는 건 엄밀히 말해 선택의 결과가 아니다. 1970년대 유럽 및 미국의 초기 펑크족과 비슷하게 홍대의 펑크계에 발 들이는 청년 대부분은 경제 사정이 좋지 않다. 그러니 극도로 등록금이 비싼 한국 대학에 다니기 어려운 경우가 많다.

정식 교육은 많이 못 받았을지라도 이 펑크족들은 지난 몇 년간 자신과 친구들을 정치화하기 위해 부단히 애써왔다. 2003년 이라크전쟁 발발에 놀라 몇몇은 반전 시위에 참여했는데, 그러면서 좌파 활동가들과 안면을 트게 됐다. 한국을 여행 중이거나 한국에서 영어 강사로 일하는 외국인 무정부주의자와 친분을 맺고, 급진적인 블로그나 사이트 글을 접하면서 이들은 자신에게 중요한 정치 문제들을 알아갔다. 이후에는 에스페란토 수업에 참여했고, 급진적인 대안 학습 단체가 주최하는 강의와 토론회에 참석했으며, 홍대에 새로 개점한 기업형 카페에 반대하는 소규모 시위를 꾸리기도 했다. 마침내 미군기지 캠프 험프리스의 확장으로 마을을 내주어야 했던 대추리 투쟁에도 발 들이게 됐다.

놀이터의 펑크족 중 가장 나이가 많은 20대 중반의 재석은 이 집단에서 어린 사람들의 롤모델이다. 나는 재석이 비무장지대에서 자랐다는 소문을 들었다. 어느 날 그에게 물었더니 실제로 비

동맹의 풍경

무장지대와 아주 가까운 마을 출신이며, 그래서 어린 시절에 가족들은 매일 밤 군대의 통행금지령을 따라야 했다고 했다. 원래 마을은 한국전쟁 때 파괴됐고, 정부가 현재의 마을로 재이주할 수 있게 무상으로 땅을 내어줬다. "[새로운] 마을 주민의 절반은 북쪽 사람이에요." 재석이 설명했다.

> 그 사람들은 북한 정부가 싫어서 탈출해온 거예요. 많이들 고향으로 돌아가지 못한 채 아직 그 마을에 살고 있고요. 저희 삼촌도 그런 사람이었어요. 삼촌은 우리 아버지와 고모를 만나려고 남쪽으로 오셨죠.

나머지 주민 절반은 남한 출신의 가난한 사람들이라고 했다.

> [마을이 다시 자리를 잡을] 당시에는 모두들 전쟁이 또 터질까 봐 걱정했어요. 그러니까 그리로 이사 오려던 사람들은 절반은 [북한의] 고향으로 돌아가지 못한 이들이고, 나머지 절반은 공짜 땅만 보고 온 이들이죠. 전부 다 가난한 사람들이에요.

재석은 가난한 집안 배경 때문에 좌파 정치에 관심을 갖게 됐다고 덧붙였다.

> 자본주의를 알게 됐을 때, 정말 비열하다고 생각했어요. 우리

가족은 가난해요. 힘들게 살고 있죠. 물론 제가 게을러터진 놈이기도 하지만 [웃음] 가난이 몇 대에 걸쳐 대물림되고 있어요. 어머니는 정말 열심히 일하세요. 하지만 어려운 삶은 계속되고, 1년 365일 일하는데도 가난에서 벗어날 기미조차 보이지 않죠. (……) [펑크족 친구인] 재봉을 알게 되고 나서 생전 처음으로 이런 [정치적] 대화에 끼어들게 됐습니다. 하루는 함께 TV를 보는데, 수천 명의 노동자가 서울 도심에 모여 쇠 파이프와 죽창을 들고 [경찰과] 싸운다는 거예요. 진짜 충격이었어요. 그 사람들이 얼마나 안 좋은 취급을 당했고 얼마나 화가 났는지 알았죠. 왜냐하면 저도 항상 안 좋은 취급을 당했고 화가 나 있었으니까요. 그 사건은 정말 인상적이었어요.

한국 도처에 군사주의가 널렸다는 건 재석과 친구들이 매우 걱정하는 또 다른 문제다. 한국에 미군이 주둔하는 것뿐만 아니라 자기가 어울리는 젊은 남성 대부분이 몇 년 내에 병역의 의무를 다해야 한다는 사실도 걱정이라고 했다.[8] 재석과 몇몇 친구들은

8 이 문제는《바이스 매거진》(Vice Magazine)의 한 기자가 홍대의 펑크계에 관해 쓴 기사에서도 언급됐다. 예를 들어 이 기사는 "한국 사회는 엿 같은 민족주의자 천지예요. 우린 전부 자라면서 혐오를 배워요. 한국 남성의 80퍼센트가 멍청한 파시스트죠"라는 어느 밴드 가수의 말을 인용했다. 한편 로사라는 여성은 같은 기사에서 펑크가 자신의 탈출구이며 "노예 같은 직업윤리, 개성의 결여, 진짜 문화의 결여에 대한 보복이에요. 보통 사람들이 하는 거라곤 술 먹고 싸우는 것뿐이죠"라고 말했다. 또 다른 펑크족 기는 자기 생각을 이렇게 덧붙였다.
"군 복무는 진짜 끔찍했어요. (……) 사람 죽이는 법을 가르치죠. 벗어날 수도 없고요. 우리 나라는 잠재적 살인자의 나라예요. 복무할 때 미 대사관에서 소동이 있었고 시위자들은 성

입대하느니 차라리 양심적 병역거부자가 되어 18개월간 징역을 살겠다고 했다. 이는 당시 미군기지 반대운동을 벌이던 남성 좌파 사이에서 많이 거론되던 선택지였다. 이들의 친한 친구 현준은 2009년에 나와 처음 만났을 때 감옥에 갈 날이 불과 몇 달 남지 않은 상태였다.[9]

당시 23세였던 현준은 한국에서 두 번째로 큰 도시인 부산 출신이지만, 고등학생 때부터 서울의 홍대를 드나들었다. "제가 홍대를 너무 흠모해서 그랬다기보다 홍대는 한국에서 제가 숨 쉴 수 있는 유일한 곳이자 저의 문화적 생존을 가능케 해준 곳이에요." 처음에 그가 홍대에 매료된 이유는 다음과 같다.

> 전 홍대의 모든 소규모 공동체가 문화적·정치적 꼬뮌 운동의 일부라고, 정말 모두 혁명적이라고 생각했어요. 하지만 그런 많은 공동체가 해체되는 걸 목격했죠. 그래서 이후 희망을 포기했습니다.

조기를 불태웠죠. 전 시위자들을 진압하러 파견됐어요. 저는 군대에 가고 싶지 않았지만, 그랬다가는 감옥에 가야 했을 거예요. 그러니 제가 뭘 어떻게 하겠어요?"(Hoban 2009)

9 군 관계자에게 보낸 편지에서 자신은 양심적 병역거부자라고 밝힌 현준은 무정부주의자로서의 신념 때문에 병역을 거부하게 되었다고 했다. "인간은 무언가가 되고 싶은 그 순간부터 진정한 자신으로 변해요. 저는 어릴 적부터 무정부주의자가 되고 싶었어요. 새로운 서구 지식에 감명받아 그것을 따르고 싶어서가 아니라 나만의 미덕을 찾은 결과였어요. 그동안 나는 먼저 살다 간 무정부주의자들에게서 비슷한 생각들을 많이 발견했어요. 만약 누군가가 제게 이상이 뭐냐고 묻는다면, 너무 복잡한 대답을 피하기 위해 저는 무정부주의의 가면을 빌려 써요."

6장 | 스캔들의 온상이 된 홍대

양심적 병역거부자이자 반군사주의 운동가라는 새로운 정체성을 발견한 현준은 "요즘 공감이란 걸 할 줄 아는 사람은 없는 것 같아요"라고 말했다. 그는 미군 캠프 하야리아와 한국 헌병대 부지가 있는 부산 양정동의 가난한 동네에서 자라면서 일찍이 군사 문제를 접했다.

부산은 빠르게 확장하고 있었기 때문에 갑자기 도시 한가운데 놓이게 된 이 두 군사기지는 곧 철거될 예정이었습니다. 군사기지를 떠올리면 더럽고 먼지투성이인 벽과 그 위에 놓인 철조망이 생각나요. 입구에 표지판도 없죠. 그게 다예요. 기지에서 누가 나오는 것도, 기지 안에 누가 있는 것도 본 적이 없어요. 1년에 한 번 미국 독립기념일에는 불꽃놀이를 엄청 크게 하더군요. 도시 전체가 불꽃놀이로 들떠 있었죠. 친구들과 기지촌에 관해 얘기하는 것도 재미있었어요.

심미선과 신효순의 죽음으로 전국에 시위의 물결이 일어난 2002년에 열다섯 살이었던 현준은 미군기지의 근접성에 대해 생각해보게 됐다. 그는 곧 시위에 참여했다.

[저는] 벽 뒤쪽 망루에 앉아 있는 미군에게 욕을 퍼붓거나 '미군 꺼져라' 같은 낙서를 벽이랑 땅에다가 했습니다. 모든 군사 집단에 대한 저의 부정적 인식이 그때 시작된 것 같아요.

동맹의 풍경

이 사건이 있은 지 몇 년 후, 이라크전쟁에 관한 주요 뉴스들을 꼼꼼히 살핀 뒤 현준은 다른 홍대 펑크족들이 이미 참여하고 있던 대추리의 반기지 운동에 가담했다.

오토바이를 몰고, 홍대에서 대추리로

현준과 마찬가지로 홍대의 많은 펑크족들은 2000년대 중반에 주한미군과 관련한 좌파 활동에 발 들이게 된다. 청년들이 이 사안을 개인적으로 받아들이게 된 결정적 계기는 미군 캠프 험프리스의 확장 예정지였던, 평택 근처의 작은 마을 대추리를 둘러싼 갈등이었다. 2003년 4월, 한국과 미국 정부는 용산 기지에 주둔 중인 부대를 평택 기지로 이전하는 방안을 발표했고, 늘어나는 미군과 그 가족을 수용하려면 평택 기지의 확장은 필수적이었다. 이후 한국 국방부는 대추리의 토지 소유주들에게 토지 몰수를 통보하고 약간의 보상금을 주기로 했다. 하지만 2003년 7월에 한 농민 단체는 국방부의 농지 수용을 저지하겠다고 방침을 정한 뒤 정부의 조치에 저항하기 시작했다.

1년도 채 되지 않아 100군데가 넘는 시민단체와 개인이 한데 모인 전국적 운동이 조직되자 갈등은 더욱 커졌다. 서울의 운동가 수십 명이 대추리로 가서 주민들의 투쟁을 지원했고, 수백 명의 사람이 하루 혹은 반나절이라도 시간을 내어 투쟁에 참여하면서 미군기지 옆 작은 마을은 곧 반군사주의 활동의 보루가 됐다. 매일 밤 대추리의 초등학교 건물에서 촛불 집회가 열렸고, 음악 공연, 시 낭송, 연설 등을 진행하며 투쟁 참여자들의 사기를 북돋 웠다. 이러한 야간 활동은 600회가 넘게 이어졌고, 2006년 5월 4일 격렬한 충돌이 일어나 학교가 파괴되자 그제야 중단되었다 (Yeo 2006: 48).

처음에 이들은 모든 법적 선택지를 탐색하고 법무부와 협상하 는 데 집중했지만, 법원은 이들의 주장을 받아들이지 않았다. 결 국 대추리 문제는 물리적 충돌로 격화했다. 2006년 3월 15일, 수 백 명의 농부와 이들을 지지하는 운동가가 마을에 투입된 전경과 격렬하게 충돌했다. 5월 초에는 1만 2000여 명의 전경이 마을을 덮쳐 초등학교 건물을 사수하려는 2000여 명의 운동가와 부딪쳤 다. 당시 대추리 땅은 한국의 평범한 농촌 마을이라기보다는 비 무장지대에 더 가까워 보였다. 진압 장비로 완전무장한 젊은 신 병, 검문소, 철조망이 있는 풍경이 평범한 일상이 되면서 대추리 에 남아 있던 농민들은 점차 깨달았다. 그곳에서의 일반적인 생 활을 지속한다는 건 군대의 압력에 대한 굴종이라는 것 말이다.

수도권 외곽에서 벌어지는 이러한 투쟁에 홍대 펑크족이 개입 하자 처음에는 대추리의 나이 든 농부들이 이상하게 여겼다고 재 석과 그의 친구 진성이 말했다. 22세의 펑크족 진성은 "민족주의 좌파 신문에 우리 기사가 실렸어요. 우스꽝스러운 옷차림을 한 청년들이 손에는 막걸리를 들고 마을을 지키는 게 인상 깊다고 썼더라고요. [웃음]" 사람들은 결국 이 의외의 방문객들에게 마음을 열었고, 매일 저녁 열리는 집회에서 음악을 들려달라고 부탁하기도 했다. "저흰 거절했어요. 재석이 형은 우리 노래를 들으면 어르신 몇몇이 심장 마비를 일으킬지도 모른다고 했죠."

진성은 경험 많은 활동가들과의 관계를 중심으로 대추리에서 자신들의 위치가 어땠는지 반추하며 이렇게 덧붙였다. "우리가 거기서 하나가 됐다고 생각하지 않아요. 마치 외국인 같았으니까요." 그는 대추리 활동가들에게 거리감을 느꼈다고 했다.

> 학생 활동가들이 엄청 많았어요. 거리감을 느꼈죠. 계급 문제였던 것 같아요. 그들은 중산층 가정에서 자라 서서히 마르크스의 책을 읽게 됐고, 어쩌다가 학생 단체에 가입했지만 부모가 내주는 학비로 학교에 다니고 있을 것 같았어요. 저희랑은 딴판인 거죠.

재석보다 어린 진성은 처음으로 펑크족을 이끌고 대추리로 간 장본인 재석에 대해 이렇게 말했다. "형한테는 카리스마가 있어요. 형은 우리가 한번도 들어본 적 없는 새로운 정치 문제를 막 얘기했는데, 그걸 본 우리는 전부 '와, 멋지다. 우리도 [대추리에] 가야지!' 했죠."

마을에서 벌어지는 사건의 최신 정보를 낱낱이 파악하기 위해 이들은 무정부주의 성향의 소규모 네티즌 집단 '아나클랜Anarclan'

6장 | 스캔들의 온상이 된 홍대

이 운영하는 같은 이름의 웹사이트에서 대추리에 관한 최신 상황
이 논의되는 것을 지켜봤다. 재석이 지지를 표하기 위해 마을에
가기로 결심한 데는 인터넷이 중요한 역할을 했다고 한다.

당시에 우리는 다 함께 살면서 컴퓨터도 공유했기 때문에 온라
인에서 모두 같은 걸 봤습니다. 그 문제에 관심을 두고 계속 지
켜보던 터라 좀 더 알게 됐고, 더 많이 동요하게 됐죠.

이들은 대추리에 처음 간 뒤로 시간, 돈, 전반적인 분위기가 따
라줄 때마다 다시 그곳에 가곤 했다. 2006년의 어느 여름날, 홍대
놀이터에서 놀다가 대추리에 가자는 의견이 나왔다.

진성 다 같이 놀이터에서 술 마시고 있었지. 그러다가 내가 좀
취해서 갑자기 대추리에 가자고 했잖아. 내일 아침에 가
보자고. 우린 계속해서 술을 마셨고, 다들 그래, 가보자,
좋은 생각이다, 이런 반응이었어. 형이랑 재봉이한테 오
토바이가 있었는데, 갑자기 형이 지금 바로 오토바이 타
고 가자고 했어. (……) 그렇게 형이랑 재봉이는 밤중에
갑자기 오토바이를 타고 떠났지. 다음 날 아침 10시쯤 형
한테 전화해서 도착했느냐고 물었더니 경찰서 옆 [마을
근처에 있던] 나무 밑에서 잤다고 했잖아.

재석 맞아, 우리가 거기 못 들어가게 전경들이 막았거든. 분위

기도 살벌했고. 그래서 못 들어갔어.

진성 그날 내가 어떻게 갔는지 얘기했었나? 거기 도착하자마자 형한테 전화해서 어디냐고 물었잖아. 난 일 마치고 다음 날 아침에 바로 간 거였거든. 근처까지 갔는데 대추리로 가는 버스가 없다는 거야. 그래서 자전거를 훔쳐 타고 갔지. 그랬더니 전경들은 검문도 안 하고 그냥 날 들여보내주더라고.

긴장감이 고조된 2006년의 몇 달간 대추리에 파견된 수천 명의 전경은 대부분 최근에 징집된 사람들이었다. 마을을 둘러싼 투쟁 도중 홍대의 펑크족들이 마주한 군복 입은 젊은 청년 가운데 친구나 지인도 있었다. 재석이 대추리 외곽에서 전경으로 복무하던 옛 친구와의 기이한 만남을 떠올렸다.

버스에 있던 게 기억나네요. 전경들이 타고 있었고, 마을 주민이 아닌 사람들은 버스 밖으로 끌어내고 있었어요. 저랑 K, C는 꽤 의심스러워 보였죠. 그래도 주민인 척하고 통과할 수 있기를 바랐는데, 그때 사람들을 버스 밖으로 쫓아내던 전경 중 한 명이 제가 어릴 때 알고 지내던 친구인 거예요. (……) 걔는 절 못 알아보더라고요. 임무 때문에 아무 말도 못 한 거였을 수도 있고요. 걘 좀 로봇같이 굴었어요. 말을 걸었다간 문제가 생길 것 같아 저도 가만 있었죠.

농민과 운동가의 패배로 투쟁이 끝난 뒤, 재석은 전경으로 복무하던 친구 몇 명에게 대추리에서 겪었던 충돌에 관해 물어보았고 무척 다양한 의견을 듣게 됐다. "자기가 할머니를 어떻게 때렸는지, 뭐 그런 얘기를 해주더라고요. [웃음] T는 초등학교를 철거한 특수부대 소속이었는데, 끔찍한 경험이었대요." 이에 진성이 끼어들었다. "당연히 그랬겠죠. 걔들이 다른 시위자들과 대치하면서 거기 있어야 했던 걸 생각해보세요."

대추리 사태에 개입하게 된 홍대 펑크족은 군에 입대한 지인들과 이런저런 이야기를 나누었다. 홍대의 외국인 친구들과도 펑크 공연을 관람하거나 놀이터에서 어울려 노는 미군들에 관해 많은 논쟁을 벌였다. 이처럼 대추리 문제는 홍대에서도 논란거리가 되고 있었다. 한국인 펑크족과 미군은 기지 확장 문제와 관련해서는 전선 반대편에 있지만, 같은 대안적 장에 소속되어 유흥지를 공유하고 있었다. 그러면서 이들은 서로의 동맹 관계를 돌아보고 상황의 복잡성을 숙고했다.

원론적으로 진성은 홍대에 드나드는 미군들과 우정을 싹틔울 가능성이 있었을 테지만, 현실에서는 대추리 사건 이후 미군과의 관계가 조금 복잡해졌다고 시인했다. 그는 많은 미군이 고등학교를 졸업하지 못했고 고향에서는 불쌍한 놈이었다는 사실에 적잖이 놀랐다. "게다가 우리랑 같은 노래를 듣잖아요. 그렇더라도 결국에는 뭔가 안 맞았지만요." 진성은 두 명의 미군과 놀이터에서 어울려 논 얘기를 하면서 논지를 명확히 했다. "전 그들과 재미

있게 놀았어요. 저한테 계속 술을 사줬거든요. 그렇게 몇 마디 더 나눴는데⋯⋯." 하지만 진성은 머지않아 상황이 성가시게 됐다고 했다.

얼마 못 가서 이들과 어울려 논 게 실수라는 생각이 들었어요. 계속해서 짜증 나게 굴더라고요. 공원에서 저한테 계속 말을 거는데, "여자애 몇 명 꼬시고 싶은데 우리는 한국말을 잘 못하니까 네가 도와줘" 같은 말이 대부분이었거든요.

알고 지내던 미군과 무정부주의에 관해 얘기를 나눈 적도 있지만, 진성이 보기에 대화는 잘 풀리지 않았다.

그 미군한테 "군대에서 벗어나. 군대는 엿 같은 곳이야"라고 말했더니, "그래, 네 말이 맞아"라고 하더군요. 그 사람은 온라인에서 펑크 티셔츠를 하나 샀는데 상관이 그걸 알게 돼자 기지 안에서 못 입게 됐다고 했어요. 티셔츠에 새겨진 정치적 상징 때문이라더군요. 그러더니 "나 무정부주의자거든. 무정부주의자가 되고 싶어. 왜냐하면 우리 상관들은 전부⋯⋯ 빨갱이 같거든"이라고 했어요. [웃음] 그래서 전 그냥 "그래, 무슨 말인지 알겠어"라고 답한 뒤로 그 사람을 완전히 무시했죠.

6장 | 스캔들의 온상이 된 홍대

비무장지대를 나와 임시 자율 구역으로?

진성과 그 친구들은 미군에게 많은 의혹을 품었음에도 자주 칼이나 마이크 같은 미군들과 어울렸고, 나는 그 모습에 놀랐다. 그들은 술도 나눠 마시고 농담도 주고받았다. 불편한 상황이 생겨도 어느 한쪽이 눈 감고 넘어가곤 했다. 함께 앉아 파티를 즐긴 이들 사이에는 공통분모가 있었다. 사회적, 정치적으로 그리고 어느 정도는 경제적으로 한국에서 주변화된 존재였고, 후기 자본주의 한국 사회가 됐든 미군 사회가 됐든 하룻밤만이라도 전체주의의 위험이 도사리는 사회에서 벗어나고픈 바람을 가진 존재였다. 하지만 숙취가 가라앉고 나면 사라질 잠깐의 친목으로는 두 존재 사이의 벽을 허물 수 없다는 현실이 뚜렷했다.

홍대는 오늘날 완전히 젠트리피케이션이 이뤄졌지만 그럼에도 한국의 다른 곳에서는 얻을 수 없는 많은 자유가 허락된 역설적 공간이다. 때로 더는 한국에서 할당받은 몇몇 구역에만 머물지 않는 외국인으로 인해 오염된 장소로 여겨지기에 도덕적 공황의 원천이 되기도 한다. 한국 언론은 외국 남성들이 고도로 성애화되었고, 이들 때문에 한국 청년이 오염된다고 반복해서 언급했지만, 홍대에서 벌어지는 많은 실험, 특히 소규모 정치 논쟁은 대부분 간과하고 있다.

미군 병사들은 한동안 홍대에서 발생하는 만악의 근원으로 취급되었다. 그러면서 종종 '대안적' 동네를 급속하게 상업화한 원

흥으로 비난받기도 했다. 이와는 달리 내가 만난 무정부주의자 펑크족들은 미군이 한국에도 깊이 스며들어 있는 군사주의적 자본주의 체제의 앞잡이 노릇을 한다고 비난했다. 2006년 대추리를 둘러싼 투쟁은 이들이 초군사화된 한국에서 느끼는 자신의 모호한 감정을 정치적으로 표현할 수 있게 해준, 성인이 되는 것과 같은 중요한 순간이었다.

주목해야 할 또 다른 점은 홍대의 청년들이 민중운동 지도자들이 닦아놓은 이념적 경로에서 벗어나고 있다는 것이다. 초자본주의적 한국 사회의 부적응자라는 뿌리 깊은 감각으로 정치화된 이들은 한반도라는 경계 너머에서 이념적 단서를 찾으며 주변 사회와 관계 맺는 법을 배웠다. 고도성장한 한국에서 완전히 권리를 박탈당한 이들은 한국이 전 세계적 자본주의와 군사주의에 갈수록 깊이 개입하는 점을 비꼬면서 피해자로서의 한국의 역할에 반박했다. 그러면서 민중운동가 선배들이 맹렬히 붙들고 있던 민족주의 틀에서 어느 정도 벗어나 전 세계의 급진 운동에서 적극적으로 영감을 모색했다. 그런 식으로 이들은 조용히 병영을 빠져나와 홍대라는 경계 내에서 직접 개척한 임시 자율 구역(Bey 1991)[10]에 살기로 결정했을지도 모른다.

---

10 『임시 자율 구역』T.A.Z: The Temporary Autonomous Zone(1991)은 미국의 무정부주의자 작가 피터 램본 윌슨이 하킴 베이라는 가명으로 쓴 책이다. 이 책에서 그는 억압적인 국가 행위자들이 놓치는 간극적 공간이 구축될 가능성을 탐색한다. 그러한 공간이란 일시적으로 대안적인 정치적·사회적·성적 관계가 형성되어 관련된 이들이 위로부터의 통제를 피하게 해주는 곳이다.

결론

동맹과 적대의 유산

한국전쟁 이후 지난 수십 년간 기지촌에서는 매일 경제적·사회적·문화적·성적 교환이 이루어졌다. 이 모든 것을 포함해 기지촌이 남긴 유산은 오늘날 한국에 여전히 크나큰 영향을 미치고 있다. 장기 주둔 중인 주한미군은 주로 단기 파견 형식으로 젊은 남성을 계속 한국에 보내고 있으며, 외국인 군인, 한국 여성, 한국 남성 간에 해로운 삼각관계가 만들어졌다. 기지촌 성매매 문제로 촉발된 험악한 분위기는 중요한 민족적 문제를 건드리며 증폭됐고, 시간이 흘러서도 여전히 새로운 세대와 도심 공간에 영향을 미쳤다. 이후 미군 복무자와 한국 여성 간의 만남이 늘어나면서 주한미군에게 기지촌이 꼭 필요한 건 아니라는 감각이 차츰 피어났다. 군사 시설 근처의 극도로 논쟁적인 공간에서 군인들과 일대일로 매일 마주치는 것은 많은 이들에게 일상이 됐고, 젠더, 권력, 민족, 계급이 이 지역에서 재편되어 걷잡을 수 없이 다른 지역으로 퍼졌다.

한국의 사례는 근본적으로 우연한 역사적·정치적·경제적 사건들로 형성됐지만, 그중 어떤 측면들은 충분히 일반화할 수 있다. 즉 미국의 기지 제국에 속한 또 다른 지역과의 유사성을 간과해서는 안 된다. 예를 들어 린다 앵스트^{Linda Angst}(1995)는 오키나와에서 세 명의 미군이 어린 학생을 집단 성폭행한 사건으로 촉발된 대중적 논쟁이 얼마나 빨리 페미니스트의 관점에서 멀어져 민족주의자의 관점으로 전환됐는지 보여준다. 2015년 12월에 미군 해병이 필리핀의 트랜스젠더 여성 제니퍼 로드를 살해하고 과실치사 혐의로 유죄 판결을 받은 이후, 트랜스젠더를 향한 만연한 폭력 문제는 필리핀의 취약한 주권 상태에 관한 논의를 위해 빠르게 옆으로 치워졌다.

군대가 다른 나라로 파견되면 군인과 민간인의 관계가 껄끄러워지는 법이고 기지촌을 따라다니는 사람도 늘 있어서 현지 주민들이 불안과 분노를 느끼게 된다. 그런데 사람들은 개인의 폭력 행위를 국가와 관련한 문제로 재구성해 미국의 군사주의를 받아들이곤 했다. 이러한 폭력적 상상은 외국 군대와 관계 맺는 방식 중 상당히 정치화된 체계를 갖추고 있으며, 이러한 상상이 출현하거나 이를 접하게 된 공간에 깊이 뿌리내린다. 또한 미군기지 근처에서 벌어지는 장소 형성 작업, 현지 영토의 구성 작업, 문화

동맹의 풍경

적 논쟁과 얽히면서 더욱 복잡해진다.

폭력적 상상은 미시사나 특정 맥락과 매우 유연하게 상호작용을 하기에 초국가적 공식이 될 수 있었다. 특히 국제 네트워크가 탄탄한 젊은 반기지 운동가들은 이 상상을 활용해 전 세계의 다른 곳에도 널리 통용될 수 있는 의미를 만들어왔다. 내가 만난 한국 활동가들은 동두천에서 벌어진 사건뿐만 아니라 수비크만, 오키나와 등 미국의 기지 제국 내 다른 요충지에 관해서도 자주 거론했다. 이들은 필리핀, 일본, 하와이 등지의 활동가들과 콘퍼런스, 워크숍, 시위 등에서 교류했고, 그러면서 폭력적 상상은 전 세계적 인기를 얻게 되었다. 최소한 한국의 폭력적 상상은 확산을 통해 새로운 역사와 특수성을 흡수했다. 또한 전 세계에 퍼진 미군기지의 사슬 중 다른 핵심 거점에 이미 존재하던, 미군이 저지른 성적 또는 다른 형태의 폭력을 둘러싼 긴장감에 살을 찌웠다. 이처럼 미군의 해외 주둔이 야기한 사회적 논란은 반복해서 특정 형태로 전환되었는데, 한국의 폭력적 상상은 전 세계의 미군기지에서 벌어지는 수많은 갈등 중 한 가지 사례일 뿐이다.

하지만 한국에서의 미군기지 논쟁은 기나긴 한미 협정의 역사와 얽혀 있고, 겉보기에는 개방적이며, (불)편할 정도로 미군기지와 가까이 있는 여러 도심지를 포함한다는 점에서 독특하다. 현재 한국에 주둔 중인 3만여 명의 미군 병력은 중국의 부상에 대응하기 위한 미국의 새로운 전략적 사고를 반영하는 것일 수도 있지만, 동시에 남북 간의 긴장이 해소되지 않았음을 보여주기도 한다. 냉전이 남긴 마지막 흔적이자 한반도를 집어삼킨 "분단체제", 그리고 이곳의 역사적 특수성은 남쪽의 '병영 자본주의'와 북쪽의 '병영 사회주의'라는 적대적이면서도 기묘하게 공존하는 체제를 탄생시켰다. 흥미롭게도 이 양립 (불)가능한 체제들은 시간이 지남에 따라 사회의 모든 부문을 군사 구조와 비슷하게 만들었다. 고위 관료들은 바깥에 있는 실제 혹은 상상된 적을 가리키면서 이러한 선택을 주기적으로 옹호했다.

그런데 백악관의 지지를 등에 업은 한국의 독재체제가 낳은 군사주의는 주한미군만큼 많은 관심을 받지는 못했다. 한국 민족주의자들은 미군기지에 대한 적대감을 불러일으켰으며, 이는 1980~1990년대에 가속도가 붙었다. 1992년에는 악명 높은 윤금이 사건이 전국적 뉴스가 되었는데, 이러한 적의의 맹아는 이미 수십 년 전에 움트고 있었다. 제2차 세계대전 이후 미국은 한국에 엄청난 자원과 인력을 투입했다. 때로는 그것이 반민주적 세력을 지지하는 것이었지만 말이다. 미국은 대대적인 원조와 투자를 감행했고, 한국은 특히 미국 달러를 벌어들이는 개인에 대한 의존도가 높을 수밖에 없었다.

미국의 **현실 정치**는 한국의 민주화를 희생하면서 억압적 폭력 정권을 지지했다. 그러하기에 미군 장병은 모범적인 대사관이 아니었고, 오랜 기간 미국의 이익에 종속되어온 많은 한국인들로서는 불편한 감정이 커졌다. 유해한 초남성성을 가르치는 군대 문

동맹의 풍경

화를 통해 사회화된 젊은 미국 남성들은 미군기지 근처에서 종종 자잘한 범죄를 저지르거나 성매매를 했고 때로는 성폭행과 살인을 저지르기도 했다. 하지만 1990년대까지 이들은 한국 법원에서 아무런 처벌도 받지 않았다. 이에 계속해서 힘을 키워가던 한 세력의 심기가 갈수록 불편해졌다. 특히 반체제 성향의 한국 남성 작가들이 크게 반발했다. '기지촌 문학'의 형태로 분노를 표출한 이들은 최초로 미군 병사들을 미군기지 근처 유흥지에서 현지 여성들을 무자비하게 괴롭히는 외국인 악당으로 묘사함으로써 반헤게모니의 토대를 마련했다.

지난 수십 년간 좌파 민족주의 세력은 미군에 대한 분노를 더욱 체계적으로 활용해왔다. 미군에 대한 폭력적 상상은 미군 범죄를 한미 사이의 불평등한 관계의 전형으로 증폭함으로써 한미 관계를 재편하고자 하는 이들에게 중요한 역할을 했다. 미군은 계속해서 한국의 주권, 땅, 여성을 침입하는 존재로 그려졌고, 다양한 미군 범죄에 대한 공적 논란은 한국인이 주한미군을 대하는 태도에 크나큰 변화를 가져왔다.

1992년에 젊은 기지촌 여성 윤금이가 살해당한 사건은 미군기지 근처 성인들의 유흥 공간에 고삐 풀린 폭력적 짐승이라는 미군의 이미지를 대중화하는 데 필수적이었던 일종의 '구조적 증폭'을 가져왔다. 놀라운 속도로 전국에 퍼진 윤금이의 훼손된 사체 이미지는 오래 묵혀두었던 수많은 불만을 응축시켰고, 세력을 확대해나가던 반기지 운동을 지지하는 힘이 됐다. 격동의 시기에 유린당한 여성의 신체 이미지가 민족을 상징하게 되면서 (남성) 시민들은 혈통과 성에 관한 불안감을 느꼈으며, 사람들은 이러한 은유를 간편한 생각과 행동 지침으로 받아들였다. 즉 살해당한 여성의 사진은 폭력적 상상의 핵심 요소가 되었다. 그 사진은 역설적이게도 한미 군사동맹의 현 상태에 관해 이전에는 생각지도 못했던 형태의 민중 정치를 시각화하여 공포를 담아낸 것이다. 윤금이 사건 이후 폭력적 상상은 갈수록 주류 프레임에 가까워졌고, 미군들이 여가를 보내는 유흥지 또한 예외적 폭력의 공간으로 여겨지게 된다.

이 사건으로 인해 사람들의 커다란 공분을 산 '기지촌 문제'가 불거지자 기지촌 클럽은 경제적 타격을 입었고, 클럽 사장들은 기지촌 여성을 안정적으로 공급하는 것이 어려워졌다. 결국 이 문제는 필리핀이나 구소련 출신 접대부를 데려오면서 해결된다. 이로써 한국 여성의 타락에 관한 분노가 외국 여성의 성을 착취하는 인신매매에 관한 국제적 우려로 바뀌었다. 외국 여성들은 종종 기만적인 방식에 꾀여 불법적으로 한국에 발을 들여놓지만, 이들은 일단 한국 기지촌에 오고 나면 대부분 결혼할 '착한 미군'을 찾는 데 희망과 욕망을 쏟아부으며 자신의 운명을 개척하려 했다. 하지만 내가 아는 한 이들이 미군에게 '몰두'하는 것은 종종 불안감을 수반하고 부서지기 쉬운 미래 계획이 되고 말았다. 왜냐하면 이들의 고객이 자유 시간에 기지촌을 벗어나 무료로 더 쉽게 성적 만남을 도모할 수 있는 서울 도심으로 가는 경우가 늘

동맹의 풍경

어났기 때문이다.

이처럼 심각하게 편차가 있는 미군기지 근처의 지형과 이 공간이 생성해내는 정동적인 '몰두'는 초국적 형태로 새로이 재구성됐다. 그리고 대부분의 미국인이 전혀 알지 못하지만 미국 군인들은 한반도 파견 기간 내내 일상적으로 기지촌이라는 문제적 유산을 계속 마주해야만 했다. 실제로 한국에서는 이러한 유흥지의 존재 자체에 크게 놀라는 경우가 아직도 있다. 이러한 반응은 미군과 관련한 사건이 터질 때마다 재활성화되어서 한국인들에게 한국 내 미군 기지촌의 존재를 다시금 일깨워준다.

이 책에서는 시내 유흥지에서 미군과 민간인이 만나면서 촉발된 다양한 일상적 경험도 조명해보았다. 셰리 오트너(1984)는 우리가 행위자들의 의도, 동기, 열망에 집중하는 것과 무관하게 현장에서 일어나는 실제 사회적 변화는 "대개 그 행동의 부산물, 의도치 않은 결과"인 경우가 많다고 했다. 이 말은 한국 내 미군기지를 둘러싼 커다란 논쟁이 명확한 정치적 지향과 엄청난 대중적 지지를 확보했음에도 불구하고 (아직) 이 모든 노력이 도달하고자 하는 목표, 즉 한국에서 미군기지를 전부 없애려는 목표를 달성하지 못했다는 경험적 사실을 명확히 상기시킨다. 이러한 정치적 투쟁들이 특정 기지촌, 지역, 유흥지에 '들이닥쳤을' 때 의도치 않은 결과가 빚어진 상황도 살펴보았다. 서울과 서울 근교에서 현장 조사를 하는 동안, 나는 좌파 활동가들이 주한미군을 대상으로 그려

7장 | 결론

온 더 크고 강력한 그림에 영향을 미치는 놀라운 조정, 사소한 치환, 소소한 쇠퇴를 수없이 목격했다.

가령 미군과 관련한 서울 도심의 유흥지인 이태원에서 외국인들에 대해 광범한 두려움과 우려를 느낄 수 있다. 그럼에도 이태원은 겉보기에 어울리지 않는 방문자 사이에 독특한 관계가 형성되고, 기지촌에 관한 부정적 이미지의 창의적 전유가 일어나며, 서로 이질적인 행위자가 등장하는 곳이다. 미국과 한국의 틈새 공간과 같은 이태원에서 나는 폭력적 상상의 모호함과 불확실성이 독특한 방식으로 해결되는 경우를 목격했다. 이 책의 처음 세 장에서 살펴본 바와 같이, 이태원에서는 군인과 민간인 사이의 다채로운 일상적 조우가 포착되고, 약화되고, 재구성됐다.

이들이 서울과 서울 인근 유흥가에서 자유롭게 만나면서 대화와 토론을 위한 뜻밖의 공간이 마련되었고, 이는 어느 정도 일상화되었다. 폭력과 착취에만 주목한 대중 담론과 달리, 내가 목격한 일상적 현실에는 때로 미군과 남녀 시민 사이에 예기치 못한 코뮤니타스 감각이 싹틀 여지가 있었다. '코뮤니타스'라는 유명한 용어를 만들어낸 빅터 터너(1969)는 평범한 사회구조 바깥의 일시적 영역("시간의 안팎"에 존재하는 순간적 영역), 즉 사회를 조직하는 일상의 연결이 재조정되고, 경쟁하거나 시험받고, 마침내 재확인되는 영역에서 고개를 드는 동료애를 묘사하고자 했다. 이와 비슷한 방식으로 서울의 유흥지에서는 민간인과 군인이 이상하면서도 찰나와 같은 동료애를 구축했고, '스트레스를 푼 뒤' 새로이 활력을 얻어 각자의 고된 일상으로 돌아가기도 했다. 이태원의 어두운 구석인 후커 힐에서 환하게 밝혀진 호모 힐까지, 홍대의 와자지껄한 놀이터에서 댄스 클럽이 꽉 들어찬 곳까지, 현지인과 젊은 군인 간의 만남이 다양한 양상으로 펼쳐지는 서울의 유흥지는 종종 내게 놀라움을 안겨주었다.

도시 공간에서의 매우 불안정한 교제는 미군과 한국 정부가 추구하는 논리의 지향성에 역행하는 것이었다. 최근까지만 해도 미군과 한국 정부 양측은 미군을 한국인과 떨어트려놓고 도심에 접근하지 못하게 하는 봉쇄 전략을 계속해서 강화했다. 군인과 민간인의 위험한 조우를 막고, 위험한 생각이 퍼지는 것을 방지하는 데 가장 좋은 방법처럼 보였기 때문이다. 미군 관계자들은 한국 당국과 협력하여 한국인 성매매 여성의 성병 보균 위협을 해결하려 했으며, 박정희는 한국인 록 음악가들이 서구 문화에 너무 오래 노출되어 '오염'될 위험에 처해 있다고 보았다. 홍대의 청년들이 외국의 영향을 받아 정신과 육체가 타락했다고 보는 시선까지 대두되면서, 미군이 자주 찾는 기지촌과 도심 유흥지는 그곳을 방문하는 사람들의 도덕성을 근본적으로 위험에 빠트린다고 여겨졌다.

하지만 그러한 봉쇄 전략은 보기 좋게 실패했다. 특히 미군들은 근무지에서 잠시나마 탈출하여 홍대를 즐겨 찾았고, 젊은 한국인과 외국 민간인 역시 과거 독재 시절부터 기지촌이었던 이태원에 대거 유입되었다. 최근 몇 년간 서울에서 홍대가 맡은 역할은 실제로 이태원이 한국전쟁 이후 몇십 년간 맡았던 전위적 역할과 많이 닮았다. 이곳들은 근본적으로 자유로운 소비 공간으로, 평범한 한국인과 미군의 삶에서 축제가 벌어지는 듯한 역전을 가능하게 해주어 단 하룻밤 동안 모든 것, 모든 사람이 실험 대상이 되는 공간이다. 그 결과, 홍대와 이태원에서 이루어지는 민간인과 군인 간의 짧은 성적 만남이나 친교는 많은 주목을 받게 되었다.

그런데 홍대 유흥가의 '오염'이 유발한 분노는 이태원을 둘러싼 논란과 비교할 수 없을 정도로 컸다. 이는 오랜 시간 이태원이 미군을 한곳에 가두면서 치외법권적 공간이 되었던 이력과 관련된다. 그럼에도 홍대는 한국인의 영역으로 여겨진다는 점에서 홍대와 이태원의 대중적 이미지는 완연히 다르다. 홍대에는 서서히 그러나 확실히 외국의 영향이 스며들었으며, 한국의 보수주의자와 좌파 민족주의자 모두에게 더욱 강렬하게 도덕적 모욕을 안겨주고 있다.

20세기의 대부분 동안 제국주의, 민족자결권, 지속적인 전쟁 위협을 해결하는 것을 좌파와 우파 모두가 바라 마지않던 나라에서 급격한 변화는 분명 불안감을 가져왔다. 홍대라는 논쟁적 공간에 '포위당한 민족'이라는 화두가 겹쳐지자 민족의 핵심 가치에 대한 은밀한 침투와 타락의 공포가 끊임없이 나타났다. 언론과 대중이 보인 경악의 반응 대부분은 한국인과 외국인 간의 친목 활동과 성관계에 대한 것이었으며, 지난 10년간 홍대는 해로

동맹의 풍경

운 만남이 벌어지는 장소로 주목받았다. 이러한 가운데 기지촌 내부에 국한되어 있던 '양공주'라는 인물상이 더러운 기지촌과는 정반대되는 것처럼 보이는 도심 유흥가에 부활했다.

홍대는 이태원과 마찬가지로 정체성에 관한 다양한 형태와 비전을 수용할 수 있는 다채로운 공간이다. 하지만 실제로 두 지역에서는 모두 수많은 장소 형성 투쟁, 즉 누가 이곳을 지배하고 자신의 비전을 새겨넣을지를 두고 경쟁이 벌어졌다. 분위기가 과열되면서 다양한 행위자들은 폭력적 상상의 요소를 자신의 영토화 전략에 통합했다. '미군 범죄'가 벌어질 때마다 언론은 걷잡을 수 없는 담론들을 유포했는데, 미군을 비롯한 난폭한 남성 외국인은 홍대의 도덕적 소유권을 둘러싼 논쟁에서 쉬운 표적이 됐다. 이들은 그곳에서 배척되어야 할 사람들 중 하나였다.

한편 언론이 타락한 홍대 청년의 대표적인 예로 꼽았던 좌파 펑크족은 이러한 장소 형성 게임에 적극 참여했다. 이들은 한국에서 움튼 군사주의와 외국에서 들어온 군사주의 모두를 어떻게 우회하거나 전복할지에 관심이 지대하다는 점에서 예외적 존재였다. 오늘날의 한국을 다소 못마땅하게 여기면서도 깊이 통찰하는 이들은 세계경제의 주변부에서 중심으로 단숨에 도약한 한국의 엄청난 변화를 목격했지만 한국의 지배층이 만들어낸 타파해야 할 권위주의와 군사주의의 유산이 여전히 많이 남아 있다고 본다.

펑크족들은 자주권 문제를 다룬다는 점에서 언뜻 보면 주권 문제로 골머리를 앓았던 이전 세대 민중운동가들과 비슷해 보일지 모르겠다. 하지만 이들은 자신을 조금 다르게 프레이밍했다. 민중운동가들은 국가를 바꾸려고 했지만, 이 젊은 무정부주의 펑크족들은 근본적으로 국가 권력을 완전히 지워버리려 했다. 목표를 달성하기 전까지 이들은 무정부주의자 시인인 하킴 베이가 '임시 자율 구역'이라고 부른 공간을 만들어내려 했다. 이러한 정치적 비전을 가진 이들이 대추리 투쟁에 개입한 것도 흥미롭다. 나이 든 소수의 농민이 외친 단기 독립 선언은 젊은 청년들이 홍대에서 몇 시간 떨어진 작은 마을로 향하도록, 군사 협정에서 벗어난 대안적 삶을 꿈꿨던 수백 명의 다른 운동가들과 함께하도록 영감을 주었다. 그러한 꿈은 그리 오래가지 못했지만 이들의 실험은 여전히 많은 이들의 입에 오르내리고 있으며, 반체제적 한국 마을의 이미지는 잠깐이나마 전 세계의 뉴스와 활동가 채널에 소개되었다(2007년 BBC에서도 보도되었다).

미군기지를 둘러싼 한국의 논쟁은 주로 동아시아의 이 작은 나라가 처한 상황에 관한 것이었지만, 동시에 해외 미군기지에 반대하는 더 넓은 초국적 운동과도 결부되어 있다. 오키나와, 필리핀, 디에고가르시아섬, 괌, 하와이 등 세계 각지에서 있었던 미군기지에 관한 소규모 갈등들은 지난 10년간 가속화된 전 지구적 자본주의 질서의 대규모 경제적·정치적 변화를 염두에 두어야만 제대로 파악할 수 있다. 이 책은 한국이 이러한 상황에 대한 적절한 예시였음을 보여주고자 했다. 20세기 후반의 역사적 격동과 경제 변화를 겪으면서 한국에는 동맹국 미국에게 부당한 대우를 받았다는 예민한 감각이 생겨났고, 이는 사회 전역으로 퍼졌다. 이러한 확신은 의심할 여지 없이 한국의 눈부신 경제적·정치적 성공에 기댄 것인데, 한국이 '북반구의 선진국'에 영향을 미치는 현재 상황으로 미루어보건대 이러한 확신은 점점 더 커질 것이다.

다시 강국으로 부상하는 중국의 영향을 받은 한국은 IMF 경제위기에서 놀라운 속도로 탈출했지만, 미국, 유럽연합을 비롯해 세계경제의 주축이라 할 만한 민족국가들은 불과 20년 전만 해도 상상할 수 없었던 쇠퇴의 감각에 여전히 갇혀 있다. 세계경제의 혼란에 뿌리째 흔들리고, 중동에 더 많은 격변만 초래한 장기적 군사 개입의 무의미함에 좌절하고, 국내에서는 민족주의자의 반란과 극좌 운동 양측에서 갈수록 공격받는 이 자본주의 세계의 핵심 국가들은 이제껏 본 적 없는 깊은 수렁에 빠져들고 있다. 이러한 관점에서 볼 때, 한국의 사례는 오늘날 우리가 목도하고 있는 구조적 세력 변화를 반영하고, 복잡하게 하고, 그 영향을 되돌려주는 현장에서의 일상적 변화에 관한 이야기이기도 하다.

한국은 세계에서 가장 강력한 군대의 군인들에 대해 태도를 바꾸었다. 이를 다층적으로 파악하기 위해서는 민족, 지역, 세계 질서의 변화를 폭넓게 살피면서 동시에 서구의 행위자와 다른 행위자의 일상적 접촉이 어떤 파장을 일으켰는지 알아야 한다. 한미

관계와 주한미군의 앞날에 어떤 어려움이 놓여 있는지는 예측하기 어렵다. 하지만 비교적 확실하게 말할 수 있는 것은 한국에서 미국의 패권이 난공불락이던 시절은 갔다는 점이다. 미군이 한국 땅에 불러일으킨 폭력적 유산, 위험한 상상, 애증이 엇갈리는 만남은 앞으로도 수년간 이와 관련한 모든 이들을 따라다니리라고 감히 예측해본다.

동맹의 풍경

이 책은 중앙유럽대학교CEU의 여러 지원금을 비롯하여 마리
퀴리 신진연구자 육성 장학금(사회인류학 부문)의 지원을 받았다.
원고 수정은 주로 오슬로대학교에서 박사 후 과정을 밟을 때, 유
럽연구회 우수연구자 지원 프로젝트 '과열 양상: 세계화의 세 가
지 위기Overheating: The Three Crises of Globalization'에 참여하던 중 이루어
졌다.

수년간 헌신적으로 지지해준 돈 칼브에게 감사 인사를 전하고
싶다. 내가 중앙유럽대학교에서 박사 과정을 시작한 2006년부터
뛰어난 실력으로 나를 도와주고 응원해준 덕분에 이 책을 쓸 수
있었다. 다니엘 몬테레스쿠와 소피 데이 또한 수년간 중요한 피
드백을 주었다. 그 외에 수많은 논문, 내 박사 논문의 서문 초고,

완성 전 글의 일부를 읽어준 돈 노니니, 컬린 고이나, 프렘 쿠마르 라자람, 프랜시스 파인, 마이클 헤르츠펠트, 로저스 브루베이커, 리사 로, 야코브 리기, 다비드 베를리너, 제임스 호드, 수전 페어스에게도 큰 빚을 졌다. 김영미, 엘리자 헬름스, 마테오 푸마갈리, 에르뎀 에브렌, 청 헤이수와의 대화를 통해서도 많은 도움을 받았다. 막바지에 큰 도움을 준 단 라비노비츠와 중앙유럽대학교 사회인류학 글쓰기 세미나의 모든 참가자에게도 감사하다. 세미나와 워크숍, 마리 퀴리 사회인류학 박사 육성 학교에서 알게 된 이들에게도 도움을 받았다. 특히 마이클 스튜어트와 부다페스트(중앙유럽대학교), 클루지(바베슈보여이대학교), 할레(막스플랑크사회과학연구소), 런던(골드스미스), 시비우(아스트라필름스튜디오) 인류학 분과의 교수, 교직원, 학생에게 감사를 전한다. 지난 10년간 중앙유럽대학교에서 우정, 격려, 응원을 보내준 동료 올레나 페듀크, 네다 데네바, 안카 시미온카, 마리야 이반체바, 루이자 스투어, 알렉산드라 쇠케, 이언 쿡, 가보르 헐머이, 트레버 하겐, 졸탄 두지신에게도 고마운 마음을 전한다. 무한한 인내와 지지로 맨 처음 나의 한국어 학습을 응원해준 외트뵈시로란드대학교의 김보국에게도 감사하다. 그 덕에 이후 연세대학교와 숙명여자대학교 한국어 강사들의 도움을 받아 더욱 실력을 키울 수 있었다.

베를린의 코리아협의회Korea-Verband에서 만나 여러 방면으로 내게 도움을 준 소중한 친구와 동료들에게도 감사를 전한다. 특히 내게 우정과 지지를 보내준 한정화(나탈리)에게 고맙다. 격려와

동맹의 풍경

우정을 나눠준 야지마 츠카사, 최영숙(리펠), 유재현에게도 감사하다. 시간을 내어 내 발표에 관해 피드백을 준 하르트무트 알브루샤트 목사와 베를린선교회의 한국 워크그룹 팀원들에게도 인사를 전한다.

2013년 1월에 오슬로대학교로 옮겨온 이후, 감사한 일이 더 늘어났다. 엄청난 지지를 보내주고 많은 것을 알려준 토마스 힐란드 에릭센에게 특히 감사하다. 크리스 한, 헨리크 신딩-라르센, 미켈 빈데그, 페니 하비, 더글러스 홈스, 헤오르흐 프레르크스, 아넬라우 이페이, 라인힐데 조티리아 쾨너히, 크리스티안 크론-한센, 레나 그로스, 로베르트 페이퍼르스, 아스트리드 스텐스루드, 빔 반 다엘, 앨러나 칸트, 안나 칭, 카트리네 토를레이프손, 조지 바카, 이고운과 나눴던 대화와 그들이 해준 코멘트도 많은 도움이 됐다. 사회인류학부 점심 세미나에서 학생들에게 이 책 작업을 발표했던 경험도 내게 많은 격려가 됐다. 이러한 자리를 마련해준 키어 마틴에게 감사의 마음을 전한다. 코펜하겐대학교에서 열린 '현장 연구에 관해 알려지지 않은 것: 폭력의 문화기술지 속 자기 감정 돌봄The Loose Ends of Fieldwork: Emotional Care of the Self in the Ethnography of Violence' 컨퍼런스에 참여했던 모든 이들과 헝가리의 중앙유럽대학교에서 열린 '분단 사회의 양극화: 세계 무대에서의 한국Polarization in Divided Societies: Korea in a Global Context' 워크숍에 참석한 발언자와 토론자에게도 감사를 전한다. 나를 지지해준 박노자에게도 감사하다. 지치지 않고 이 책의 집필 작업을 도와준 플루토 출판사의 데이비드 캐슬에게도 감사하다는 말을 전하고 싶다. 초안을 읽어준 익명의 검토 위원들과 관대하면서도 큰 도움이 된 평가를 남겨준 제이미 크로스에게도 감사를 표한다.

여하한 사정으로 이름을 밝힐 수 없지만, 한국에 있는 동안 나를 도와준 셀 수 없이 많은 이들에게도 감사 인사를 전하고 싶다. 여러 번 도움을 준 친구 유정희, 김엘리, 송은애에게 많은 신세를 졌다. 두레방 활동가들, 특히 사무실에서 나를 따뜻하게 맞아주고 기지촌의 세계로 안내해준 유영림, 유복님, 박수미에게 진실한 감사의 마음을 전한다. 평화네트워크, 서울리다리티^{Seoulidarity}, 전쟁없는세상의 많은 이들과 주한미군범죄근절운동본부, 햇살의 직원들에게도 무척 감사하다. 나는 막달레나의 집이 운영하는 쉼터인 사랑방에서 특히 김주희의 도움으로 좋은 기회를 만날 수 있었다. 진정한 안전^{Genuine Security}의 호시노 리나와의 협업도 무척 즐거웠다. 카로, 홍잉, 엘 헤페, 롭, 니코, '크레이지 플라워', 제이든, 홍대 공원 아이들, 이태원 사람들, 기지촌에서 만난 모든 사람들에게도 진심으로 감사하다.

마지막으로 오랜 시간 무한한 지지를 보내주신 부모님 잉게보르그 요세프 쇼버와 프란츠 요세프 쇼버에게 이루 말할 수 없을 정도로 감사드린다. 남편 이원호가 없었더라면 이 책은 탄생할 수 없었을 것이다. 항상 곁을 지켜주어 고맙다는 말을 전하고 싶다.

2022년 9월 29일, 대한민국에 역사적인 판결이 내려졌다. 대법원이 미군 기지촌 '위안부'에 대한 국가폭력을 인정하고 피해자들의 손을 들어준 것이다. 2014년 6월 25일에 국가를 상대로 제기한 손해배상 청구소송은 그렇게 8년 만에 마무리됐다. 특히 이 판결이 인상 깊은 이유는 '위안부'와 성매매 문제를 다룰 때 항상 들러붙는 자발과 강제의 이분법을 타파했다는 점이다. 재판부는 여성들이 처음에 '자발적으로' 성매매에 발 들여놓았다 하더라도, 국가가 여성들을 "군사동맹의 공고화 또는 외화 획득 수단으로 삼은 이상" 그 책임에서 벗어날 수 없다고 판결했다.

'위안부' 담론 초기에 일본군 '위안부'와 미군 '위안부'를 완전히 별개의 것으로 보려던 시각도 바로 이러한 자발과 강제의 이분법에서 나왔을 것이다. 일본군 '위안부'는 일본에 의해 강제로 끌려간 이들이고, 미군 '위안부'는 돈을 벌기 위해 자발적으로 미군에게 '몸을 판' 민족의 수치 '양공주'라는 것이다. 시간이 지나면서 이러한 이분법에 균열이 생겼지만, 이 책에서 언급된 것처럼 '배신자 양공주'의 이미지는 오늘날까지 한국 대중의 인식에 남아 외국인과 관계 맺는 여성들을 비난하는 데 사용되고 있다.

하지만 이제는 대법원 판결로 역사에 새겨진 '사회적 합의'를 바탕으로 더 나은 논의를 해야 할 때다. 때마침 주한미군 문제를 인류학적 시선으로 다룬 엘리자베스 쇼버의 『동맹의 풍경』이 우리 곁에 찾아왔다. 이 책은 미국에 매우 호의적인 나라였던 한국에서 반미주의가 싹트게 된 데 대한 호기심에서 출발한다. 저자는 먼저 한국과 일본, 미국의 식민지(적) 관계사를 훑어본 뒤, 기지촌을 둘러싼 논의의 바탕이 될 이론들을 톺아보면서 군사주의, 제국주의, 자본주의, 가부장제가 교차하며 어떻게 한국 좌파 민족주의의 기틀을 닦았는지 보여준다. 이어서 민족의 배신자로 낙인찍혀 주변화됐으나 어느 순간 민족의 딸이 되어 반미주의의 도구로 이용되기도 했던 미군 '위안부'의 목소리를 담아낸다. 또한 '양공주'라는 용어가 2000년대 중반 이후 기지촌을 벗어나 홍대에서 전유되는 현상이 암시하는 바를 짚어내며, 한국인 '위안부'들을 대체해 등장한 기지촌의 외국인 여성들을 조명한다. 이에 더해 쇼버는 이태원과 홍대에서 미군과 한국인이 어떻게 만나는지 그 양상을 살피면서 그 안에서 체제에 균열을 가할 가능성을 발견하고자 한다.

1장에서 저자는 앞으로의 논의에 필요한 군사주의와 민족주의의 개념을 정리하고, 한국의 군사주의와 민족주의를 세밀하게 묘사하기 위해 '폭력적 상상'과 '구조적 증폭' 개념을 도입하는 포괄적 작업을 펼친다. 이어 2장에서는 외세의 틈바구니에서 분투해온 한국의 근현대사를 정리한다. 쇼버에 따르면 한국의 민족주의는 외세의 수많은 침략 속에서 자연스럽게 발흥했다. 19세기 말부터 민족을 "고래 싸움에 낀 새우" 혹은 "억압받는 대중"으로 그리는 상상력이 민족주의 진영에 뿌리내리기 시작했다. 일제가 패망한 이후에는 나라가 분단되어 남한은 미국의 '기지 제국'에 속하게 되었다. 군인 출신 통치자가 연이어 등장하면서 남한 사회의 전 영역이 점차 군사주의에 물들어갔다. 또한 남한 남성들은 미군의 '용병'으로 베트남전에 참전해 아류 제국으로서 국가의 위상을 굳힌 동시에 엄청난 외화를 벌어들였고, 이에 따라 민족 공동체는 다시금 남성화·군사화되었다. 이처럼 끈끈한 동맹이라고 생각한 미국에 좌파 민족주의자를 필두로 한국 국민이 등 돌리게 된 것은 민중을 탄압하는 여러 독재자의 뒤에 미국의 묵인과 지원이 있었다는 의심이 들 무렵부터였다. 오랜 기간 축적되어온 미국에 대한 분노는 1992년 윤금이 사건으로 전면에 드러났고, 이후 이태원 살인사건, 미군 장갑차에 의한 중학생 압사 사건, 미국산 쇠고기 수입 등을 둘러싸고 반미 운동이 이어졌다.

3장에서는 윤금이 사건과 기지촌을 둘러싼 민족 담론의 형성

옮긴이의 말

을 살펴본다. 쇼버는 이미 1980년부터 빠르게 쇠퇴의 길로 접어든 기지촌이 1992년에 들어서야 윤금이 사건을 빌미로 관심의 대상이 된 이유는 1980년 광주항쟁 이후 좌파 민족주의자들이 한미관계를 재설정하는 데 박차를 가했기 때문이라고 설명한다. 윤금이 사건이 벌어졌을 때, 좌파 민족주의자들은 반미주의라는 목적하에 윤금이의 훼손된 신체를 수탈당한 민족의 상징으로 전환했다. 이후 기지촌은 민족적 수치의 공간으로, 미군은 잠재적 성폭력범으로 여겨졌다. 이 과정에서 페미니즘적 시각은 철저히 배제되었다. 하지만 이처럼 윤금이가 '민족의 딸'로 격상되기 전까지, 미군 기지촌 여성들은 '양공주'라는 멸칭을 견뎌야만 했다. 이들은 미군과 성관계를 맺는 '오염된' 존재이며, 미군과 이들 사이에서 태어난 아이들은 한민족의 순수성을 위협한다고 여겨졌다. 한국 경제가 급성장하면서 기지촌 여성들은 대부분 '제3세계' 여성들로 대체됐고, 기지촌에 관한 민족주의자들의 관심도 점차 시들해져갔다.

4장은 기지촌을 둘러싼 민족주의적 논의가 실제 기지촌의 현실에는 무관심하다는 점을 짚어낸 뒤, 기지촌 여성들이 '기지촌 체제'에 대항해 펼치는 주체적 전략을 담아내고 있다. 저자는 우선 오늘날 기지촌에서 일하는 외국인 여성들이 제일 두려워하는 것은 미군의 (성)폭력이 아니라 어디에도 발붙이지 못하는 불안한 신분이라는 점을 지적한다. 이러한 불안과 불확실성을 해소하기 위해 일부 여성은 미군과 접대부 간의 모든 만남을 금전적 관계로 치환해내는 기지촌의 질서에 저항하며 자신이 하는 일을 "사랑의 노동"으로 재정의하고, 미군과 결혼해 더 나은 삶을 살겠다는 희망을 품는다. 쇼버는 기지촌 여성들의 주체성을 짚어내는 동시에 그러한 여성들의 행위는 미국의 군사주의와 같은 더 큰 구조 속에서 발생한다는 점을 강조하고, 더 나아가 여성들이 미군에 "몰두"하는 행위가 사실은 기지촌 체제를 유지시키는 정동적 측면이기도 하다고 주장함으로써 '피해자성 대 행위 주체성', '구조 대 개인'이라는 이분법을 타파한다.

5장에서 저자는 유해한 남성성의 형태로 미 제국주의가 실현되는 공간이자 폭력이 깊이 스며든 공간으로 기지촌을 바라보는 담론의 한계를 지적하며, 그러한 시각은 기지촌 내 개인 간의 만남에 담긴 가능성에 눈감아버리게 된다는 주장을 펼친다. 이에 따라 저자는 한국의 민간인과 미군이 만나는 도심의 기지촌 지역인 이태원을 살펴본다. 이태원은 역사적으로 16세기 일본군 침략 이후와 박정희 정부 시절에 외세의 영향력을 가둬두는 격리 지역이었으며, 동시에 일부 사람에게는 그 이국적 향취로 인해 대안적 삶의 방식을 맛보게 해주는 공간이기도 했다. 한국인 성노동자와 미군이 자리 잡은 이곳에 1990년대부터는 게이와 트랜스젠더가 둥지를 틀었고, 이후 이주노동자도 유입되었다. 이처럼 다양한 행위자들은 이태원에서 주도권 경쟁을 벌이면서도, '좋은 시간'을 보내는 사람들이라는 공통 감각을 바탕으로 이태원의 매력과 가치를 공유하며 일시적인 동맹 관계를 형성하기도 한다.

옮긴이의 말

이어서 6장은 교통의 발달로 접근성이 좋아지자 미군들이 몰려들기 시작한 홍대를 살펴본다. 1990년대부터 얼터너티브 음악과 좌파의 안식처로 여겨졌던 홍대는 댄스 클럽이 등장하고 새로운 자본이 유입되면서 서서히 예전의 색을 잃어가고 있었지만, 일부 사람들은 미군의 유입이 홍대가 '망가지게 된' 주요 원인이라고 믿었다. 이러한 반미 정서를 바탕으로 홍대에는 미군 출입 금지 안내판이 내걸리기도 했다. 또한 한국의 젊은이들을 방탕하게 타락시킨다고 여겨지는 미군과 '무료로' 성관계를 맺는 홍대 여성들은 '한국성'을 오염시키는 '홍대 양공주'라고 비난받기도 했는데, 이는 민족의 배신자이자 수탈당한 민족에 대한 상징으로서의 기지촌 여성이라는 상상력이 대중에게 얼마나 강력하게 남아 있는지 보여준다. 한편으로 저자는 군사주의와 자본주의에 반기를 들고 홍대에서 대안적 삶을 꾸려가는 펑크족에도 주목한다. 이들 가운데 일부는 병역을 거부하거나 미군 철수 시위에 참석하기도 한다. 그러면서도 미군과 홍대 펑크족은 사회에서 정치적·경제적으로 소외된 계층이라는 공통점을 지니며, 홍대라는 공간에서 일시적 동지애를 형성하기도 한다.

『동맹의 풍경』은 주한미군을 둘러싼 다양한 갈래의 담론을 한 권의 책 속에서 펼쳐 보인다. 쇼버는 교외 기지촌, 이태원, 홍대라는 공간을 경유하여 논의를 이어 나간다. 민족, 젠더, 섹슈얼리티, 계급, 인종이 그때그때 다른 양상으로 서로 다른 신체 위에서 교차해 새로운 지형이 펼쳐지는 덕에, 기지촌 여성의 목소리뿐만 아니라 미군 남성과 조우하는 한국 이성애자 남성, 퀴어 및 트랜스젠더, 심지어 홍대 펑크족의 목소리도 골고루 들을 수 있다.

그중에서도 특히 내 눈길이 머물렀던 건 다름 아닌 필리핀·러시아 출신 기지촌 성노동자들의 이야기였다. 한국인 '양공주'가 민족주의를 이유로 한국 사회 여기저기서 소환되어 비난의 대상이 되거나 도구로 이용되며 너덜너덜해졌다면, 외국인 성매매 여성들은 한국의 민족주의 담론에 부합하지 않기에 제대로 주목조차 받지 못한다. 실제로 한국인 남성과 성매매나 결혼을 하기 위해 이주하는 외국인 여성에 관한 연구는 꽤 있어도, 빈곤에 대응하기 위한 전략으로 한국이라는 타지에 들어와 미군과 만나고 성노동을 하는 필리핀·러시아 출신 '주시 걸'의 기묘한 상황을 다루는 연구는 많지 않다.

이 '주시 걸'들은 주디스 버틀러Judith Butler의 표현을 빌리자면 '국가 내부에 있는 국가 없는 자'들이라고 할 수 있다. 이들은 난민과 달리 한국 정부가 발행하는 E-6 비자를 받고 합법적으로 국가 내부에 유입되었다. 그럼에도 (동질적) 민족과 국가를 일치시키려는 민족국가의 실현 불가능한 기획 속에서 임의적인 '민족'의 기준에 따라 권리가 박탈되어, 민족국가라는 상상의 경계 밖으로 추방된 존재다. 버틀러는 이러한 존재들을 '벌거벗은 삶'으로 규정하는 아감벤적 시각에는 동의하지 않는다. 국가권력에 의해 정치체 밖으로 추방당하고 시민권을 빼앗긴 상태를 '벌거벗

옮긴이의 말

은 삶'이라고 칭하면, 정치와 삶을 시민권의 차원으로 가두게 되고 젠더 등 여타의 문제를 탈각하면서 다른 권력의 네트워크를 간과하게 되기 때문이다. 이는 개인들을 동질화함으로써 저항의 가능성을 축소할 여지가 있다. 버틀러에게 삶은 이미-언제나 정치적인 것이기에 벌거벗을 수 없다.

『동맹의 풍경』은 이러한 태도와 궤를 같이하여 사회의 소수자들을 그저 무력한 '벌거벗은 삶'으로 붙박아두지 않고, 각 존재를 관통하는 복잡한 권력의 네트워크를 촘촘히 뜯어봄으로써 각자의 특수성을 존중하고자 노력한다. 저자는 같은 기지촌에 있는 성노동자 여성들 간에도 인종과 나이에 따른 상황의 차이가 있다는 점을 드러내며, 같은 필리핀 출신 여성들 중 누군가는 기지촌에 남고 누군가는 떠나기를 선택하는 각기 다른 상황들도 세심하게 담아낸다. 카투사 출신 주황의 이야기에서는 한국 남성이 미군에게 갖는 복합적 감정을 포착해낸다. 쇼버는 그러한 목소리가 때로는 체제에 복무하기도 하고, 저항과는 거리가 멀어 보일 때조차 온전히 전달하려 한다. 논쟁적일 수 있는 주한미군의 목소리를 담아내는 것도 '미군 개인의 무고함'을 주장하려는 게 아니라 구조와 개인을 도매금으로 비판하지 않기 위함일 것이다.

쇼버는 4장에서 기지촌 여성들이 자신의 성노동을 "착한 미군"과 결혼하기 위한 "사랑의 노동"으로 프레이밍하는 것은 기지촌에서의 일상을 관리하고 자신이 처한 상황에 의미를 부여해 삶을 바꾸려는 주체적 노력이라고 본 샐리 예의 주장을 소개한다. 하지만 쇼버는 이처럼 여성들의 행위 주체성을 복권하는 논의에서 한발 더 나아가 그러한 행위가 놓인 "더 큰 구조적 힘"에 집중하려 한다. "여성들을 단순히 피해자로 묘사하는 위험을 피하면서 군사주의를 다시금 적극적으로 이 문제에 적용"하고자, 군사화된 환경에서 벌어지는 여성들의 전략적이고도 낭만적인, 그리고 대개는 일방적인 엄청난 감정노동에 대해 묘사한 산디아 히와만의 '몰두' 개념을 가져온다. 쇼버는 여성들의 몰두가 개인적 감정을 넘어서 집단적으로 나타나는 정동에 가까우며, 기지촌 시스템을 유지하는 '부드러운' 힘일 수도 있다고 주장한다. 이처럼 저자는 군사주의, 자본주의와 같은 거대 구조와 함께 체제를 유지하는 다양한 힘의 작동을 명백히 밝히는 동시에, 주체의 행위성을 놓치지 않고 상황의 세세한 결을 최대한 살려내어 납작해지기 쉬운 논의를 입체적으로 만든다. 이를 통해 우리는 버틀러가 말한 구체적인 저항의 거점들을 발견할 가능성을 얻게 된다.

이제 우리에게 필요한 작업은 이들의 목소리를 더 적극적으로 읽어내고 정치적으로 해석해내는 일이다. 즉 "착한 미군"과의 결혼과 같이, 사적이고 탈정치화되었다고 여겨지는 기지촌 여성들의 소망이 이미-언제나 정치적임을 밝혀내고 거기에 기입된 권력의 작용을 탐구해야 하는 것이다. 여성들이 이러한 로맨스를 꿈꾸는 데에는 확실히 전략적이고 정치적인 계산이 들어 있다. 이러한 소망은 로맨스 그 자체에 대한 욕구도 반영하겠지만, 권리 혹은 시민권에 대한 요청으로 적극적으로 번역해 읽을 수 있

옮긴이의 말

다. 계약을 맺은 클럽에서 일을 그만두면 곧바로 E-6 비자가 만료된다는 불합리한 조항 때문에 언제든 쫓겨날 수 있는, 불법적 존재에 가까운 이 여성들이 합법적 존재로 인정받기 위해 제도권 내에서 선택할 수 있는 거의 유일한 일은 남성과의 결혼이다. 이 여성들이 기지촌에서 만나는 사람이란 주로 미군 아니면 다른 외국인 성매매 여성이 전부이기에 자연스레 미군과의 결혼을 꿈꾸게 된다. 로맨스라는 비정치적(이라고 상상되는) 소망에 전 존재를 내거는 전략은 오히려 이들의 권리를 제대로 보장해줄 만한 정치가 마비된 '국가 없음'의 현실을 정확하게 겨냥한다. 결혼은 사적 영역으로 상상되곤 하지만, 이 여성들이 도모하는 미군과의 결혼은 사실 자신을 추방한 바로 그 법으로의 편입을 위한 우회로라는 점에서 미군과의 낭만적 연대라기보다 권력의 네트워크를 공략하기 위한 공적이고 정치적인 선택이라고 할 수 있다.

버틀러는 『누가 민족국가를 노래하는가』에서 '국가 없음' 현상에 대항할 탈민족적 기획을 위해 아렌트의 '권리를 가질 권리' 개념을 소개한다. 아렌트는 「민족국가의 쇠퇴와 인권의 종말」에서 인간이 인간다움을 간직하며 생존하기 위해 필요한 권리로 '권리를 가질 권리'를 선언한다. 이는 소위 말하는 시민권 혹은 '권리'가 박탈되었다고 여겨지는 상황에서도 보장받아야 하는 권리다. 아렌트는 '권리를 가질 권리'의 상실은 "특별한 권리의 상실이 아니라 어떤 권리든 기꺼이 보장해주고 보장할 수 있는 공동체의 상실"을 의미한다고 말한다. 버틀러는 2006년 캘리포니아에서 '불법' 이민자들이 권리 보장을 요구하며 벌인 거리 시위를 '권리를 가질 권리'가 행사된 현장으로 해석하며 이 시위의 모순을 짚는다. 불법적 존재의 법적 권리 요구는 그 자체가 이미 법에 반하는 행위인데, 이들은 자신이 배반하고 있는 바로 그 법에 편입되기를 원하고 있으며, '권리'가 없는 이들이 자유롭게 '(권리를 가질) 권리'를 행사하고 있기 때문이다. 버틀러는 이러한 행동을 '수행적 모순'이라 일컬으며, 이는 현재 지배 언어에서 이해되고 있는 권리의 개념을 다시 쓰게 하는 급진 정치라고 주장한다.

주시 걸들도 이 '권리를 가질 권리'를 박탈당한, 공동체를 상실한 존재라고 할 수 있다. 기지촌은 군인 남성에게 당연히 성매매가 필요하다는 인식과 성을 파는 정숙하지 못한 여성은 규제의 대상이 되어야 한다는 인식이 공존하는 공간이며, 그러한 모순이 낳는 불합리는 온전히 기지촌 여성에게 부과된다. 여성들은 클럽 업주와 계약을 맺고 한국에 입국하지만, 이는 처음부터 불평등 계약이며 그마저도 제대로 지켜지지 않는다. 여성들은 클럽에 발을 들임과 동시에 여권을 빼앗기고, 클럽을 박차고 나서는 순간 비자가 만료된다. '바 파인'을 받고 미군과 가게 밖을 나선 뒤 단속에 걸리면 성매매 관련 책임은 온전히 여성들이 지게 되고, 그렇게 돈을 번다고 해도 임금은 체납되기 일쑤다.

이 여성들이 성매매를 하게 된 과정에는 국가도 개입되어 있다. 애초에 E-6 비자는 외국인 접대부를 입국시킬 수 있게 해달라는 특수관광협회의 요청을 들어주기 위해 정부가 만든 것이며,

옮긴이의 말

2010년까지만 해도 E-6 비자를 발급받은 이들에게 'HIV 항체 반응 음성 확인서'를 제출하도록 강제했다는 점에서 국가는 이들이 성 산업에 종사할 수 있으리라는 것을 이미 인지하고 있었다고 봐야 한다.

쇼버가 만난 주시 걸들은 기지촌 내 성폭력에 대한 불안보다 자칫하면 추방당할 수 있는 자신의 신분에 대한 불안이 더 크다. 이들이 시위에 나서거나 직접적으로 권리를 주장하지는 않았지만, 아마도 이들이 원하는 최소한의 사항이 있다면 그것은 업주가 여권을 빼앗아 자신들을 무력하게 만들고 고의로 계약 내용을 불이행하는 '위법' 행위를 철폐하는 일일 것이다. '불법적' 존재로 낙인찍힌 이들이 '위법' 철폐를 요청하는 것은 우리에게 '법'의 기준을 재고해보게 하며, 민족국가가 휘두르는 자의적 권력에 인종적·성적·계급적 모순이 존재한다는 점을 생각하게 만든다.

저자는 권리를 가질 권리를 박탈당하고 공동체를 상실한 기지촌 여성들을 통해 제도의 폭력을 폭로하는 동시에 권리를 갖기 위한 이들 나름의 분투를 읽어낸다. 우리가 해야 할 일은 민족국가에 의해 국가 내부에서 추방당하고, 민족주의 담론에 들어맞지 않아 도외시된 이 여성들에게 든든한 공동체가 되어주는 것이다.

이 글에서는 번역 작업을 하며 개인적으로 마음이 쓰였던 기지촌 내 외국인 여성의 목소리를 버틀러의 논의에 기대어 읽어내는 데 집중했지만, 『동맹의 풍경』에는 다양한 행위자의 목소리가 담겨 있다. 복잡하게 얽힌 권력의 네트워크 속 사람들의 목소리를 꼼꼼하게 담아낸 쇼버의 성실한 작업물이 도달했으니, 이제 남겨진 정치적 독해의 숙제는 우리의 몫이다. 편협한 민족주의를 타파하고, 군사주의에 저항하며, 몫 없는 자들의 몫을 되찾아줄 공동체를 만들어가는 것 또한 우리 손에 달려 있다.

- Abelmann, N. 1996. *Echoes of the Past, Epics of Dissent: A South Korean Social Movement*. Berkeley: University of California Press.

- _____. 1997. "Reorganizing and recapturing dissent in 1990s South Korea." in Fox, R. and Starn, O. eds. *Between Resistance and Revolution: Cultural Politics and Social Protest*. New Brunswick, NJ: Rutgers University Press. pp. 251~281.

- ABS-CBN News. 2015. "Poverty incidence rises in Philippines." ABS-CBN News. June 3. Available at: http://www.abs-cbnnews.com/business/03/06/15/poverty-incidence-rises-philippines (accessed July 9, 2015).

- Adesnik, D. A. and Kim, S. 2008. *If at First You Don't Succeed: The Puzzle of South Korea's Democratic Transition*. CDDRL Working Papers 83. Stanford: CDDRL.

- Agustin, L. 2007. *Sex at the Margins: Migration, Labor Markets, and the Rescue Industry*. London: Zed Books.

- Anderson, B. 1991 [1983]. *Imagined Communities*. London: Verso(앤더슨, 베네딕트, 『상상된 공동체: 민족주의의 기원과 보급에 대한 고찰』, 서지원 옮김, 길, 2018).

- Angst, L. 1995. "The rape of a school girl: discourses of power and women's lives in Okinawa." in Hein, L.E. and Selden, M. eds. *Islands of Discontent: Okinawan Responses to Japanese and American Power*.

Lanham, MD: Rowman & Littlefield. pp. 135~157.

• _____. 2001. "The sacrifice of a schoolgirl: the 1995 rape case, discourses of power, and women's lives in Okinawa." *Critical Asian Studies* 33(2): pp. 243~266.

• Appadurai, A. 1996. *Modernity at Large: Cultural Dimensions of Globalization.* Minneapolis: University of Minnesota Press(아파두라이, 아르준, 『고삐 풀린 현대성』, 채호석 외 옮김, 현실문화, 2004).

• _____. 2013. *The Future as Cultural Fact: Essays on the Global Condition.* London: Verso.

• Atkins, E.T. 2010. *Primitive Selves: Koreana in the Japanese Colonial Gaze, 1910~1945.* Berkeley: University of California Press.

• Baca, G. 2010. *Conjuring Crisis: Racism and Civil Rights in a Southern Military City.* New Brunswick, NJ: Rutgers University Press.

• BBC. 2007. "Eviction village: a farmer's tale." February 27. Available at: http://news.bbc.co.uk/2/hi/asia-pacific/6389553.stm (accessed January 9, 2016).

• Benford, R.D. and Snow, D.A. 2000. "Framing processes and social movements: an overview and assessment." *Annual Review of Sociology* 26: pp. 611~639.

• Berman, J. 2003. "(Un)popular strangers and crises (un)bounded: discourses of sex-trafficking, the European political community and the panicked state of the modern state." *European Journal of International Relations* 9(1): pp. 37~86.

• Bermudez, J. 2001. *The Armed Forces of North Korea.* New York: I.B. Tauris.

• Bey, H. 1991. *T.A.Z.: The Temporary Autonomous Zone, Ontological Anarchy, Poetic Terrorism.* New York: Autonomedia.

- Brazinsky, G. 2007. *Nation Building in South Korea: Koreans, Americans, and the Making of a Democracy*. Chapel Hill, NC: University of North Carolina Press(브라진스키, 그렉, 『대한민국 만들기, 1945~1987』, 나종남 옮김, 책과함께, 2011).

- Brenner, N. 1999. "Globalisation as reterritorialisation: the re-scaling of urban governance in the European Union." *Urban Studies* 36(3): pp. 431~451.

- Brighenti, A.M. 2010. "On territorology: towards a general science of territory." *Theory, Culture & Society* 27(1): pp. 52~72.

- Burawoy, M., Blum, J.A., George S., Gille, Z. et al. eds. 2000. *Global Ethnography: Forces, Connections and Imaginations in a Postmodern World*. Berkeley: University of California Press.

- Capaccio, A. and Gaouette, N. 2014. "U.S. adding 800 troops for South Korea citing rebalance." *Bloomberg*. January 7. Available at: http://www.bloomberg.com/news/articles/2014-01-07/u-s-adding-800-troops-for-south-korea-citing-rebalance(accessed July 9, 2015).

- Caprio, M. 2009. *Japanese Assimilation Policies in Colonial Korea, 1910~1945*. Seattle: University of Washington Press.

- Caton, S.C. 1999. "Anger be now thy song: the anthropology of an event." Occasional Papers of the School of Social Science No. 5. Available at: https://www.sss.ias.edu/files/papers/paperfive.pdf (accessed July 9, 2015, now defunct).

- Ceuster, K.D. 2002. "The nation exorcised: the historiography of collaboration in South Korea." *Korean Studies* 25(2): pp. 207~242.

- Chai, A.Y. 1993. "Asian-Pacific feminist coalition politics: the Chongshindae/Jugunianfu('Comfort Women') Movement." *Korean Studies* 17: pp. 67~91.

- Chang, D. 2006. "Samsung moves: a portrait of struggles." in Chang, D. ed. Labor in Globalising Asian Corporations. Hong Kong: Asia Monitor Resource Center(이 연구 보고서는 아시아의 초국적 기업인 삼성, 토요타, 타퉁을 사례로 다루고 있다. 이 중 '삼성' 부분은 한국어로 번역·출간 되었다. 장대업, 「변화하는 삼성: 재벌에서 초국적 기업으로」, 『아시아로 간 삼성』, 장대업 편저, 강은지 외 옮김, 후마니타스, 2008).

- Chang, P.Y. 2008. "Unintended consequences of repression: alliance formation in South Korea's democracy movement 1970~1979." Social Forces 87(2): pp. 651~677.

- Chen, J. 1994. China's Road to the Korean War: The Making of the Sino-American Confrontation. New York: Columbia University Press.

- Cheng, S. 2010. On the Move for Love: Migrant Entertainers and the U.S. Military in South Korea. Philadelphia: University of Pennsylvania Press.

- _____. 2015. "Beyond trafficking and slavery: Filipina entertainers and South Korean anti-trafficking laws." Open Democracy. 31 March. Available at: https://www.opendemocracy. net/beyondslavery/sealing-cheng/filipina-entertainers-and-south-korean-antitrafficking-laws (accessed July 9, 2015).

- Cho, G.M. 2008. Haunting the Korean Diaspora: Shame, Secrecy, and the Forgotten War. Minneapolis: University of Minnesota Press.

- Cho, M. 2007. Construction of Hong-dae Cultural District: Cultural Place, Cultural Policy and Cultural Politics. PhD dissertation, University of Bielefeld.

- Cho, S. 2013. "United States Forces Korea's(USFK) crisis communication strategies and crisis responses: the case of two Korean school girls' death." International Journal of Contents 9(1): pp. 98~103.

- Cho, Y. 2003. *A Single Spark: The Biography of Chun Tae-il*. Seoul: Dolbegae Publishers (조영래, 『전태일 평전』, 돌베개, 2001 [1991]).

- Choe, S. 2009. "Ex-prostitutes say South Korea enabled sex trade near U.S. military bases." *The New York Times*. January 8. Available at: http://www.nytimes.com/2009/01/08/world/asia/08iht-08korea.19174342.html (accessed July 9, 2015).

- Choi, C. 2005. "Kŭdŭrŭn urirŭl ch'angnyŏ, yanggongju, p'ochuro mollakatta." *OhmyNews*. January 20. Available at: http://news.naver.com/main/read.nhn?mode=LSD&mid=sec&sid1=102&oid=047&aid=0000057135 (accessed July 9, 2015. 「"그들은 우리를 창녀·양공주·포주로 몰아갔다"」,《오마이뉴스》, 2005년 1월 20일).

- Choi, L. 2012. *The Foreign Policy of Park Chunghee: 1968~1979*. PhD thesis, London School of Economics. Available at: http://etheses.lse.ac.uk/506/1/Choi_The%20Foreign%20Policy%20of%20Park%20Chunghee.pdf (accessed July 11, 2015).

- *Chosun Ilbo*. 2005a. "Indie flashers planned exposure in advance." *Chosun Ilbo*. April 8. Available at: http://english.chosun.com/site/data/html_dir/2005/08/04/2005080461027.html (accessed July 9, 2015. 「"작정하고 벗었다" 시인」,《조선일보》, 2005년 8월 4일).

- _____. 2005b. "Punk rockers' privates in affront to Korea's 'bourgeois.'" Chosun Ilbo. July 31. Available at http://english.chosun.com/site/data/html_dir/2005/07/31/2005073161005.html (accessed July 9, 2015. 「솜방망이 징계가 초대형 사고 불러」,《조선일보》, 2005년 7월 31일).

- _____. 2005c. "Seoul mayor blasted for authoritarian mindset." *Chosun Ilbo*. August 2. Available at: http://english.chosun.com/site/data/html_dir/2005/08/02/2005080261010.html (accessed

July 9, 2015. 「"퇴폐공연팀 명단 만들라" 이명박 시장 지시… 일부선 "시대착오"」,《조선일보》, 2005년 8월 1일).

- Chun, S. 2002. "Sorry, soldier, can't let you in." *JoongAng Daily.* December 6. Available at: http://koreajoongangdaily.joins.com/news/article/article.aspx?aid=1912029 (accessed July 9, 2015).

- _____. 2004. "A taste of Russia in heart of Seoul." *JoongAng Daily.* August 10. Available at: http://koreajoongangdaily.joins.com/news/article/Article.aspx?aid=2453011 (accessed July 9, 2015).

- Chung, H. (n.d.) *A Shot in the Dark: Korean Military Brides in America* (online book). Available at: http://issuu.com/hsmchung/docs/kmb/1 (accessed July 9, 2015, now defunct).

- Chung, J.H. 2006. *Between Ally and Partner: Korea-China Relations and the United States.* New York: Columbia University Press.

- Cocking, J.M. 1991. *Imagination: A Study in the History of Ideas.* London: Routledge.

- Cohn, C. 2012. *Women and Wars: Contested Histories, Uncertain Futures.* Cambridge: Polity.

- Congressional Budget Office. 1997. *The Role of Foreign Aid in Development: South Korea and the Philippines.* Available at: https://www.cbo.gov/publication/14518 (accessed July 9, 2015).

- Cooley, A. 2005. "Democratization and the contested politics of U.S. military bases in Korea." *IRI Review* 10(2): pp. 201~232.

- _____. 2008. "US bases and democratization in Central Asia." *Orbis* 52(1): pp. 65~90.

- Cooper, F. and Stoler, L. eds. 1997. *Tensions of Empire: Colonial Cultures in a Bourgeois World.* Berkeley: University of California Press.

- Crapanzano, V. 2004. *Imaginative Horizons: An Essay in Literary Philo-*

sophical Anthropology. Chicago: University of Chicago Press.

- Cumings, B. 1981, 1990. *The Origins of the Korean War* (2 vols). Princeton, NJ: Princeton University Press (커밍스, 브루스, 『한국전쟁의 기원』, 김자동 옮김, 일월서각, 1986).

- _____. 1997. *Korea's Place in the Sun: A Modern History*. New York: W.W. Norton (커밍스, 브루스, 『브루스 커밍스의 한국현대사』, 이교 선 외 옮김, 창비, 2001).

- _____. 2003. "Colonial formations and deformations: Korea, Taiwan and Vietnam." in Duara, P. ed. *Decolonization: Perspectives from Now and Then*. New York: Routledge. pp. 278~297.

- _____. 2004. *North Korea: Another Country*. New York: The New Press (커밍스, 브루스, 『김정일 코드』, 남성욱 옮김, 따뜻한손, 2005).

- _____. 2005. "The structural basis of 'anti-Americanism' in the Republic of Korea." in Steinberg, D.I. and Gallucci, R. eds. *Korean Attitudes Toward the United States: Changing Dynamics*. Armonk, NY: M.E. Sharpe Inc. pp. 91~114.

- Das, V. 1997. *Critical Events: An Anthropological Perspective on Contemporary India*. Oxford: Oxford University.

- Davis, M. 2006. *Planet of Slums*. London: Verso (데이비스, 마이크, 『슬럼, 지구를 뒤덮다: 신자유주의 이후 세계 도시의 빈곤화』, 김정아 옮김, 돌베개, 2007).

- Day, S. 2007. *On the Game: Women and Sex Work*. London: Pluto Press.

- Day, S. and Ward, H. 2004. *Sex Work, Mobility and Health*. New York: Routledge.

- Demick, B. 2002. "Off-base behavior in Korea." *Los Angeles Times*. September 26. Available at: http://articles.latimes.com/2002/sep/26/world/fg-barwomen26 (accessed July 9, 2015).

- Doak, K.M. 2008. "Narrating China, ordering East Asia: the discourse on nation and ethnicity in Imperial Japan." *Journal of the Washington Institute of China Studies* 3(1): pp. 1~24.

- Doezma, J. 1998. "Forced to choose: beyond the voluntary v. forced prostitution dichotomy." in Kempadoo, K. and Doezema, J. eds. *Global Sex Workers: Rights, Resistance, and Redefinition.* New York: Routledge. pp. 34~50.

- Donovan, B. and Harcourt, C. 2005. "The many faces of sex work." *Sexual Health* 81(3): pp. 11~28.

- Drennan, W.H. 2005. "The tipping point: Kwangju, Mai, 1980." in Steinberg, D.I. and Gallucci, R. eds. *Korean Attitudes Toward the United States: Changing Dynamics.* Armonk, NY: M.E. Sharpe Inc. pp. 280~306.

- Eckert, C.J. 2000. *Offspring of Empire: The Koch'ang Kims and the Colonial Origins of Korean Capitalism 1876~1945.* Seattle: University of Washington Press (에커트, 카터, 『제국의 후예: 고창 김씨가와 한국 자본주의의 식민지 기원, 1876~1945』, 주익종 옮김, 푸른역사, 2008).

- Elshtain, J.B. 1987. *Women and War.* New York: Basic Books.

- Em, H. 1999. "Nationalism, post-nationalism, and Shin Ch'ae-ho." *Korea Journal* 39(2): pp. 283~317.

- Enloe, C. 1983. *Does Khaki Become You?: The Militarization of Women's Lives.* Berkeley: University of California Press.

- _____. 1989. *Bananas, Beaches and Bases: Making Feminist Sense of International Politics.* London: Pandora (인로, 신시아, 『바나나, 해변, 그리고 군사기지: 여성주의로 국제정치 들여다보기』, 권인숙 옮김, 청년사, 2011).

- _____. 1992. "It takes two." in Sturdevant, S.P. and Stoltzfus, B. eds. *Let the Good Times Roll: Prostitution and the U.S. Military in*

Asia. New York: The New Press. pp. 22~27 (인로, 신시아, 「매매춘의 동반자들」, 스터드반트, 산드라·스톨츠퍼스, 브렌다 편저, 『그들만의 세상: 아시아의 미군과 매매춘』, 김윤아 옮김, 잉걸, 2003).

- _____. 2000. *Maneuvers: The International Politics of Militarizing Women's Lives*. Berkeley: University of California Press.

- Faier, L. 2006. "Filipina migrants in rural Japan and their professions of love." *American Ethnologist* 34(1): pp. 148~162.

- Feinerman, J.V. 2005. "The U.S.-Korean Status of Forces Agreement as a source of continuing Korean anti-American attitudes." in Steinberg, D.I. and Gallucci, R. eds. *Korean Attitudes Toward the United States: Changing Dynamics*. Armonk, NY: M.E. Sharpe Inc. pp. 196~218.

- Flack, T.D. 2007. "Hongdae district is placed off-limits to SOFA personnel at night." *Stars and Stripes*. February 3. Available at: http://www.stripes.com/news/hongdae-district-is-placed-off-limits-to-sofa-personnel-at-night-1.59824 (accessed July 9, 2015).

- Forte, M. 2011. *The New Imperialism 2: Interventionism, Information Warfare, and the Military-Academic Complex*. Montreal: Alert Press.

- Frese, P.R. and Harrell, M.C. eds. 2003. *Anthropology and the United States Military: Coming of Age in the Twenty-first Century*. New York: Palgrave Macmillan.

- Friedmann, J. and Miller, J. 1965. "The urban field." *Journal of the American Institute of Planners* 31(4): pp. 312~320.

- Gateward, F. 2007. "Waiting to exhale: the colonial experience and the trouble with my own breathing." in Gateward, F. ed. *Seoul Searching: Culture and Identity in Contemporary Korean Cinema*. Albany: State University of New York Press. pp. 191~217.

- Gellner, E. 1983. *Nations and Nationalism*. Ithaca, NY: Cornell Uni-

versity Press(겔너, 어니스트, 『민족과 민족주의: 역사를 보는 새로운 관점』,
최한우 옮김, 한반도국제대학원대학교, 2009).

- GI Korea. 2009. "Ville memories: Changpa-ri, Korea – then and
now." *rokdrop* (online blog). April 2. Available at: http://rokdrop.
com/2009/04/02/ville-memories-changpa-ri-then-now/ (accessed
September 9, 2011, now defunct).

- _____. 2010. "US Congress gets involved in South Korea
juicy bar issue." *rokdrop* (online blog). April 23. Available at: http://
rokdrop.com/2010/04/23/us-congress-gets-involved-in-south-
korea-juicy-bar-issue/ (accessed September 9, 2011, now defunct).

- Gibson, L. 2014. "Guest editorial: anthropology and imagination."
Sites: A Journal of Social Anthropology and Cultural Studies 11(1): pp.
3~14.

- Gill, L. 2007. "Anthropology goes to war, again." *Focaal* 50: 139~145.

- Gille, Z. and Ó Riain, S. 2002. "Global ethnography." *Annual Review
of Sociology* 28: pp. 271~295.

- Glassman, J. and Choi, Y. 2014. "The chaebol and the US military-
industrial complex: Cold War geopolitical economy and South Korean
industrialization." *Environment and Planning* 46: pp. 1160~1180.

- Goffman, E. 1974. *Frame Analysis: An Essay on the Organization of
Experience.* London: Harper & Row.

- _____. 1990 [1963]. *Stigma: Notes on the Management of
Spoiled Identity.* London: Penguin Books(고프먼, 어빙, 『스티그마: 장애
의 세계와 사회적응』, 윤선길 외 옮김, 한신대학교출판부, 2009).

- González, R.J. 2009. *American Counterinsurgency: Human Science and
the Human Terrain.* Chicago: Prickly Paradigm Press.

- Graeber, D. 2012. "Dead zones of the Imagination: on violence, bureaucracy and interpretive labour." *HAU: Journal of Ethnographic Theory* 2(2): pp. 105~128.

- _____. 2015. *The Utopia of Rules: On Technology, Stupidity, and the Secret Joys of Bureaucracy.* New York: Melville House(그레이버, 데이비드, 『관료제 유토피아: 정부, 기업, 대학, 일상에 만연한 제도와 규제에 관하여』, 김영배 옮김, 메디치미디어, 2016).

- Grassiani, E. 2013. *Soldiering Under Occupation: Moral Numbing among Israeli Conscripts during the Al-Aqsa Intifada.* Oxford: Berghahn Books.

- Gregg, D. 1999. "Park Chung Hee." *Time.* August 23. Available at: http://content.time.com/time/world/article/0,8599,2054405,00.html (accessed July 9, 2015).

- Gupta, A. and Ferguson, J. eds. 1997. *Culture, Power, Place: Explorations in Critical Anthropology.* London: Duke University Press.

- Gusterson, H. 2007. "Anthropology and militarism." *Annual Review of Anthropology* 36: pp. 155~175.

- Gusts. 2005. "Pants dropping leads to trail of media droppings." *Gusts of Popular Feeling*(online blog). August 22. Available at: http://populargusts.blogspot.co.at/2005/08/pants-dropping-leads-to-trail-of-media.html (accessed July 9, 2015).

- _____. 2009. "A new classic." *Gusts of Popular Feeling*(online blog). July 1. Available at: http://populargusts.blogspot.co.at/2009/07/new-classic.html (accessed July 9, 2015).

- Gutmann, M. and Lutz, C. 2010. *Breaking Ranks: Iraq Veterans Speak Out Against the War.* Berkeley: University of California Press.

- Han, G. 2003. "African migrant workers' views of Korean people and culture." *Korea Journal* 43(1): pp. 154~173.

- Han, J. 2001. *Yanggongju-"die zeitweiligen Honeys" der US-amerikanischen Soldaten in Südkorea.* Münster: LIT Verlag.

- Han, S. J. 2005. "Imitating the colonizers: the legacy of the disciplining state from Manchukuo to South Korea." *Asia Pacific Journal: Japan Focus.* July 10. Available at: http://www.japanfocus. org/-Suk_Jung-Han/1885 (accessed July 9, 2015).

- Han, S. K. 2008. "Breadth and depth of unity among chaebol families in Korea." *Korean Journal of Sociology* 42(4): pp. 1~25.

- Hankyoreh. 2009. "Seoul ranks highest in population density among OECD countries." *Hankyoreh.* December 15. Available at: http:// www.hani.co.kr/arti/english_edition/e_international/393438.html (accessed July 9, 2015. 「서울 인구밀도 뉴욕 8배·도쿄 3배」, 《한겨레》, 2009년 12월 15일).

- Harvey, D. 2008. "The right to the city." *New Left Review* 53: 23~ 40 (하비, 데이비드, 「도시에 대한 권리」, 『뉴레프트리뷰 2』, 백승욱 외 편, 정병선 외 옮김, 도서출판 길, 2010).

- _____. 2012. *Rebel Cities: From the Right to the City to Urban Revolutions.* London: Verso (하비, 데이비드, 『반란의 도시: 도시에 대한 권리에서 점령운동까지』, 한상연 옮김, 에이도스, 2014).

- Havely, J. 2003. "Korea's DMZ: 'scariest place on earth.'" *CNN Hong Kong.* August 28. Available at: https://edition.cnn.com/2003/ WORLD/asiapcf/east/04/22/koreas.dmz/#:~:text=(CNN)%20 %2D%2D%20Former%20U.S.%20President,tank%2Dtraps%20 and%20heavy%20weaponry.(accessed July 9, 2015).

- Hein, L. 1999. "Savage irony: the imaginative power of the 'military comfort women' in the 1990s." *Gender and History* 11(2): pp. 336~ 372.

- Hewamanne, S. 2013. "The war zone in my heart: the occupation of southern Sri Lanka." in Visweswaran, K. ed. *Everyday Occupations: Experiencing Militarism in South Asia and the Middle East.* Philadelphia: University of Pennsylvania Press. pp. 60~84.

- Hicks, G. 1995. *The Comfort Women: Japan's Brutal Regime of Enforced Prostitution in the Second World War.* New York: W. W. Norton.

- Hoban, A. 2009. "South Korea-punk here is like it is everywhere else." *Vice Magazine.* July 5. Available at: http://vice.typepad.com/ vice_magazine/2009/05/south-korea-total-angst.html#more%3Cbr/%3E(accessed July 12, 2015).

- Hobsbawm, E. 1991. *Nations and Nationalism since 1780: Programme, Myth, Reality.* Cambridge: Cambridge University Press(홉스봄, 에릭, 『1780년 이후의 민족과 민족주의』, 강명세 옮김, 창작과비평사, 1998).

- Hobsbawm, E. and Ranger, T. 1983. *The Invention of Tradition.* Cambridge: Cambridge University Press(홉스봄, 에릭 · 레인저, 테렌스 외, 『만들어진 전통』, 박지향 외 옮김, 후마니타스, 2004).

- Hoehn, M. and Moon, S. eds. 2010. *Over There: Living with the U. S. Military Empire from World War Two to the Present.* Durham, NC: Duke University Press(혼, 마리아 · 문승숙 편저, 『오버 데어: 2차세계대전부터 현재까지 미군 제국과 함께 살아온 삶』, 이현숙 옮김, 그린비, 2017).

- Hugh, T. 2005. "Development as devolution: Nam Chŏng-hyŏn and the 'Land of Excrement' incident." *Journal of Korean Studies* 10(1): pp. 29~57.

- *Ibon News.* 2014. "Economy under the Aquino administration: worsening exclusivity." *Ibon News.* 28 July. Available at: http://ibon.org/ibon_articles.php?id=424 (accessed July 9, 2015, now defunct).

- Isozaki, N. 2002. "South Korea: advocacy for democratization." in

Shigetomi, S. ed. *The State and NGOs: Perspectives from Asia*. Singapore: Institute of Southeast Asian Studies. pp. 288~310.

- Jacoby, M. 2002. "Does U.S. abet Korean sex trade?" *Tampa Bay Times Times*. December 9. Available at: https://www.tampabay.com/archive/2002/12/09/does-u-s-abet-korean-sex-trade/(accessed July 9, 2015).

- Jager, S. 2003. *Narratives of Nation-Building in Korea: A Genealogy of Patriotism*. Armonk, NY: M.E. Sharpe.

- Janelli, R.L. 1993. *Making Capitalism: The Social and Cultural Construction of a South Korean Conglomerate*. Stanford, CA: Stanford University Press.

- Jaschik, S. 2015. "Embedded conflicts." *Inside Higher Ed*. July 7. Available at: https://www.insidehighered.com/news/2015/07/07/army-shuts-down-controversial-human-terrain-system-criticized-many-anthropologists (accessed July 11, 2015).

- Jeon, B. 2005. *Queer Mapping in Seoul: Seoul Until Now!*(exhibition catalogue). Copenhagen: Charlottenborg Udstillingsbygning. pp. 70~77.

- Jin, H. 2005. "Police to probe punk band: was TV flashing planned?" *Korea Times*. August 2. Available at: http://www.asiamedia.ucla.edu/print.asp?parentid=27557 (accessed July 9, 2015, now defunct).

- Jin, K. 2014. "China's charm offensive toward South Korea." *The Diplomat*. July 8. Available at: http://thediplomat.com/2014/07/chinas-charm-offensive-toward-south-korea/ (accessed July 9, 2015).

- Johnson, C. 2004. *The Sorrows of Empire: Militarism, Secrecy, and the End of the Republic*. New York: Metropolitan Books(존슨, 찰머스, 『제국의 슬픔: 군국주의, 비밀주의, 그리고 공화국의 종말』, 안병진 옮김, 삼우반,

2004).

- *JoonAng Daily* 2005. "Rude rockers get suspended sentences for raunchy stunt." *JoongAng Daily*. September 27. Available at: https://koreajoongangdaily.joins.com/news/article/article.aspx? aid=2623071#:~:text=Seoul%20Southern%20District%20Court%20 said,both%20with%20a%20two%20year (accessed July 9, 2015).
- Kalinowski, T. and Cho, H. 2012. "Korea's search for a global role between hard economic interests and soft power." *European Journal of Development Research* 24: pp. 242~260.
- Kang, M. 1996. *The Korean Business Conglomerate: Chaebol Then and Now*. Center for Korean Studies Korea Research Monograph no. 21. Berkeley: Institute of East Asian Studies, University of California.
- Katsiaficas, G. 2006. "Neoliberalism and the Gwangju uprising." *Korea Policy Review* II. Available at: https://www.eroseffect.com/articles/ neoliberalism-and-the-gwangju-uprising?rq=Neoliberalism%20 and%20the%20Gwangju%20uprising (accessed July 9, 2015).
- _____. 2009. "South Korea's rollback of democracy." 25 May. Available at: https://www.eroseffect.com/articles/south-koreas-rollback-of-democracy?rq=South%20Korea%E2%80%99s%20 rollback%20of%20democracy (accessed July 9, 2015).
- Katsiaficas, G. and Na, K.C. 2006. *South Korean Democracy: Legacy of the Kwangju Uprising*. New York: Routledge.
- Kempadoo, K. 2005. *Trafficking and Prostitution Reconsidered: New Perspectives on Migration, Sex Work, and Human Rights*. London: Paradigm Publishers.
- Kempadoo, K. and Doezma, J. 1998. *Global Sex Workers: Rights, Resistance, and Redefinition*. New York: Routledge.

- Kern, T. 2005. "Anti-Americanism in South Korea: from structural cleavages to protest." *Korea Journal* 45(1): pp. 257~288.

- Kim, A.E. 2008. "Global migration and South Korea: foreign workers, foreign brides and the making of a multicultural society." *Ethnic and Racial Issues* 31(1): pp. 70~92.

- Kim, B. 2007. "Dongducheon, and Korea, now where to? Yesterday, today, and tomorrow of the U.S. Army base town." in *Dongducheon-A Walk to Remember, A Walk to Envision* (exhibition leaflet). Seoul: Insa Art Space. pp. 20~27(김병섭, 「동두천은 그리고 한국은 어디로 가는가?」, 《동두천: 기억을 위한 보행, 상상을 위한 보행》 전시 도록, 인사아트센터, 2007).

- Kim, B.K. and Im, H.B. 2001. "Crony capitalism in South Korea, Thailand and Taiwan: myth and reality." *Journal of East Asian Studies* 1(1): 5~52.

- Kim, D.C. 2006. "Growth and crisis of the Korean citizens' movement." *Korea Journal* 46(2): pp. 99~128.

- Kim, E. 2004. "Itaewon as an alien space within the nation-state and a place in the globalization era." *Korea Journal* 44(3): pp. 34~64.

- Kim, E. and Park, G. 2011. "The Chaebol." in Kim, B. and Vogel, E.F. eds. *The Park Chung Hee Era: The Transformation of South Korea*. Cambridge, MA: Harvard. University Press. pp. 265~294.

- Kim, H.A. 2005. *Korea's Development under Park Chung Hee*. London: RoutledgeCurzon (김형아, 『박정희의 양날의 선택: 유신과 중화학 공업』, 신명주 옮김, 일조각, 2005).

- Kim, H.R. 2003. "Unraveling civil society in South Korea: old discourses and new visions." in Schak, D.C. and Hudson, W. eds. *Civil Society in Asia*. Burlington, VT: Ashgate. pp. 192~209.

- Kim, H.R. and McNeal, D.K. 2007. "From state-centric to negotiated governance: NGOs as policy entrepreneurs in South Korea." in Weller, R.P. ed. *Civil Life, Globalization, and Political Change in Asia.* New York: Routledge. pp. 95~109.

- Kim, H.S. 2009 [1997]. *The Women Outside: Korean Women and the U.S. Military.* New York: Third World Newsreel. Available at: http://www. twn.org/catalog/guides/WomenOutside_StudyGuide.pdf (accessed July 9, 2015, now defunct).

- _____. 1998. "Yanggongju as an allegory of the nation: images of working-class women in popular and radical texts." in Kim, E.H. and Choi, C. eds. *Dangerous Women: Gender and Korean Nationalism.* London: Routledge. pp.175~202 (김현숙, 「민족의 상징, 양공주」, 『위험한 여성: 젠더와 한국의 민족주의』, 김, 일레인·최정무 편저, 박은미 옮김, 삼인, 2001).

- Kim, I.K. 2010. "Socioeconomic concentration in the Seoul Metropolitan Area and its implications in the urbanization process of Korea." *Korean Journal of sociology* 44(3): pp. 111~123.

- Kim, J. 2007. "Queer cultural movements and local counterpublics of sexuality: a case of Seoul Queer Films and Videos Festival." *Inter-Asia Cultural Studies* 8(4): pp. 617~633.

- Kim, J., Moon, Y., and Kang, B. 2006. "The farewell to mediation for the national security in South Korea: The guns of May in Pyeongtaek City" (conference paper, presented at Asia-Pacific Mediation Forum, Suva, Fiji). Available at: http://www.apmec.unisa.edu.au/apmf/2006/papers/kim-moon-kang.pdf (accessed July 9, 2015, now defunct).

- Kim, J. 2001. "From "American gentlemen" to "Americans": changing perceptions of the United States in South Korea in recent years."

Korea Journal 41(4): 172~198.

• _____. 2008. "'I'm not here, if this doesn't happen': the Korean War and Cold War epistemologies in Susan Choi's *The Foreign Student* and Heinz Insu Fenkl's *Memories of My Ghost Brother.*" *Journal of Asian American Studies* 11(3): pp. 279~302.

• Kim, K. and Gil, Y. 2013. "Huge increase in US Troops in South Korea." *Hankyoreh*, March 21. Available at: http://www.hani.co.kr/arti/english_edition/e_international/579051.html (accessed July 9, 2015. 「'주한미군 급증' 3년새 1만명 늘었다」,《한겨레》, 2013년 3월 21일).

• Kim, M. and Yang, J. 2010. "The 'East Berlin spy incident' and the diplomatic relations between South Korea and West Germany, 1967~1970: why did the diplomatic strains last so long?" in Cuc, C. ed. *Multidisciplinary Perspectives in Korean Studies* (Proceedings of the 7th Korean Studies Graduate Students Convention in Europe), Cluj-Napoca: Asian Studies Department Babes-Bolyai University.

• Kim, N. 2008. *Imperial Citizens: Koreans and Race from Seoul to L.A.* Stanford, CA: Stanford University Press.

• Kim, P. and Shin, H. 2010. "The birth of "rok": cultural imperialism, nationalism, and the glocalization of rock music in South Korea, 1964~1975." *Positions. East Asia Cultures Critique* 18(1): pp. 199~230.

• Kim, T. 2005. "Music show canceled after indecent exposure." *The Korea Times*. July 31. Available at: http://web.international.ucla.edu/asia/article/27461 (accessed July 9, 2015, now defunct).

• Kim, Y. and Hahn, S. 2006. "Homosexuality in ancient and modern Korea." *Culture, Health & Sexuality* 8(1): pp. 59~65.

• Kirk, D. 2013. *Okinawa and Jeju: Bases of Discontent.* New York: Palgrave Macmillan.

- Koehler, R. 2005a. "Korean netizens blast foreign English teacher site." *The Marmot's Hole* (online blog). January 12. Available at: http://www.rjkoehler.com/2005/01/12/korean-netizens-blast-foreign-english-teacher-site/ (accessed July 9, 2015, now defunct).

- _____. 2005b. "English Spectrum gate continues!" *The Marmot's Hole* (online blog). January 14. Available at: http://www.rjkoehler.com/2005/01/14/english-spectrum-gate-continues/ (accessed July 9, 2015, now defunct).

- _____. 2005c. "Hongik U-a hookup paradise for foreign men and Korean women." *The Marmot's Hole* (online blog). August 9. Available at: http://www.rjkoehler.com/2005/08/09/hongik-u-a-hookup-paradise-for-foreign-men-and-korean-women/ (accessed July 15, 2015, now defunct).

- Koo, H. 2001. *Korean Workers: The Culture and Politics of Class Formation*. Ithaca, NY: Cornell University Press (구해근, 『한국 노동계급의 형성』, 신광영 옮김, 창비, 2002).

- *Korea Times*. 2007. "10 surprises of Korea 1950~2007." *Korea Times*. November 23. Available at: http://www.koreatimes.co.kr/www/news/include/print.asp?newsIdx=12432 (accessed July 9, 2015).

- _____. 2010. "African population in Seoul's Itaewon rises." *Korea Times*. April 13. Available at: http://www.koreatimes.co.kr/www/news/nation/2010/04/113_64096.html (accessed July 9, 2015).

- Korea Tourism Association (n.d.) "Itaewon." Available at: http://english.visitkorea.or.kr/enu/SH/SH_EN_7_2_6_1.jsp (accessed July 9, 2015, now defunct).

- Krueger, A.O. and Yoo, J. 2002. "Chaebol capitalism and the currency-financial crisis in Korea." in Edwards, S. and Frankel, J.A. eds. *Preventing*

Currency Crises in Emerging Markets. Chicago: University of Chicago Press. pp. 601~661.

- Kwon, S. and O'Donnell, M. 2001. *The Chaebol and Labour in Korea: The Development of Management Strategy in Hyundai*. London: Routledge.

- Lacsamana, A.E. 2011. "Empire on trial: the Subic rape case and the struggle for Philippine women's liberation." *Works and Days* 29(57/58): pp. 203~215.

- _____. 2003. *From Stalin to Kim Il Sung: The Formation of North Korea, 1945~1960*. London: Rutgers University Press.

- _____. 2007. *The Dawn of Modern Korea*. Seoul: EunHaeng Namu(안드레이 란코프, 『The Dawn of Modern Korea: 근대 한국의 여명』, 은행나무, 2007).

- _____. 2011. "Tragic end of Communist-turned-politician Cho Bong-am." *Korea Times*. January 9. Available at: http://www.koreatimes.co.kr/www/news/nation/2011/01/113_79367.html (accessed July 9, 2015).

- Lee, C. 2015. "Korean dream shattered by lies, sex trade coercion." *Korea Herald*. June 19. Available at: http://www.koreaherald.com/view.php?ud=20150615000845 (accessed July 9, 2015).

- Lee, H.K. 1996. "NGOs in Korea." in Yamamoto, T. ed. *Emerging Civil Society in the Asia Pacific Community*. Seattle: University of Washington Press. pp. 161~165.

- Lee, J. 2009. "Surrogate military, subimperialism, and masculinity: South Korea in the Vietnam War, 1965~73." *Positions* 17(3): pp. 655~682.

- _____. 2010. *Service Economies: Militarism, Sex Work, and Migrant Labor in South Korea*. Minneapolis: University of Minnesota

Press (이진경, 『서비스 이코노미: 한국의 군사주의·성 노동·이주노동』, 나병철 옮김, 소명출판, 2015).

- _____. 2012. "Micro-dynamics of protests: the political and cultural conditions for anti-U.S. beef protests in South Korea." *Sociological Perspectives* 55(3): pp. 399~420.

- Lee, M. 2008. "Mixed race peoples in the Korean national imaginary and family." *Korean Studies* 32: pp. 56~85.

- _____. 2005. "Openly revealing a secret life." *Korea JoongAng Daily.* July 31. Available at: http://koreajoongangdaily.joins.com/news/article/article.aspx?aid=2600608 (accessed July 11, 2015).

- _____. 2004. "The landscape of club culture and identity politics: focusing on the club culture in the Hongdae area of Seoul." *Korea Journal* 44(3): pp. 65~107.

- Lee, N. 2002. "Anticommunism, North Korea, and human rights in South Korea: 'Orientalist' discourse and construction of South Korean identity." in Bradley, M.P. and Petro, P. eds. *Truth Claims: Representation and Human Rights.* London: Rutgers University Press. pp. 43~72.

- _____. 2007. *The Making of Minjung: Democracy and Politics of Representation in South Korea.* Ithaca, NY: Cornell University Press (이남희, 『민중 만들기: 한국의 민주화운동과 재현의 정치학』, 이경희 외 옮김, 후마니타스, 2015).

- Lee, N.Y. 2007. "The construction of military prostitution in South Korea during the US military rule, 1945~1948." *Feminist Studies* 33(3): pp. 453~481.

- Lee, S., Kim, S. and Wainwright, J. 2010. "Mad cow militancy: neoliberal hegemony and social resistance in South Korea." Political

Geography 29(7): pp. 359~369.

- Lie, J. 1998. *Han Unbound: The Political Economy of South Korea.* Stanford, CA: Stanford University Press.

- Link, B.G. and Phelan, J.C. 2001. "Conceptualizing stigma." *Annual Review of Sociology* 27: pp. 363~385.

- Lutz, C. 2001. *Homefront: A Military City and the American 20th Century.* Boston, MA: Beacon Press.

- _____. 2002a. "Making war at home in the United States: militarization and the current crisis." *American Anthropologist* 104(3): pp. 723~735.

- _____. 2002b. "The wars less known." *South Atlantic Quarterly* 101(2): pp. 285~296.

- _____. 2006. "Empire is in the details." *American Ethnologist* 33(4): pp. 593~611.

- _____. ed. 2009a. *The Bases of Empire: The Global Struggle Against U.S. Military Posts.* London: Pluto Press.

- _____. 2009b. "US foreign military bases: the edge and essence of empire." in Susser, I. and Maskovsky, J. eds. *Rethinking America.* Boulder, CO: Paradigm Publishers. pp. 15~30.

- _____. 2010. "US military bases on Guam in global perspective." *Asia-Pacific Journal: Japan Focus.* July 26. Available at: http://www.japanfocus.org/-catherine-lutz/3389/article. html (accessed July 11, 2015).

- Macintyre, D. 2002. "Base instincts." *Time Magazine.* August 5. Available at: http://content.time.com/time/magazine/article/0,9171,333899,00. html (accessed July 9, 2015).

- Majic, S. 2014. *Sex Work Politics: From Protest to Service Provision.*

Philadelphia, PA: University of Pennsylvania Press.

- Mann, M. 2003. *Incoherent Empire*. London: Verso Books(만, 마이클, 『분별없는 제국: 미국의 일방주의와 패권적 신군사주의』, 이규성 옮김, 심산, 2005).

- Mason, C. 2009. "Status of Forces Agreement(SOFA): what is it, and how has it been utilized?"(Congressional Research Service Report for Congress). Available at: http://www.fas.org/sgp/crs/natsec/RL34531.pdf(accessed July 9, 2015).

- Mazzarella, W. 2009. "Affect: what is it good for?" in Dube, S. ed. *Enchantments of Modernity: Empire, Nation, Globalization*. London: Routledge. pp. 291~309.

- _____. 2015. "Totalitarian tears: does the crowd really mean it?" *Cultural Anthropology* 30(1): pp. 91~112.

- McDowell, L. 2009. *Working Bodies: Interactive Service Employment and Workplace Identities*. Hoboken: Wiley-Blackwell.

- McLean, S. 2007. "Introduction: why imagination?" *Irish Journal of Anthropology* (Special issue, *Engaging Imagination: Anthropological Explorations in Creativity*) 10(2): pp. 5~10.

- McMichael, W. H. 2002. "Sex slaves." *Navy Times*. August 12. Available at: http://www.vvawai.org/archive/general/sex-slaves.html (accessed July 9, 2015, now defunct).

- Meyer, B. 2011. "Mediation and immediacy: sensational forms, semiotic ideologies and the question of the medium." *Social Anthropology* 19: pp. 23~39.

- Min, S. J. 2002. "Anti-U.S. focus marks weekend rallies." *JoongAng Daily*. December 16. Available at: https://koreajoongangdaily.joins.com/2003/01/06/socialAffairs/AntiUS-focus-marks-weekendrallies/1912435.html?detailWord= (accessed July 9, 2015).

- Mitchell, W. J. T. 2005. *What do Pictures Want? The Lives and Loves of Images*. Chicago: University of Chicago Press(미첼, 윌리엄, 『그림은 무엇을 원하는가: 이미지의 삶과 사랑』, 김전유경 옮김, 그린비, 2010).

- Miyake, M. 1996. "Japan's encounter with Germany, 1860~1914: an assessment of the German legacy in Japan." *European Legacy* 1: pp. 245~249.

- Miyazaki, H. 2004. *The Method of Hope: Anthropology, Philosophy, and Fijian Knowledge*. Stanford, CA: Stanford University Press.

- _____. 2006. "Economy of dreams: hope in global capitalism and its critiques." *Cultural Anthropology* 21(2): pp. 147~172.

- Moon, C. I. and Lee, S. 2010. "Military spending and the arms race on the Korean peninsula." *Asia-Pacific Journal: Japan Focus*. March 28. Available at: http://www.japanfocus.org/-Chung_in-Moon/3333 (accessed July 9, 2015).

- Moon, K.H.S. 1997. *Sex Among Allies: Military Prostitution in U. S.-Korea Relations*. New York: Columbia University Press(문, 캐서린, 『동맹 속의 섹스』, 이정주 옮김, 삼인, 2002).

- _____. 1999. "South Korean movements against militarized sexual labor." *Asian Survey* 34(2): pp. 310~327.

- Moon, S. 2005. *Militarized Modernity and Gendered Citizenship in South Korea*. Durham, NC: Duke University Press(문승숙, 『군사주의에 갇힌 근대: 국민 만들기, 시민 되기, 그리고 성의 정치』, 이현정 옮김, 또하나의 문화, 2007).

- _____. 2010a. "Camptown prostitution and the imperial SOFA: abuse and violence against transnational camptown women in South Korea." in Hoehn, M. and Moon, S. eds. *Over There: Living with the*

U. S. Military Empire from World War Two to the Present. Durham, NC: Duke University Press. pp. 337~365(문승숙, 「기지촌 성매매와 제국주의적인 SOFA: 한국 내 초국가적인 기지촌여성에 대한 학대와 폭력」, 혼, 마리아·문승숙 편저, 앞의 책).

- _____. 2010b. "In the U.S. Army but not quite of it: contesting the imperial power in a discourse of KATUSAS." in Hoehn, M. and Moon, S. eds. *Over There: Living with the U.S. Military Empire from World War Two to the Present*. Durham, NC: Duke University Press. pp. 231~257(문승숙, 「미 육군 안에 있지만 미군은 아닌 존재-카투사 담론 속 제국주의 권력에 대한 저항」, 혼, 마리아·문승숙 편저, 앞의 책).

- _____. 2010c. "Regulating desire, managing the empire: US military prostitution in South Korea, 1945~1970." in Hoehn, M. and Moon, S. eds. *Over There: Living with the U.S. Military Empire from World War Two to the Present*. Durham, NC: Duke University Press. pp. 39~77(문승숙, 「욕망을 규제하고, 제국을 경영하기-1945년부터 1970년까지: 한국 내 미군 성매매」, 혼, 마리아·문승숙 편저, 앞의 책).

- Mosse, G. L. 1988. *Nationalism and Sexuality: Middle-class Morality and Sexual Norms in Modern Europe*. Madison: University of Wisconsin Press(모스, 조지, 『내셔널리즘과 섹슈얼리티』, 서강여성문학연구회 옮김, 소명출판, 2004).

- Murillo, D. and Sung, Y. 2013. "Understanding Korean capitalism: chaebols and their corporate governance." ESADEgeo. Position Paper No. 33. Barcelona: ESADE.

- Myers, B. R. 2010. *The Cleanest Race: How North Koreans See Themselves-And Why it Matters*. New York: Melville House Publishing(마이어스, 브라이언, 『왜 북한은 극우의 나라인가』, 권오열 외 옮김, 시그마북스, 2011).

- Narotzky, S. and Besnier, N. 2014. "Crisis, value, and hope: rethinking the economy. An introduction to supplement 9." *Current Anthropology* 55(S9): pp. S4~S16.

- Neff, R. 2010. "Kenneth L. Markle: sadistic murderer or scapegoat?" *The Marmot's Hole*(online blog). February 24. Available at: http://www. rjkoehler.com/2010/02/24/kenneth-markle-was-he-innocent/ (accessed July 9, 2015, now defunct).

- Network of Concerned Anthropologists. 2009. *The Counter-counterinsurgency Manual: Or, Notes on Demilitarizing American Society.* Chicago: Prickly Paradigm Press.

- Onishi, N. 2003. "Korean actor's reality drama: coming out as gay." *The New York Times.* October 1. Available at: http://www.nytimes. com/2003/10/01/world/korean-actor-s-reality-drama-coming-out-as-gay.html (accessed July 9, 2015).

- Ortner, S. 1978. "The virgin and the state." *Feminist Studies* 4(3): pp. 19~35.

- _____. 1984. "Theory in anthropology since the sixties." *Comparative Studies in Society and History* 26(1): pp. 126~166.

- Pae, K.C. 2014. "Feminist activism as interfaith dialogue: a lesson from Gangjeong village of Jeju Island, Korea." *Journal of Korean Religions* 5(1): pp. 55~69.

- Paik, N. 2000. "Coloniality in Korea and a South Korean project for overcoming modernity." *Interventions. International Journal of Postcolonial Studies* 2(1): pp. 73~86.

- _____. 2005. "How to assess the Park Chung Hee Era and Korean Development." *The Asia-Pacific Journal: Japan Focus.* December 29. Available at: http://old.japanfocus.org/-Paik_Nak_chung/1725 (accessed July 9, 2015, now defunct).

- _____. 2009. "Korea's division system and its regional implications"(lecture, Australian National University, August 25, 2009). Available at: http://en.changbi.com/2009/09/03/paik-nak-chung-koreas-division-system-and-its-regional-implications/(accessed July 9, 2015, now defunct).

- Park, B. 2014. "Delay of OPCON transfer could reverse relocation of US troops from Seoul." *Hankyoreh*. September 19. Available at: http://english.hani.co.kr/arti/english_edition/e_international/655934.html (accessed July 9, 2015.「미 '서울 한미연합사·동두천 화력여단' 잔류 강력 요청」,《한겨레》, 2014년 9월 19일).

- Park, J. 2014. "Former Korean 'comfort women' for U.S. troops sue own government." *Reuters*. July 11. Available at: http://uk.reuters.com/article/2014/07/11/uk-southkorea-usa-military-idUKKBN0FG0WK20140711(accessed July 9, 2015, now defunct).

- Park, M. 2005. "Organizing dissent against authoritarianism: the South Korean student movement in the 1980s." *Korea Journal* 45(3): pp. 261~289.

- Park, N.J. 2008. "Redesigning Korea." *Hankyoreh*. June 19. Available at: http://english.hani.co.kr/arti/english_edition/e_opinion/294163.html (accessed July 9, 2015.「일상의 코드, 억눌림」,《한겨레》, 2008년 6월 19일).

- Park, W. 2002. "The unwilling hosts: state, society, and the control of guest workers in South Korea." in Yaw, D. ed. *Migrant Workers in Pacific Asia*. London: Frank Cass. pp. 67~95.

- Park-Kim, S., Lee-Kim, S., and Kwon-Lee, E. 2007. "The lesbian rights movement and feminism in South Korea." *Journal of Lesbian Studies* 10(3~4): pp. 161~190.

- Patten, E. and Parker, K. 2011. "Women in the U.S. military: growing share, distinctive profile." *PEW Social and Demographic Trends.* December 22. Available at: https://www.pewresearch.org/social-trends/2011/12/22/women-in-the-u-s-military-growing-share-distinctive-profile/(accessed July 9, 2015).

- Pine, F. 2014. "Migration as hope: space, time, and imagining the future." *Current Anthropology* 55(S9): pp. S95~S104.
- Pinney, C. 2011. *Photography and Anthropology.* London: Reaktion.
- Powers, R. (n.d.) "Installation overview–United States Army Garrison (USAG) Yongsan, Korea." Available at: http://usmilitary.about.com/od/armybaseprofiles/ss/Yongsan.htm#showall (accessed July 12, 2015, now defunct).
- Price, D. 2008. *Anthropological Intelligence.* Durham, NC: Duke University Press.
- _____. 2011. *Weaponizing Anthropology.* Oakland, CA: Counter-Punch and AKPress.
- Pyke, K.D. 1996. "Class-based masculinities: the interdependence of gender, class, and interpersonal power." *Gender & Society* 10(5): pp. 527~549.
- Pyle, K.B. 1996. *The Making of Modern Japan.* Lexington, MA: D.C. Heath.
- Rabiroff, J. 2009. "Philippines takes aim at juicy bar trafficking." *Stars and Stripes.* November 15. Available at: http://www.stripes.com/news/philippines-takes-aim-at-juicy-bar-trafficking-1.96490 (accessed July 9, 2015).
- Ramstad, E. 2011. "Rumsfeld seized Roh's election to change alliance." *Korea Real Time* (Wall Street Journal blog). February 8. Available at: http://blogs.wsj.com/korearealtime/2011/02/08/rumsfeld-seized-

rohs-election-to-(accessed July 9, 2015, now defunct).

- Rauhala, E. 2010. "South Korea: should foreign teachers be tested for HIV?" *Time Magazine.* December 24. Available at: http://content.time.com/time/world/article/0,8599,2039281,00.html (accessed July 9, 2015).

- Renan, E. 2001. "What is a nation?" in Pecora, V. ed. *Nations and Identities: Classic Readings.* Malden, MA: Blackwell. pp. 162~176.

- Rinser, L. and Yun, I. 1977. *Der verwundete Drache. Dialog über Leben und Werk des Komponisten.* Frankfurt/Main: S. Fischer (린저, 루이제·윤이상, 『윤이상, 상처 입은 용』, 알에이치코리아, 2017).

- Roehner, B.M. 2007. *Relations between Allied Forces and The Population of Japan, 15 August 1945~31 December 1960.* Paris: University of Paris.

- _____. 2014. *Relations between U.S. Forces and the Population of South Korea, 1945~2010* (Institute for Theoretical and High Energy Physics, University of Paris 6, Working Report). Available at: http://www.lpthe.jussieu.fr/~roehner/ock.pdf (accessed July 9, 2015).

- Rowland, A. 2010. "South Korea bar district offers a safe haven for gay service members." *Stars and Stripes.* March 14. Available at: http://www.stripes.com/news/south-korea-bar-district-offers-a-safe-haven-for-gay-servicemembers-1.99964 (accessed July 9, 2015).

- _____. 2014. "Cavalry battalion arrives in Korea for 'plus-up' deployment." *Stars and Stripes.* January 30. Available at: http://www.stripes.com/news/pacific/cavalry-battalion-arrives-in-korea-for-plus-up-deployment-1.264671#.UzjZnly9Y8M (accessed July 9, 2015).

- Russell, M. 2008. *Pop Goes Korea: Behind the Revolution in Movies, Music, and Internet Culture.* Berkeley: Stone Bridge Press.

- Ryan, D. 2012. "Anti-Americanism in Korean films." *Colorado Journal of Asian Studies* 1(1): pp. 94~109.

- Sahlins, M. 2005. "Structural work: how microhistories become macro-histories and vice versa." *Anthropological Theory* 5(1): pp. 5~30.

- Salazar, N.B. 2011. "The power of imagination in transnational mobilities." *Identities: Global Studies in Culture and Power* 18(6): pp. 576~598.

- _____. 2012. "Tourism imaginaries: a conceptual approach." *Annals of Tourism Research* 39(2): pp. 863~882.

- Santos, A.F. 1992. "Gathering the dust: the bases issue in the Philippines." in Sturdevant, S.P. and Stoltzfus, B. eds. *Let the Good Times Roll: Prostitution and the U.S. Military in Asia.* New York: The New Press. pp. 32~44(산토스, 아이다, 「쌓인 먼지: 필리핀의 미군기지 문제」, 스터드반트, 산드라·스톨츠퍼스, 브렌다 편저, 앞의 책).

- Sartre, J.P. 2004[1940]. *The Imaginary: A Phenomenological Psychology of the Imagination.* London: Routledge(사르트르, 장 폴, 『사르트르의 상상계』, 윤정임 옮김, 기파랑, 2010).

- Savada, A.M. and Shaw, W. eds. 1990. *South Korea: A Country Study.* Washington: GPO for the Library of Congress. Available from http://countrystudies.us/south-korea/(accessed July 9, 2015).

- Schmid, A. 2002. *Korea between Empires, 1895~1919.* New York: Columbia University Press(앙드레 슈미드, 『제국 그 사이의 한국 1895~1919』, 정여울 옮김, 휴머니스트, 2007).

- Schober, E. 2007. "Trafficking-what is that?" *Focaal* 49: pp. 124~128.

- _____. 2010. "Subverting the military normal." *Focaal* 58: pp. 109~114.

- Schuessler, R. 2015. "Korean-American military brides find refuge in tiny Missouri church." *Aljazeera America.* March 23. Available at:

http://america.aljazeera.com/articles/2015/3/21/missouri-community-korean-american-military-brides.html (accessed July 11, 2015).

- Scofield, D. 2004. "The mortician's tale: time for the US to leave Korea." *Asia Times.* January 28. Available at: http://www.atimes.com/atimes/Korea/FA28Dg02.html (accessed July 9, 2015, now defunct).

- Seo, D. 2001. "Mapping the vicissitudes of homosexual identities in South Korea." *Journal of Homosexuality* 40(3~4): pp. 65~78.

- Severi, C. 2015. *The Chimera Principle: An Anthropology of Memory and Imagination.* Chicago: University of Chicago Press.

- Shaw, M. 2012. "Twenty-first-century militarism: a historical-sociological framework." in Stavrianakis, A. and Selby, J. eds. *Militarism and International Relations: Political Economy, Security, Theory.* London: Routledge.

- Shefer, T. and Mankayi, N. 2007. "The (hetero)sexualization of the military and the militarization of (hetero)sex: discourses on male (hetero)sexual practices among a group of young men in the South African military." *Sexualities* 10(2): pp. 189~207.

- Shigematsu, S. and Camacho, K.L. 2010. *Militarized Currents: Toward a Decolonized Future in Asia and the Pacific.* Minneapolis: University of Minnesota Press.

- Shim, D. 2009. *A Shrimp amongst Whales? Assessing South Korea's Regional-Power Status,* German Institute for Global and Area Studies, Working Paper. Available at http://www.giga-hamburg.de/dl/download.php?d=/content/publikationen/pdf/wp107_shim.pdf (accessed July 9, 2015, now defunct).

- Shin, G.W. 2006. *Ethnic Nationalism in Korea: Genealogy, Politics, and Legacy.* Stanford, CA: Stanford University Press(신기욱, 『한국 민족주의

의 계보와 정치』, 이진준 옮김, 창비, 2009).

- Shin, J. 2005. "Invasion of privacy degrades Korean women twice over." *Chosun Ilbo*. January 24. Available at: http://english.chosun. com/site/data/html_dir/2005/01/24/2005012461027.html (accessed July 9, 2015, now defunct).
- Shin, J., Ostermann, C.F., and Person, J. 2013. *North Korean Perspectives on the Overthrow of Syngman Rhee, 1960*. NKIDP E-Dossier No. 13. Woodrow Wilson International Center for Scholars. Available at: http://www.wilsoncenter.org/sites/default/files/NKIDP_eDossier_13_North_Korean_Perspectives_on_the_Overthrow_of_Syngman_Rhee.pdf (accessed July 9, 2015, now defunct).
- Shin, K.Y. 2006. "The citizens' movement in Korea." *Korea Journal* 46(2): pp. 5~34.
- Shorrock, T. 1999. "Kwangju Diary: the view from Washington." in Lee, J. ed. *Kwangju Diary: Beyond Death, Beyond the Darkness of the Age*. Los Angeles: The UCLA Asian Pacific Monograph Series. pp. 151~172.
- Simbulan, R.G. 2009. "People's movement responses to evolving U.S. military activities in the Philippines." in Lutz, C. ed. *The Bases of Empire: The Global Struggle against U. S. Military Posts*. London: Pluto. pp. 145~180.
- Sjoberg, L. and Via, L. eds. 2010. *Gender, War, and Militarism*. Santa Barbara, CA: Greenwood Publishing Group.
- Skinner, J. and Theodossopoulos, D. 2011. *Great Expectations: Imagination and Anticipation in Tourism*. Oxford: Berghahn Books.
- Slavin, E. 2011. "S. Korea to review status of forces agreement with U.S." *Stars and Stripes*. October 12. Available at: https://www.stripes.

com/theaters/asia_pacific/s-korea-to-review-status-of-forces-
agreement-with-u-s-1.157548(accessed July 9, 2015, now defunct).

- Slavin, E. and Hwang H. 2007. "Arrest warrant issued for GI in rape
case." *Stars and Stripes*. January 19. Available at: https://www.stripes.
com/news/arrest-warrant-issued-for-gi-in-rape-case-1.59250
(accessed July 9, 2015).

- Smith, N. 1982. "Gentrification and uneven development." *Economic
Geography* 58(2): pp. 139~155.

- _____. 1986. *Gentrification of the City*. Boston: Unwin Hyman.

- _____. 2002. "New globalism, new urbanism: gentrification as
global urban strategy." *Antipode* 34: pp. 427~450.

- Soh, C.S. 1996. "The Korean 'comfort women': movement for redress."
Asian Survey 36(12): pp. 1226~1240.

- _____. 2009. *The Comfort Women: Sexual Violence and Post-
colonial Memory in Korea and Japan*. Chicago: University of Chicago
Press.

- Song, W. 2010. "Crying Nut on getting older and getting naked."
Korea Herald. March 30. Available at: http://www.koreaherald.com/
national/Detail.jsp?newsMLId=20090828000013 (accessed July 9, 2015).

- *Stars and Stripes*. 2009. "Itaewon: what's in a name?" *Stars and Stripes*.
January 4. Available at: http://www.stripes.com/news/itaewon-what-
s-in-a-name-1.86704 (accessed July 9, 2015).

- Stavrianakis, A. and Selby, J. 2012. "Militarism and international
relations in the 21st Century." in Stavrianakis, A. and Selby, J. eds.
*Militarism and International Relations: Political Economy, Security,
Theory*. London: Routledge. pp. 3~28.

- Stiehm, J. 1996. *It's Our Military, Too! Women and the U.S. Military*.

Philadelphia, PA: Temple University Press.

- Strathern, A., Stewart, P. J., and Whitehead, N. L. 2006. *Terror and Violence: Imagination of the Unimaginable*. London: Pluto Press.

- Sturdevant, S. P. and Stoltzfus, B. eds. 1992. *Let the Good Times Roll: Prostitution and the U. S. Military in Asia*. New York: The New Press (스터드반트, 산드라·스톨츠퍼스, 브렌다 편저, 앞의 책).

- Talusan, M. 2015. "How the killing of a trans Filipina woman ignited an international incident." *Vice Magazine*. February 23. Available at: http://www.vice.com/read/the-trial-of-a-us-marine-accused-of-killing-a-trans-filipina-woman-starts-today-will-he-go-free (accessed July 9, 2015).

- Tanaka, Y. 2001. *Japan's Comfort Women*. London: Routledge.

- Taylor, C. 2003. *Modern Social Imaginaries*. Durham, NC: Duke University Press (테일러, 찰스, 『근대의 사회적 상상: 경제·공론장·인민주권』, 이상길 옮김, 이음, 2010).

- Tikhonov, V. 2003. "World is a battlefield: Social Darwinism as the new world model of Korean intelligentsia of the 1900s." *Bochumer Jahrbuch zur Ostasienforschung* 27: pp. 86~106.

- _____. 2009. "Militarism and anti-militarism in South Korea: 'militarized masculinity' and the conscientious objector movement." *Asia-Pacific Journal: Japan Focus*. March 16. Available at: http://www.japanfocus.org/-Vladimir-Tikhonov/3087/article.html (accessed July 9, 2015).

- _____. 2010. *Social Darwinism and Nationalism in Korea: The Beginnings (1880s~1910s) - Survival as an Ideology of Korean Modernity*. Leiden: Brill.

- Tong, K. W. 1991. "Korea's forgotten atomic bomb victims." *Bulletin of Concerned Asian Scholars* 23: pp. 31~37.

- Tsing, A. 2000. "The global situation." *Cultural Anthropology* 55(3): pp. 327~360.

- _____. 2005. *Friction: An Ethnography of Global Connection*. Princeton, NJ: Princeton University Press.

- Turnbull, J. 2009. "Downturn spawns 'flower men' wind." *Korea Times*. April 3. Available at: http://www.koreatimes.co.kr/www/news/nation/2009/04/117_42550.html (accessed July 9, 2015).

- Turner, V. 1967. *The Forest of Symbols: Aspects of Ndembu Ritual*. Ithaca, NY: Cornell University Press(터너, 빅터, 『상징의 숲 1·2』, 장용규 옮김, 지식을만드는지식, 2020).

- _____. 1969. *The Ritual Process: Structure and Anti-structure*. New York: Aldine de Gruyter(터너, 빅터, 『의례의 과정』, 박근원 옮김, 한국심리치료연구소, 2005).

- Vagts, A. 1937. *A History of Militarism*. New York: W.W. Norton.

- Visweswaran, K. ed. 2014. *Everyday Occupations: Experiencing Militarism in South Asia and the Middle East*. Philadelphia, PA: University of Pennsylvania Press.

- Wagner, B. and VanVolkenburg, M. 2012. "HIV/AIDS tests as a proxy for racial discrimination? A preliminary investigation of South Korea's policy of mandatory in-country HIV/AIDS tests for its foreign English teachers." *Journal of Korean Law* 11: pp. 179~245.

- Walhain, L. 2007. "Transcending Minjok: how redefining nation paved the way to Korean democratization." *Studies on Asia* 4(2): pp. 84~101.

- Weber, M. 1991. *From Max Weber: Essays in Sociology*. New York: Routledge.

- Weitzer, R. ed. 2000. *Sex for Sale: Prostitution, Pornography, and the Sex Industry.* New York: Routledge.

- _____. 2005. "Flawed theory and method in studies of prostitution." *Violence Against Women* 11(7): pp. 934~949.

- Whitehead, N.L. 2004. *Violence.* Oxford: James Currey/SAR Press.

- Wickham, J.A. 2000. *Korea on the Brink: A Memoir of Political Intrigue and Military Crisis.* Dulles: Potomac Books.

- Williamson, G. 2004. "Review-modern social imaginaries." *Metapsychology Online Reviews* 8(45). Available at: http://metapsychology.mentalhelp.net/poc/view_doc.php?type=book&id=2376 (accessed 9 July 2015, now defunct).

- Winter, B. 2011. "Guns, money and justice: the 2005 Subic rape case." *International Feminist Journal of Politics* 13(3): pp. 371~389.

- Witworth, S. 2004. *Men, Militarism, and UN Peacekeeping.* Boulder, CO: Lynne Rienner.

- Yang, H. 1998. "Re-membering the Korean military comfort women: nationalism, sexuality, and silencing." in Kim, E.H. and Choi, C. eds. *Dangerous Women: Gender and Korean Nationalism.* London: Routledge. pp. 123~140 (양현아, 「한국인 '군 위안부'를 기억한다는 것: 민족주의, 섹슈얼리티, 그리고 강요된 침묵」, 김, 일레인·최정무 편저, 앞의 책).

- Yea, S. 2002. "Rewriting rebellion and mapping memory in South Korea: the (re)presentation of the 1980 Kwangju uprising through Mangwol-dong cemetery." *Urban Studies* 39(9): pp. 1551~1572.

- _____. 2005. "Labour of love -Filipina entertainer's narratives of romance and relationships with GIs in U.S. military camp towns in Korea." *Women's Studies International Forum* 28: pp. 456~427.

- Yeo, A. 2006. "Local-national dynamics and framing in South Korean anti-base movements." *Kasarinlan: Philippine Journal of Third World Studies* 21(2): pp. 34~60.

- _____. 2010. "Anti-base movements in South Korea: comparative perspective on the Asia-Pacific." *Asia-Pacific Journal: Japan Focus*. June 14. Available at: http://japanfocus.org/-Andrew-Yeo/3373/article.html (accessed July 9, 2015).

- Yoshimi, Y. 2002. *Comfort Women: Sexual Slavery in the Japanese Military during World War II, Asia Perspectives*. New York: Columbia University Press (요시미, 요시아키, 『일본군 군대위안부』, 이규태 옮김, 소화, 2006).

- Yuh, J. 2002. *Beyond the Shadow of Camptown: Korean Military Brides in America*. New York: New York University Press.

- Yuval-Davis, N. 1997. *Gender and Nation*. London: Sage (유발-데이비스, 니라, 『젠더와 민족: 정체성의 정치에서 횡단의 정치로』, 박혜란 옮김, 그린비, 2012).

동맹의 풍경

동맹의 풍경

영문

메두사의 시선 03

동맹의 풍경
주한미군이 불러온 파문과 균열에 대한 조감도

초판 1쇄 발행 | 2023년 3월 29일

지은이 | 엘리자베스 쇼버
기획·감수·해제 | 정희진
옮긴이 | 강경아
펴낸이 | 임윤희
편   집 | 천경난
디자인 | 송윤형
제   작 | 제이오

펴낸곳 | 도서출판 나무연필
출판등록 | 제2014-000070호(2014년 8월 8일)
주소 | 08613 서울 금천구 시흥대로73길 67 엠메디컬타워 1301호
전화 | 02-2038-8821
팩스 | 0303-3445-8187
이메일 | book@woodpencil.co.kr
홈페이지 | woodpencil.co.kr

ISBN | 979-11-87890-49-2 94300
      979-11-87890-18-8 94300 (세트)

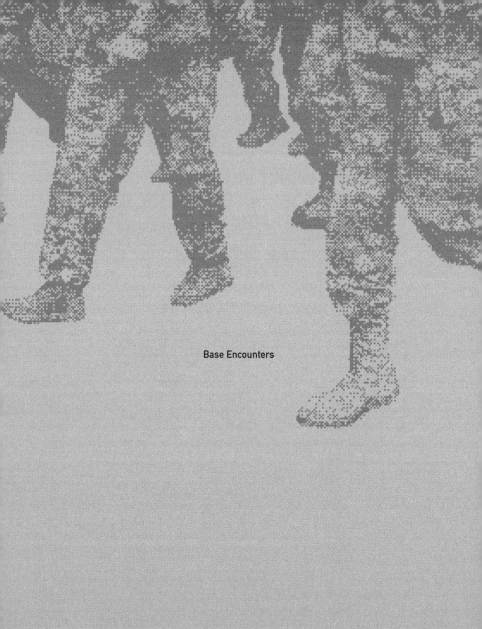

Base Encounters